BTS DIÉTÉTIQUE

Études de cas, applications et sujet annale 2021 résolus

pour préparer l'épreuve

d'économie-gestion

Cahier d'exercices

Couverture réalisée par Marie DUPEYRE et Manon MALLE

Sommaire

Partie I. Présentation de l'épreuve économie-gestion

Chapitre I. LES COMPÉTENCES NÉCESSAIRES POUR RÉUSSIR L'ÉPREUVE

Section 1. Le programme

Le programme **d'économie gestion** dans la préparation du BTS diététique répond à plusieurs objectifs :

- Contribuer à sa formation de citoyen en l'amenant à disposer d'une culture managériale, juridique et commerciale nécessaire à la compréhension des enjeux et des défis auxquels doivent répondre les organisations dans lesquelles il sera susceptible d'évoluer.
- Permettre la construction d'une professionnalité accrue en s'appropriant le champ professionnel du diététicien.
- Acquérir les compétences de gestion nécessaires à la réalisation des objectifs et des activités spécifiques au métier de diététicien.
- Favoriser sa communication avec les différentes parties prenantes auprès desquelles il devra intervenir sans oublier la communication par le Web très utilisée de nos jours.
- Développer les compétences technologiques nécessaires à l'exercice de son métier.

EN ÉCONOMIE GESTION

Sources : http://economie.u-bordeaux.fr/

Thèmes	Notions et contenus
I Contexte organisationnel de l'activité du diététicien	
Les organisations : définitions et critères de différenciation	- Éléments caractéristiques d'une organisation : finalité, nature de l'activité, statut juridique, missions
	-Types d'organisation en particulier les entreprises de l'agroalimentaire et de restauration collective, les établissements de santé, les associations du secteur social. l'environnement de l'organisation, l'action des parties prenantes
Les composantes de l'environnement, de l'organisation, l'action des parties prenantes	- Les parties prenantes
	- Les relations organisation-parties prenantes
	- Responsabilité sociétale de l'entreprise
L'impact du numérique sur les organisations	- Le rôle du système d'information dans le fonctionnement
	- Les conséquences du déploiement du numérique sur le management et les processus décisionnels de l'organisation : mobilité numérique, réseaux sociaux, communautés en ligne, dématérialisation, identité numérique
	- La protection de la personne et des actifs immatériels
II Le cadre juridique de l'activité Le contrat	
Le contrat	- Les principes contractuels et leur évolution
	- La formation du contrat
	- Le contenu du contrat
	- Les particularités du contrat administratif
	- Les contrats spécifiques à l'activité du diététicien
La responsabilité, le dommage et la réparation	- Responsabilité civile et pénale
	- Les principes et la mise en œuvre de la responsabilité civile contractuelle et extracontractuelle
Les structures juridiques	- La personne physique, la personne morale
	- Les facteurs de choix d'une structure juridique
	- L'entreprise individuelle et les structures sociétaires
	- Les formes juridiques de la diététique, de l'économie sociale et solidaire Les relations de travail

Les relations de travail	- Les régimes juridiques du salarié et du travailleur indépendant (commerçant, professionnel libéral), le cas particulier des fonctionnaires ou assimilés
	- Les contrats de travail et le cadre spécifique des contrats précaires
	- Les conditions de travail
	- Les libertés individuelles et collectives des salariés
	- Les modifications du rapport d'emploi
	- La rupture du contrat de travail
	- Le droit négocié et le rôle des partenaires sociaux.

III La connaissance du marché

Les consommateurs	- Facteurs explicatifs des comportements du consommateur, motivations et freins, besoins, processus d'achat, perception, attitude
	- Veille mercatique et commerciale, étude documentaire, qualitative et quantitative, système d'information mercatique Les marchés
Les marchés	- Composantes du marché, parts de marché, zone de chalandise, segmentation, ciblage, positionnement, couple produit/marché
	- Approches et démarches mercatiques Les choix mercatiques
Les choix mercatiques	-Composantes de l'offre, conditionnement, marque,
	- Prix, coût, calculs commerciaux, acceptabilité
	- Les formes de distribution
	- La communication commerciale
	- Le marketing mix L'importance de la relation client
L'importance de la relation client	- Enjeux et outils
	- Fidélisation du consommateur La prise en compte des aspirations sociétales
La prise en compte des aspirations sociétales	- Protection du consommateur, code de déontologie, charte éthique
	- Mercatique durable

Analyse de la performance de l'organisation	
L'information financière	- Place et rôle de l'information financière dans les processus de l'entreprise
	- Les besoins d'information financière des parties prenantes
	- Echange d'informations financière : cadre comptable, image fidèle Processus et cycles
Processus et cycles	- Les documents commerciaux et la taxe sur la valeur ajoutée
	- Le processus achat/vente de biens et services : du contact fournisseur/client au règlement
	- Le cycle d'investissement/financement : acquisition d'une immobilisation financée partiellement ou totalement à l'aide d'un emprunt bancaire
L'image financière de l'organisation	- Exercice, inventaire et principes comptables
	- La partie double, le compte, le journal, les flux
	- L'évaluation des stocks et leurs traitements à la clôture de l'exercice
	-Amortissements linéaires, dépréciations des actifs et provisions
	- Les documents annuels de synthèse en système de base : compte de résultat, bilan et annexe

Outils et analyse financière	- Excédent brut d'exploitation, résultat d'exploitation, résultat courant avant impôt, capacité d'autofinancement
	- La rentabilité économique et la rentabilité financière
	- Analyse fonctionnelle du bilan : fonds de roulement net global, besoin en fonds de roulement et trésorerie nette, ratios du cycle d'exploitation (rotation des stocks, des créances clients et des dettes fournisseurs)
	- Ratio d'indépendance financière
	- Ratio de capacité de remboursement
La prise de décision de gestion	- Les cycles : exploitation, investissement, financement
	- Les différents financements
	- Gestion des stocks : enjeux, contraintes, risques, coûts associés et politiques d'approvisionnement
	- La démarche budgétaire : principes, budgets opérationnels, budget de trésorerie
	- Compte de résultat prévisionnel et bilan prévisionnel
	- Coût complet : charges directes, charges indirectes
	- Coût partiel : charges variables, charges fixes, seuil de rentabilité
	- Ecarts, calcul, sens et signification.

V L'activité humaine Gestion des ressources humaines

Gestion des ressources humaines	- L'analyse des besoins en ressources humaines : compétences, potentiel et parcours professionnel, qualification et emploi, organisation du travail
	- Le recrutement
	- La gestion des compétences et l'employabilité : formation professionnelle continue, gestion de carrière, mobilité professionnelle

Communication	- Les enjeux de la communication
	- La communication interne et externe
	- La communication orale : l'entretien
	- La communication écrite par le document : Dématérialisation des documents (logiciels) Partage, mutualisation, sécurisation des documents Gestion électronique de documents Acquisition, diffusion et stockage des documents
	- La communication dans les groupes : Réunion : organisation, outils, techniques et supports d'animation Animation de collectifs de travail : dynamique de groupe, typologie des groupes Les modes d'action coopératifs : groupes de projet, ateliers, technologies coopératives, travail en équipe

Section 2.   Le contenu de l'étude de cas

L'épreuve permet d'apprécier les connaissances fondamentales en économie et gestion ainsi que leur mobilisation dans le cadre des activités du diététicien.
L'épreuve porte sur les connaissances d'économie et gestion appliquées aux activités relevant de la compétence du diététicien.

L'épreuve permet d'évaluer l'aptitude du candidat à :

- Analyser une ou plusieurs situations professionnelles en tenant compte de leur dimension humaine, des contraintes de gestion et des contraintes juridiques et réglementaires.

- Exploiter les informations provenant des services administratifs, techniques et commerciaux.

- Résoudre des problèmes d'organisation, de contrôle de production ou de gestion dans le cadre des fonctions du diététicien.

L'épreuve est écrite et dure 3 heures. Elle comporte plusieurs questions liées ou indépendantes relatives à des situations professionnelles relevant de la compétence du diététicien. Divers travaux peuvent être demandés au candidat : textes, graphiques, tableaux, résultats chiffrés etc.

La commission de correction comporte :

- un professeur d'économie-gestion

- un diététicien.

Les 16 sujets proposés dans le livret respectent les attendus du référentiel et proposent des entrainements avec des exercices et des réflexions respectant les compétences demandées aux candidats dans des domaines variés : économie générale, économie d'entreprise, droit des entreprises, droits des affaires, droit du travail, gestion des ressources humaines, management, marketing, communication, comptabilité et gestion.

Le tableau page suivante présente les 16 études de cas avec le détail du programme concerné. Cela facilite l'entrainement puisqu'il est possible de choisir les sujets en fonction des thèmes que l'on souhaite aborder.

Sujets	Thèmes abordés
Les Deux Lions	Comptabilité générale Enregistrement comptable Journal, facture, remise, trésorerie Financement d'un investissement Coût d'un emprunt Amortissement Analyse trésorerie prévisionnelle Budget de trésorerie
La Fabrick à Gâteau	Budget d'achats et de ventes Budget de TVA Budget de trésorerie
Les Salaisons Jouvin	Bilans fonctionnels Besoin en fonds de roulement d'exploitation et hors exploitation Fonds de roulement Trésorerie Analyse situation financière
Ô Burger Gourmet	Gestion comptable et écritures comptables Journal, facture, avoir, comptes, soldes Analyse financière Soldes Intermédiaires de Gestion Bilan fonctionnel condensé FR-BFR-Trésorerie
Les jus de fruits Innocent	Analyse pages site Internet Communication digitale
Le marché de l'alimentation infantile, comment se démarquer ?	Diagnostic interne et externe de l'entreprise Analyse SWOT Analyse PESTEL
Esprit AYURVEDA	Budget de trésorerie
Au Pain Toulousain	Financement des investissements Amortissement d'un bien Bilan fonctionnel Communication digitale
Délicates Saveurs	Communication digitale Analyse site Internet- Architecture site Charte graphique Analyse de marché Communication externe Analyse trésorerie prévisionnelle
Institut Le Vestiaire	Diagnostic externe Analyse de l'environnement et du marché Communication externe Prospectus Compte de résultat différentiel et rentabilité

Maison FERBER	Matrice SWOT Contrôle qualité Analyse stratégique-Organigramme Management Styles de direction Droit des contrats Calcul des coûts et des marges Charges directes et indirectes
BREIZH'FORME	Stratégie des entreprises Gestion des ressources humaines
LEGOMO	Budget des achats et des ventes Budget des investissements Encaissements et des décaissements Budget de trésorerie
Yaourts CITO	Flux de trésorerie Stratégie d'entreprise Communication institutionnelle Communication digitale
Hôtel le 1900	Analyse des charges et des produits Gestion des stocks - Fiche de stock Bon de commande - Facture
INSTEAK, le steak à base d'insectes	Analyse du macroenvironnement Dépôt de marque Organigramme Gestion des Ressources Humaines (GRH) Recrutement Contrat de travail Clause de non-concurrence

Chapitre II.   16 SUJETS D'ÉTUDES DE CAS POUR S'ENTRAÎNER

Section 1.   Les Deux Lions

Sujet créé à partir d'une annale Bac STMG

PREMIÈRE PARTIE

Située entre Vire et Flers, l'entreprise normande **Les Deux Lions** fabrique et commercialise des fromages du terroir (camemberts et livarots). Créée en 1968, cette société à responsabilité limitée au capital de 120 000 euros est dirigée par M. LAIHOT, le gérant.

Le processus de fabrication est artisanal et permet d'obtenir des produits de première qualité. L'entreprise est par ailleurs très sensible aux questions environnementales et au maintien de l'agriculture locale. Elle choisit donc avec soin ses fournisseurs de matières premières : producteurs laitiers de la région inscrits dans une démarche « bio » ou « agriculture raisonnée ». La clientèle de l'entreprise est principalement nationale : épiceries fines et restaurateurs. Grâce à des contacts privilégiés, les produits sont aussi présents dans quelques magasins de la grande distribution de la région. Enfin, l'entreprise dispose de son propre magasin situé dans ses locaux et d'un site internet où les clients peuvent acheter directement les fromages. Le développement des ventes par internet aux clients étrangers qui ne trouvent pas les fromages normands dans leur pays a d'ailleurs permis la création d'un emploi supplémentaire.

Par ailleurs, M. LAIHOT a rencontré M. SEINER, gérant de l'entreprise BRAYTERROIR qui fabrique des neufchâtels, fromages de Haute-Normandie. Ils ont pour projet commun de réunir les deux entreprises en procédant à une fusion, à l'horizon de 5 ans. Cela permettrait de réaliser des gains de productivité notamment en matière de marketing (gestion des marques, gestion des clients...). Avant de se lancer ils souhaiteraient tester la réaction de leurs clients respectifs en vendant chacun les produits de l'autre. Dans cette perspective, l'entreprise Les deux lions achèterait des neufchâtels pour les revendre dans son réseau tandis que l'entreprise BRAYTERROIR achèterait des camemberts et des livarots. Ce projet débuterait en mars 2020.

Toutefois, avant de se lancer dans cette nouvelle activité commerciale, M. LAIHOT voudrait étudier les conséquences de cette opération sur la trésorerie et sur la structure financière de l'entreprise. La comptabilité de l'entreprise Les deux lions est tenue dans un journal unique par M. CALER. Il traite les opérations courantes et les travaux d'inventaire.

L'entreprise est soumise à la TVA au taux de 5,5 % et son exercice comptable est clos le 31 décembre de chaque année.

DOSSIER 1 – ANALYSE DU SYSTÈME D'INFORMATION COMPTABLE

Le projet de fusion entre Les deux lions et BRAYTERROIR va engendrer des conséquences dans les systèmes d'information comptables respectifs des deux entreprises.

Avec ce projet l'entreprise Les deux lions va ajouter une activité commerciale à son activité industrielle.

La mise en place de cette nouvelle activité oblige donc M. Caler, le comptable, à procéder :
- à l'adaptation du plan des comptes de l'entreprise,
- à l'analyse de son processus d'achat.

Vous disposez des **annexes 1 et 2** pour traiter ce dossier.

A – Évolution de l'organisation comptable

Le comptable, M. Caler mène une réflexion sur l'adaptation du plan des comptes de l'entreprise **(annexe 1)** à sa nouvelle activité commerciale.

Travail à faire :

1. Proposer un numéro et un intitulé de compte de charges et de compte de produits pour permettre l'enregistrement comptable de la distribution de neufchâtels par l'entreprise Les Deux Lions.

2. Proposer un changement du plan de comptes permettant un suivi individualisé des comptes clients. Illustrer par un exemple.

B – Le processus d'achat de l'entreprise

Les achats de l'entreprise Les deux lions sont assurés par Mme Blanc, responsable du service « approvisionnements ». Elle prépare les bons de commande en fonction des besoins des autres services (production, administration, etc. puis transmet les informations à M. Caler qui contrôle et autorise l'achat. Après accord de M. Caler, le bon de commande est envoyé au fournisseur.

Travail à faire :

3. La pièce n°1 de l'annexe 2 fait-elle l'objet d'un enregistrement comptable ? Justifier.

4. Enregistrer dans le journal de l'entreprise Les Deux Lions la pièce n° 2 de l'annexe 2.

5. Indiquer la raison pour laquelle une remise apparaît sur la pièce comptable n°3 de l'annexe 2.

6. Enregistrer dans le journal de l'entreprise Les Deux Lions la pièce n°3 de l'annexe 2.

7. Préciser l'incidence de l'enregistrement de la pièce n°3 de l'annexe 2 sur le résultat et la trésorerie de l'entreprise Les deux lions.

8. Préciser quel sera le montant à verser au fournisseur BOISDUR.

DOSSIER 2 – ÉTUDE D'UN INVESTISSEMENT ET DE SON FINANCEMENT

La vente des neufchâtels de l'entreprise BRAYTERROIR conduirait l'entreprise Les deux lions à réaliser des investissements. La société Les deux lions ferait l'acquisition d'un camion et recruterait un chauffeur. Elle prévoit de financer son acquisition par emprunt bancaire.
Vous disposez des **annexes 3 et 4** pour traiter ce dossier et de **l'annexe A** à rendre avec la copie.

A – Étude du financement du matériel de transport

L'entreprise Les deux lions décide de financer la future acquisition du camion par emprunt et a demandé une proposition de financement à sa banque.

Travail à faire :
1. Justifier, par le calcul, le montant des intérêts payés lors de l'échéance du 1er février 2022 (annexe 3).
2. Indiquer le coût de l'emprunt pour l'entreprise Les deux lions.
3. Expliquer pourquoi le montant des annuités diminue d'année en année.
4. Enregistrer dans le journal de l'entreprise Les deux lions la mise à disposition des fonds si l'opération est réalisée le 1er février 2020.
5. Préciser la raison pour laquelle le montant de l'emprunt (annexe 3) ne correspond pas au montant total TTC du devis du camion (annexe 4).

B – Étude de l'acquisition et de l'amortissement du matériel de transport

L'entreprise Les deux lions a reçu un devis de la SA Renault Trucks pour l'acquisition du nouveau camion (**annexe 4**). Elle prévoit d'utiliser le véhicule pour une distance totale de 400 000 kms répartis de la façon suivante :

Années	2020	2021	2022	2023	2024
Kms parcourus	70 000	90 000	100 000	80 000	60 000

M. LAIHOT demande à son comptable d'étudier les conséquences de cette acquisition sur les comptes de l'entreprise.

Travail à faire :
6. Sur la base du devis présenté en annexe 4, calculer quel serait le coût d'acquisition du camion.
7. Enregistrer dans le journal de l'entreprise Les deux lions l'acquisition du camion si celle-ci se réalisait le 2 février 2020.
8. Expliquer la raison pour laquelle l'enregistrement de la facture d'acquisition du camion n'aura
aucun impact sur le compte de résultat de l'entreprise.
9. Compléter le plan d'amortissement prévisionnel du camion (annexe A à rendre avec la copie).
10. Identifier le principe comptable que permet de respecter l'amortissement du véhicule. Justifier.

11. Présenter l'écriture qui sera enregistrée dans le journal de l'entreprise Les deux lions au 31 décembre 2020 concernant la dotation aux amortissements du véhicule si l'acquisition est réalisée.

DOSSIER 3 – ANALYSE PRÉVISIONNELLE DE LA TRÉSORERIE

Avant de se lancer dans la vente des fromages de l'entreprise BRAYTERROIR, M. LAIHOT se demande quel serait l'impact de cette nouvelle activité sur la trésorerie. Il sait d'ores et déjà qu'il devra acquérir un camion (montant TTC 60 000 €), qu'il financera par emprunt bancaire (50 000 €) dès le mois de février 2020.

De plus, à partir du mois de mars 2020, la nouvelle activité va engendrer des dépenses supplémentaires :

- le recrutement d'un nouveau salarié ;
- d'autres frais liés aux achats, au stockage et à la distribution des nouveaux produits de BRAYTERROIR.

Parallèlement cette activité va générer de nouvelles ressources :

- des ventes en hausse.

Il réfléchit, par la même occasion, sur la nécessité de renégocier les délais de règlement accordés à ses clients ainsi que ceux obtenus de ses fournisseurs d'immobilisations et de biens et services. Vous disposez des annexes 5 et 6 pour traiter ce dossier et des annexes B et C.

A – Les prévisions de trésorerie

À court terme, M. LAIHOT craint des difficultés de trésorerie et demande au comptable, M. CALER, de dresser un budget de trésorerie pour les 6 premiers mois de l'année 2020.

Travail à faire :

1. Justifier par le calcul le montant du crédit de TVA du mois de mars dans le budget de TVA.

2. Retrouver les conditions de règlement accordées aux clients à partir des ventes de février dans le budget des encaissements. Présenter les calculs en exprimant les résultats en pourcentage.

3. À partir du bilan simplifié présenté en annexe 5, retrouver le montant de la trésorerie disponible au 31 décembre 2019.

4. Compléter le budget de trésorerie afin de déterminer la trésorerie finale de chaque mois (annexe B à rendre avec la copie).

5. Commenter l'évolution de la trésorerie. Les craintes de M. LAIHOT sont-elles vérifiées ?

6. Proposer à M. LAIHOT deux solutions qu'il pourrait envisager afin d'anticiper les problèmes de trésorerie que son projet risque de rencontrer.

B – Renégociation des délais clients

Finalement, M. LAIHOT envisage de renégocier les délais accordés à ses clients. Avant de les contacter, M. LAIHOT souhaiterait mesurer l'impact que cela aurait sur sa trésorerie.

Il proposerait les délais de règlement suivants à compter de janvier 2020 :

- 30 % au comptant
- 30 % à 30 jours
- 40 % à 60 jours.

Travail à faire :

7. Compléter le budget des encaissements « après renégociation des délais clients » (annexe C à rendre avec la copie).
8. Compléter le budget de trésorerie « après renégociation des délais clients » (annexe C à rendre avec la copie.
9. Analyser l'impact de la décision envisagée par M. LAIHOT sur la trésorerie.

DEUXIÈME PARTIE

L'entreprise Les Deux Lions a une activité industrielle qui consiste à fabriquer et commercialiser des fromages du terroir (camemberts et livarots). Dans le cadre d'un projet de rapprochement avec une autre entreprise, elle souhaite développer une nouvelle activité commerciale : la vente de fromages de Haute-Normandie.
Cette nouvelle activité va nécessiter des investissements et un financement par emprunt bancaire. Elle va engendrer une augmentation de ses stocks, de ses créances clients et de ses dettes fournisseurs. L'ensemble de ces éléments va impacter la trésorerie de l'entreprise.
M. LAIHOT souhaite mesurer par avance, grâce à un outil de gestion prévisionnelle (budget de trésorerie), l'impact de cette nouvelle activité commerciale sur sa trésorerie.
Pour diriger son entreprise M. LAIHOT a besoin d'outils de pilotage. Ils sont indispensables pour prendre les bonnes décisions et mesurer la performance. Ils permettent également d'évaluer les risques que représente par exemple une nouvelle activité ou un nouvel investissement.

Travail à faire :

En une ou deux pages au maximum, à partir de vos connaissances et en vous inspirant des situations présentées dans la première partie, ou d'autres situations, répondre à la question suivante :

Les outils de gestion prévisionnelle permettent-ils d'améliorer le pilotage de l'entreprise ?

ANNEXE 1 : Extrait du plan des comptes de la société Les deux lions

101000	Capital
106100	Réserve légale
106800	Réserve facultative
110000	Report à nouveau (solde créditeur)
120000	Résultat de l'exercice (bénéfice)
164000	Emprunt auprès des établissements de crédit
211000	Terrains
213120	Local Commercial
218200	Matériel de transport
281312	Amortissements du local commercial
281820	Amortissements du matériel de transport
291100	Dépréciation des terrains
401000	Fournisseurs
404000	Fournisseurs d'immobilisations
411000	Clients
445620	Etat, TVA déductible sur immobilisations
445661	Etat, TVA déductible sur autres biens et services à 5.5 %
445662	Etat, TVA déductible sur autres biens et services à 20 %
445710	Etat, TVA collectée à 5.5 %
486000	Charges constatées d'avance
487000	Produits constatés d'avance
512100	Banque de l'Ouest
601010	Achats de lait
601020	Achats d'autres matières premières
606500	Achats d'emballages
606800	Achats autres matières et fournitures
615000	Entretien et réparations
616000	Primes d'assurance
624100	Transports sur achats
675200	Valeurs comptables des éléments d'actifs cédés (immobilisations corporelles)
681120	Dotations aux amortissements des immobilisations corporelles
701100	Ventes de camemberts
701200	Ventes de livarots
708500	Ports et frais accessoires facturés
775200	Produits des cessions d'éléments d'actif (immobilisations corporelles)

SARL LES DEUX LIONS ZA Les ARCS 61 800 TINCHEBRAY Bon de commande n° 27-199 Date : 01/12/2019	Pièce n°1		SA BOISDUR 11 Rue du cloître 14 000 CAEN
Désignation	Quantité	PUHT	Montant
Boîtes carrées lot de 500	4	45.00	180.00
Lot de 1 000 boîtes rondes	7	80.00	560.00
Papier d'emballage rouleau de 150 m	2	260.00	520.00
		Total HT	1 260.00

SA BOISDUR 11 Rue du cloître 14 000 CAEN Facture n° 3 – 2569 Date : 02/12/2019	Pièce n°2	DOIT		SARL LES DEUX LIONS ZA Les ARCS 61 800 TINCHEBRAY
Référence	Désignation	Quantité	PUHT	Montant
BC 500	Boîtes carrées lot de 500	4	45.00	180.00
BR 1 000	Boîtes rondes lot de 1 000	7	80.00	560.00
PE 2 000	Papier d'emballage rouleau de 150 m	2	260.00	520.00
Votre commande n° 27-199		Total HT		1 260.00
		Remise 5 %		63.00
		Net commercial		1 197.00
Conditions de règlement : paiement le 2 janvier 2017		TVA 20 %		239.40
		Net TTC à payer		1 436.40

SA BOISDUR 11 Rue du cloître 14 000 CAEN Facture d'avoir n° A3 – 2245 Date : 05/12/2019	Pièce n°3	AVOIR		SARL LES DEUX LIONS ZA Les ARCS 61 800 TINCHEBRAY
Référence	Désignation	Quantité	PUHT	Montant
BC 500	Boîtes carrées lot de 500 Retour pour défaut - facture n° 3 – 2569	1	45.00	45.00
Votre commande n° 27-199		Montant HT		45.00
		Remise 5 %		2.25
		Net commercial		42.75
À déduire de votre prochain règlement		TVA 20 %		8.55
		Net à déduire		51.30

ANNEXE 3 : Proposition de financement de la Banque de l'Ouest

La Banque de l'Ouest Cité du monde 14 000 CAEN Le 03 janvier 2020	Offre de crédit valable 1 mois réservée à : SARL LES DEUX LIONS ZA Les Arcs 61 800 TINCHEBRAY

Capital emprunté : 50 000 euros débloqué le 1er février
2020 Nombre d'annuités : 5
Taux d'intérêt : 2,5 %
1ère échéance : 1er février 2021

Date	Capital restant dû en début de période	Intérêts	Amortissement du capital	Annuités	Capital restant dû en fin de période
01/02/2021	50 000	1 250	10 000	11 250	40 000
01/02/2022	40 000	1 000	10 000	11 000	30 000
01/02/2023	30 000	750	10 000	10 750	20 000
01/02/2024	20 000	500	10 000	10 500	10 000
01/02/2025	10 000	250	10 000	10 250	-
Totaux		3 750	50 000	53 750	

ANNEXE 4 : Devis du camion

SA Renault Trucks Espace des alouettes 14 000 CAEN Le 05 janvier 2020	DEVIS	Devis valable 1 mois à l'attention de : SARL LES DEUX LIONS ZA Les ARCS 61 800 TINCHEBRAY	
Désignation	Quantité	PUHT	Montant
Camion D10 / 18 équipé	1	49 600.00	49 600.00
Frais de livraison			400.00
Pensez à nous confirmer votre accord		Total HT	50 000.00
		TVA 20 %	10 000.00
paiement à la livraison		Net TTC	60 000.00

Remarque : les frais de livraison sont indispensables pour la mise en route du camion.

ANNEXE 5 – Bilan simplifié au 31 décembre 2019

ACTIF	Brut	Amort & Dép	Net	PASSIF	Net
ACTIF IMMOBILISÉ				**CAPITAUX PROPRES**	
Terrain	50 850	25 000	25 850	Capital	120 000
Construction	83 840	15 640	68 200	Réserves	87 401
Installations techniques	190 166	63 596	126 570	Résultat de l'exercice	20 800
Autres immobilisations	18 408	17 102	1 306		
TOTAL 1	343 264	121 338	221 926	TOTAL 1	228 201
ACTIF CIRCULANT				**DETTES**	
Stock de matières 1ères	19 352	0	19 352	Emprunts	67 569
Stock de produits finis	16 000	500	15 500	Dettes fournisseurs	33 381
Créances clients (1)	117 639	2 890	114 749	Dettes fiscales et sociales (2)	44 262
Disponibilités	3 840		3 840	Autres dettes	1 954
TOTAL 2	156 831	3 390	153 441	TOTAL 2	147 166
TOTAL GÉNÉRAL	500 095	124 728	375 367	TOTAL GÉNÉRAL	375 367

(1) dont 72 436 € payable en janvier, le reste en février

(2) dont 670 € de TVA à décaisser en janvier

ANNEXE 6 - Budget des encaissements et des décaissements

Budget des ventes

Eléments	Janvier	Février	Mars	Avril	Mai	Juin
Ventes HT du mois	80 000	75 000	106 000	108 000	109 000	111 000
TVA à 5,5%	4 400	4 125	5 830	5 940	5 995	6 105
Ventes TTC du mois	84 400	79 125	111 830	113 940	114 995	117 105

Budget de TVA

Eléments	Janvier	Février	Mars	Avril	Mai	Juin
TVA collectée	4 400	4 125	5 830	5 940	5 995	6 105
TVA déductible sur ABS	1 974	2 641	2 490	3 235	3 289	3 418
TVA déductible sur immobilisations		10 000				
Crédit de TVA du mois précédent		0	8 516	5 176	2 471	0
TVA à payer	2 426	0	0	0	235	2 687
ou crédit de TVA à reporter	0	8 516	5 176	2 471	0	0

Budget des encaissements

Eléments	Janvier	Février	Mars	Avril	Mai	Juin
Créances clients au 31/12	72 436	45 203				
Ventes de janvier	16 880	25 320	42 200			
Ventes de février		15 825	23 737,5	39 562,5		
Ventes de mars			22 366	33 549	55 915	
Ventes d'avril				22 788	34 182	56 970
Ventes de mai					22 999	34 498,5
Ventes de juin						23 421
Emprunt		50 000				
Total des encaissements	89 316	136 348	88 303,5	95 899,5	113 096	114 889,5

Budget des décaissements

Eléments	Janvier	Février	Mars	Avril	Mai	Juin
Dettes fournisseurs au 31/12	33 381					
Achats de janvier		45 155				
Achats de février			42 495			
Achats de mars				55 660		
Achats d'avril					56 605	
Achats de mai						58 880
Achats de juin						
Autres charges	1 500	1 500	1 800	2 000	2 000	2 000
Salaires et charges sociales	43 592	43 592	46 700	46 700	46 700	46 700
TVA à payer	670	2 426	0	0	0	235
Acquisition d'immobilisation		60 000				
Total des décaissements	79 143	152 673	90 995	104 360	105 305	107 815

ANNEXE A – Plan d'amortissement prévisionnel du camion (à rendre avec la copie)

Nature de l'immobilisation : Camion Renault

Mode d'amortissement : par unité d'œuvre

Base amortissable :

Nature de l'unité d'œuvre : Kms parcourus

Nombre d'unités d'œuvre : 400 000 kms

Années	Base amortissable	Annuité d'amortissement		Cumul des amortissements	Valeur Nette Comptable
		Détail du calcul	Montant		
2020					
2021					
2022					
2023					
2024					

ANNEXE B – Budget de trésorerie « situation initiale » (à rendre avec la copie)

Budget de trésorerie

Eléments	Janvier	Février	Mars	Avril	Mai	Juin
Trésorerie initiale						
Total des encaissements	89 316,0	136 348,0	88 303,5	95 899,5	113 096,0	114 889,5
Total des décaissements	79 143,0	152 673,0	90 995,0	104 360,0	105 305,0	107 815,0
Trésorerie finale						

**ANNEXE C – Budget « après renégociation des délais clients »
(à rendre avec la copie)**

Budget des ventes

Eléments	Janvier	Février	Mars	Avril	Mai	Juin
Ventes HT du mois	80 000	75 000	106 000	108 000	109 000	111 000
TVA à 5,5%	4 400	4 125	5 830	5 940	5 995	6 105
Ventes TTC du mois	84 400	79 125	111 830	113 940	114 995	117 105

Budget des encaissements« après renégociation des délais clients »

Eléments	Janvier	Février	Mars	Avril	Mai	Juin
Créances clients au 31/12	72 436	45 203				
Ventes de janvier						
Ventes de février						
Ventes de mars						
Ventes d'avril						
Ventes de mai						
Ventes de juin						
Emprunt		50 000				
Total des encaissements						

Budget de trésorerie « après renégociation des délais clients »

Eléments	Janvier	Février	Mars	Avril	Mai	Juin
Trésorerie initiale						
Total des encaissements						
Total des décaissements	79 143,0	152 673,0	90 995,0	104 360,0	105 305,0	107 815,0
Trésorerie finale						

Section 2. La Fabrick à Gâteau

Sujet nouveau créé à partir du site Internet

Située dans le Sud-Ouest de la France, **la Fabrick à gâteaux** est une jeune entreprise qui s'est donnée pour mission de remettre au goût du jour des gâteaux traditionnels emblèmes de nos belles régions. La Fabrick à gâteaux est issue de l'acquisition de l'entreprise **Le comptoir du gâteau basque**, créée il y a plus de 25 ans. La Fabrick à gâteaux prépare les pâtisseries à partir de produits frais de qualité avec les mêmes gestes et les mêmes ingrédients qu'à son origine.

Afin d'établir le budget de trésorerie de la Fabrick à Gâteaux vous disposez des documents et annexes suivants :
- Extrait de la balance après inventaire au 28-02-N (date de fin d'exercice).
- Prévisions pour le 1er trimestre N+1 de l'exercice comptable.
- Informations complémentaires.
- Prévisions d'achats et de ventes TTC.
- Budget de TVA. (à compléter)
- Budget de Trésorerie (à compléter)

TRAVAIL A FAIRE : en utilisant les documents et annexes ci-dessus :

1°) Évaluer les achats et les ventes TTC.
2°) Établir le budget de TVA
3°) Établir le budget de trésorerie.

EXTRAIT DE LA BALANCE APRES INVENTAIRE AU 28-02-N (DATE DE FIN D'EXERCICE)

COMPTES		SOLDES	
Numéros	Intitulés	Débiteurs	Créditeurs
401000	Fournisseurs		1 440 990
403000	Fournisseurs effets à payer		663 600
411000	Clients	1 005 140	
413000	Clients effets à recevoir	177 900	
430000	Organismes sociaux		131 250
445510	TVA à décaisser		60 254
445660	TVA déductible sur ABS	142 290	
512000	Société Générale	455 000	
514000	Chèques Postaux	17 820	
530000	Caisse	1 650	

PREVISIONS POUR LE 1ER TRIMESTRE N+1 DE L'EXERCICE COMPTABLE

Eléments	Mars	Avril	Mai
Ventes HT (TVA au taux normal)	1 350 000	1 360 000	1 380 000
Achats HT (TVA au taux normal)	660 000	700 000	600 000
Salaires nets	225 000	225 000	225 000
Charges sociales	112 000	116 000	116 000
Services extérieurs (pas de TVA)	70 000	60 000	60 000
Impôts	7 000		8 000
Dotations aux amortissements	90 000	90 000	97 000
Dotations aux dépréciations	6 000	4 000	3 000
Investissements			150 000

INFORMATIONS COMPLEMENTAIRES

- Les ventes sont payées par traite à 30 jours fin de mois.
- Les créances clients au 28-02 seront réglées pour 50 % en mars et le reste en avril.
- Les traites en portefeuille le 28-02 se rapportent uniquement aux ventes de février.
- Les achats sont réglés à 60 jours fin de mois.
- Les dettes fournisseurs au 28-02 seront payées par tiers en mars, avril, mai.
- Les effets à payer au 28-02 ont été acceptées en règlement des achats de janvier et de février par moitié.
- La TVA à décaisser au titre d'un mois sera payée le 20 du mois suivant.
- Les salaires et les autres charges sont payables en fin de mois à l'exception des charges sociales réglées le 15 du mois suivant.
- L'investissement est réglé au comptant, par banque.
- L'entreprise a obtenu un emprunt bancaire finançant 80 % du montant HT.
- Les fonds sont disponibles le mois de l'investissement.

PREVISIONS D'ACHATS ET VENTES DE VENTES TTC

Eléments	Mars			Avril			Mai		
	HT	TVA	TTC	HT	TVA	TTC	HT	TVA	TTC
Ventes	1 350 000	270 000	1 620 000	1 360 000	272 000	1 632 000	1 380 000	276 000	1 656 000
Achats	660 000	132 000	792 000	700 000	140 000	840 000	600 000	120 000	720 000
Investissements							150 000	30 000	180 000

BUDGET DE TVA

Eléments	Mars	Avril	Mai
TVA collectée			
- TVA déductible sur ABS			
- TVA déductible sur immobilisations			
- Crédit de TVA reporté			
= TVA nette due (ou crédit de TVA)			

BUDGET DE TRESORERIE

Eléments	Mars	Avril	Mai	Bilan
ENCAISSEMENTS :				
- Créances clients le 28/02/N				
- Effets à recevoir le 28/02/N				
- Ventes de Mars TTC				
- Ventes d'Avril TTC				
- Ventes de Mai TTC				
- Emprunt				
Total				
DECAISSEMENTS				
- Fournisseurs au 28/02/N				
- Effets à payer au 28/02/N				
- Achats de Mars TTC				
- Achats de Avril TTC				
- Achats de Mai TTC				
- Salaires nets				
- Charges sociales				
- Services extérieurs				
- TVA à décaisser				
- Impôts				
- Investissement TTC				
Total				
Trésorerie initiale				
Encaissements				
Décaissements				
Solde du mois				
Trésorerie finale				

Section 3. Les Salaisons Jouvin

Sujet nouveau créé à partir d'un communiqué de presse

Dans leur usine de Nogent-sur-Oise, les **SALAISONS JOUVIN** fabriquent chaque année 2 700 tonnes de produits à base de porc dans le respect des traditions pour offrir un goût unique et répondre au cahier des charges des plus grands distributeurs.

Spécialiste du chorizo à la française, cette production « Made in France » de charcuterie de porc fait l'objet d'un contrôle qualité permanent. Fabriqué dans leur usine de Nogent-sur-Oise, leur chorizo Made in France est une spécialité à base de porc associée à des épices selon une recette unique qui fait la réputation de leur chorizo.

Les produits fabriqués : saucisson sec de jambon, chorizo collier, bâtonnets de chorizo, chorizo PP D32 bâton, chorizo tranché, cubes de chorizo, brisures de chorizo, chorizo cular, chorizo cular D70, chorizo cular tranché, chorizo D 55 traiteur, chorizo traiteur PP D55, chorizo D55 tranché, coppa sel sec à l'ancienne, coppa sel sec, coppa sel sec tranché, cube coppa sel sec, timbre de coppa sel sec, pancetta sel sec à l'ancienne, pancetta sel sec, pancetta sel sec tranché, merguez, merguez entière portion, merguez tronçon 5/10/15 mm, peppéroni pizza PB D43 bâton, peppéroni pizza tranché.

Le bilan comptable des années 2018 et 2019 noté N-1 et N est fourni dans l'annexe 1.

TRAVAIL A FAIRE : en utilisant les annexes pages suivantes :

1°) Présenter les bilans fonctionnels condensés des deux exercices.
2°) Réaliser l'analyse des deux bilans fonctionnels en calculant pour les deux années successives le fonds de roulement net global, le besoin en fonds de roulement d'exploitation, le besoin en fonds de roulement hors exploitation ainsi que la trésorerie nette avec les 2 méthodes de calcul. Analyser la variation de ces indicateurs.
3°) Commenter les résultats obtenus.

ANNEXE 1 BILANS COMPTABLES POUR 2019 (année N-1) et pour 2020 (année N)

ACTIF	Exercice N Brut	Exercice N Amort. Dépré. Prov.	Exercice N Net	Exercice N-1 Brut	Exercice N-1 Amort. Dépré. Prov.	Exercice N-1 Net	PASSIF (avant répartition)	N	N-1
ACTIF IMMOBILISE							**CAPITAUX PROPRES**		
Immobilisations incorporelles	1 992	456	1 536	1 200	304	896	*Capital*	7 000	6 000
Immobilisations corporelles							*Primes d'émission*	50	
Terrains	400	90	310	400		400	*Réserves*		
Constructions	2 860	770	2 090	1 880	612	1 268	Réserve légale	600	600
Inst. techn., mat. et out. indus.	6 704	2 211	4 493	5 720	1 680	4 040	Réserve stat. ou contractuelle	300	300
Immo. corporelles en cours	1 084	366	718	832	220	612			
Immobilisations financières									
Participations	284	24	260	200	24	176	*Résultat de l'exercice (6)*	610	600
Prêts				164		164			
Sous-total	**13 324**	**3 917**	**9 407**	**10 396**	**2 840**	**7 556**	**Sous-total**	**8 560**	**7 500**
ACTIF CIRCULANT							**PROVISIONS POUR RISQUES ET CHARGES**		
Stocks et en-cours									
Mat. Premières et autres approv.	300	12	288	344	20	324	Provisions pour charges (2)	150	100
Produits intermédiaires et finis	1 016	34	982	838	18	820	**Sous-total**	**150**	**100**
Marchandises	128		128	100		100	**DETTES**		
Créances							Empr. et dettes auprès établ. (4)	1 516	1 040
Clients et comptes rattachés	1 998	152	1 846	1 800	84	1 716	Empr. et dettes financ. fivers	352	216
Autres (1)	200		200	164		164	Dettes fournis. Et cptes rattach.	1 864	1 804
Créances diverses	141		141	270		270	Dettes fiscales et sociales	382	540
Valeurs mobilières placement	60	2	58	136	6	130	Autres dettes (1)	90	141
Disponibilités	250		250	208		208	Dettes sur immobilisations	546	220
Charges constatées d'avance (3)	230		230	230		230	*Produits constatés d'avance (3)*	150	137
Sous-total	**4 323**	**200**	**1 123**	**4 090**	**128**	**3 962**	**Sous-total**	**4 900**	**4 098**
Charges à répartir sur plusieurs exercices (5)	80		80	180		180			
TOTAL GENERAL	**17 727**	**4 117**	**13 610**	**14 666**	**2 698**	**11 698**	**TOTAL GENERAL**	**13 610**	**11 698**

- (1) concernent l'exploitation
- (2) justifiées, d'exploitation
- (3) ne concernent pas l'exploitation
- (4) dont concours bancaires courants : 160 en N et 340 en N-1
- (5) concernent les immobilisations
- (6) mis en réserves en totalité

ANNEXE 2 BILANS FONCTIONNELS CONDENSÉS A COMPLETER

ACTIF	N	N-1	PASSIF	N	N-1
Actif immobilisé brut			Capitaux propres		
Actif circulant d'exploitation			Dettes financières		
Actif circulant hors exploitation			Dettes d'exploitation		
Trésorerie active			Dettes hors exploitation		
			Trésorerie passive		
TOTAL			TOTAL		

ANNEXE 3 GRILLE POUR CALCUL FRNG – BFRE - BRFHE ET TN

ELEMENTS	N	N-1	Variations
Ressources stables			
Emplois stables			
FRNG			
Actif circulant d'exploitation			
Passif circulant d'exploitation			
BFRE			
Actif circulant hors exploitation			
Passif circulant hors exploitation			
BFRHE			
Trésorerie active			
Trésorerie passive			
Trasorerie Nette			
Vérifications : BFRE + BFRHE + TN = FRNG			

Section 4. Ô Burger Gourmet

Sujet créé à partir d'une annale de BTS DIÉTÉTIQUE

Ancien chef cuisinier d'un restaurant gastronomique réputé, Paul TARTASSE a décidé d'exploiter la tendance actuelle consistant à déjeuner rapidement, au lieu de rester attablé pendant un long moment. L'entrepreneur a alors décidé de s'orienter vers l'exploitation d'un camion-restaurant (Food truck) en se spécialisant dans la préparation de burgers « gastronomiques ». En se spécialisant dans ce produit, Paul TARTASSE voulait se différencier du traditionnel sandwich, préparé avec une baguette de pain, proposé par la plupart des boulangeries et éviter d'être en concurrence directe avec les chaînes de restauration rapide et les pizzerias.

L'offre de Paul TARTASSE se démarque par la qualité des produits, préparés exclusivement avec des ingrédients frais et locaux. En 2015, Paul TARTASSE crée la société **O'Burger Gourmet.**

Il a décidé d'exploiter son activité en créant une société par actions simplifiée unipersonnelle (SASU). Le taux de TVA appliqué sur les achats de matières premières (denrées alimentaires) est de 5,50 %. La comptabilité de la société O'Burger Gourmet est tenue dans un journal unique. L'exercice comptable coïncide avec l'année civile

DOSSIER 1 GESTION COMPTABLE DE LA STRUCTURE

Très sollicité, le camion-restaurant a accumulé de nombreux kilomètres et a nécessité une importante réparation. Par ailleurs, Paul TARTASSE a commandé diverses variétés de petits pains ronds appelés buns auprès de l'un de ses fournisseurs habituels. Lors de la livraison des produits, un carton de 100 buns briochés a été endommagé. Ces petits pains ne peuvent être vendus. Paul TARTASSE a donc retourné ces buns briochés à son fournisseur Délisse Authentic. Vous disposez des annexes 1, 2 et A (à rendre avec la copie) pour traiter ce dossier.

Travail à faire :

1. Comptabiliser dans le journal la facture n°251 reçue par la société O'Burger Gourmet.
2. Présenter le corps et le bas de la facture d'avoir n°A32 que la société O'Burger Gourmet va recevoir pour le retour des buns briochés de la facture de doit n°984 en utilisant l'annexe A (à rendre avec la copie)
3. Comptabiliser dans le journal la facture d'avoir n°A32 reçue par la société O'Burger Gourmet le 19 mars 2019.

4. Calculer le montant dû au fournisseur Délisse Authentic pour cette livraison.
5. Enregistrer le règlement au fournisseur Délisse Authentic par chèque N° 1257131 le 30 mars 2019.
6. Calculer le solde du compte 401002 – Fournisseur Délisse Authentic au 30 mars 2019 et compléter l'annexe B (à rendre avec la copie).
7. Expliquer le solde du compte 401002 – Fournisseur Délisse Authentic au 30 mars 2019.

DOSSIER 2 – ANALYSE FINANCIÈRE ET FINANCEMENT D'UN INVESTISSEMENT

Depuis six mois, Paul TARTASSE rencontre des difficultés avec son camion-restaurant. De nombreuses pannes immobilisent le camion avec pour conséquence un arrêt de son activité pendant ces périodes. Paul TARTASSE s'inquiète des répercussions des pannes successives de son camion-restaurant sur les résultats de sa société. Il souhaite être rassuré sur la profitabilité de son activité. Vous disposez des annexes 3 et 4 pour traiter ce dossier.

Travail à faire :

1. Justifier, par le calcul, le taux de variation du chiffre d'affaires (CA).
2. Donner une explication possible à l'évolution des ventes de 2017 à 2018.
3. Commenter l'évolution de 2017 à 2018 de la valeur ajoutée (VA) et de l'excédent brut d'exploitation (EBE) de la société O'Burger Gourmet.

Paul TARTASSE souhaite changer son camion. Le montant hors taxes de l'acquisition d'un camion-restaurant neuf s'élèverait à 70 000 €. Avant de prendre une décision définitive, il veut étudier l'impact de cet éventuel investissement sur la situation financière de sa société. Il hésite entre différents modes de financement possibles. Il a déjà contacté son banquier pour connaître sa capacité d'emprunt. La banque est prête à lui accorder un prêt à un taux attractif de 3 % dans la limite d'un taux d'endettement n'excédant pas 100 % des capitaux propres. Paul TARTASSE se demande si l'entreprise pourra autofinancer la partie restante. Il a calculé sa capacité d'autofinancement (CAF) 2018 qui s'élève à 27 089 €. Il pense que la CAF 2019 sera approximativement de même niveau. Vous disposez des ANNEXES 5, 6 et 7.

Travail à faire :

1. Présenter le bilan fonctionnel condensé de la société O'Burger Gourmet au 31 décembre 2018. Justifier tous vos calculs. Vous utiliserez pour cela l'annexe C.
2. Calculer le fonds de roulement net global (FRNG), le besoin en fonds de roulement (BFR) et la trésorerie nette (TN) pour 2018. Vous utiliserez pour cela l'annexe D.
3. Rédiger un commentaire sur l'équilibre financier au 31 décembre 2018 de la société O'Burger Gourmet.

DOSSIER 3 – TRAITEMENT COMPTABLE D'UN INVESTISSEMENT

Paul TARTASSE avait acquis son camion-restaurant d'occasion au début de l'année 2015, afin de limiter les dépenses liées au lancement de son activité professionnelle. Aujourd'hui, il se décide pour l'acquisition d'un nouveau camion. Paul TARTASSE a commandé un nouveau camion-restaurant à la société Perso Truck. La livraison et la mise en service de ce véhicule sont intervenues le 1er juin 2019. Monsieur TARTASSE estime pouvoir utiliser ce camion durant huit années. Toutefois, l'aménagement de ce camion – dont le coût est inclus dans le coût global du véhicule – devra être renouvelé tous les quatre ans. La structure du camion est amortie en fonction du kilométrage parcouru alors que l'aménagement du véhicule est amorti selon le mode linéaire.

Vous disposez des annexes 8, 9 et 10 pour traiter ce dossier.

Travail à faire :

1. Enregistrer l'acquisition du nouveau camion-restaurant.

2. Présenter les plans d'amortissement du camion-restaurant et de son aménagement au titre des exercices 2019 et 2020. Justifier vos calculs en utilisant l'annexe E

3. Présenter les écritures de dotations aux amortissements du camion-restaurant et de son aménagement relatives à l'exercice 2019

ANNEXE 1 – Facture d'entretien et de réparation du camion-restaurant

Garage Émile		Doit : Société O'Burger Gourmet	
Facture n°251			
Le 2 mars 2019			
Désignation	Quantité	Prix unitaire hors taxes	Montant brut hors taxes
Changement du joint de culasse			
- Kit joint de culasse	1	470,00	470,00
- Main d'œuvre	15	70,00	1 050,00
		Montant hors taxes	1 520,00
		TVA à 20%	304,00
Règlement sous huit jours		Net à payer en euros	1 824,00

ANNEXE 2 – Facture du fournisseur 401002 – Délisse Authentic

Délisse Authentic		Doit : Société O'Burger Gourmet			
Facture n° 984					
Le 17 mars 2019					
Désignation	Quantité	Prix unitaire brut hors taxes	Remise	Prix unitaire net hors taxes	Prix net hors taxes
Buns nature	200	0,50	-	0,50	100,00
Buns briochés	280	0,80	5 %	0,76	212,80
Buns aux graines de sésame	150	0,60	-	0,60	90,00
				Net hors taxes	402,80
				TVA à 5,5 %	22,15
				Net à payer en euros	424,95
Règlement fin de mois					

ANNEXE 3 – Tableau des soldes intermédiaires de gestion (SIG)

	2018	2017	Variation en %
Montant du chiffre d'affaires (CA)	149 750	155 256	-3,55%
Consommation en provenance des tiers	82 514	87 256	
Valeur ajoutée (VA)	**67 236**	**68 000**	-1,12%
Valeur ajoutée	67 236	68 000	
Subvention d'exploitation	-	-	
Impôts et taxes	868	924	
Salaires	31 879	32 486	
Charges sociales	6 433	6 558	
Excédent brut d'exploitation (EBE)	**28 056**	**28 032**	0,09%
EBE	28 056	28 032	
Reprises sur dépréciations	-	-	
Dotations aux amortissements et dépréciations	12 824	14 526	
Autres produits	2 370	2 156	
Autres charges	-		
Résultat d'exploitation (RE)	**17 602**	**15 662**	12,39%
Résultat d'exploitation	17 602	15 662	
Résultat financier	- 1 075	- 1 185	
Résultat courant avant impôt (RCAI)	**16 527**	**14 477**	14,16%
Résultat courant avant impôt	16 527	14 477	
Résultat exceptionnel	-	-	
Impôts sur les sociétés	2 262	1 988	
Résultat net	**14 265**	**12 489**	14,22%

ANNEXE 4 – Indicateurs de profitabilité de la société

Taux de profitabilité	Formule de calcul	2018	2017
Taux de valeur ajoutée	VA / CA	44,90%	43,80%
Taux de marge brute d'exploitation	EBE / CA	18,74%	18,06%
Taux de marge bénéficiaire	Résultat net / CA	9,53%	8,04%

ANNEXE 5 – Bilan comptable au 31 décembre 2018 (en euros)

Actif	Brut	Amortissements & dépréciations	Net	Passif	Montants
Actif immobilisé				**Capitaux propres**	
Immobilisations incorporelles	385	-	385	Capital	36 000
Immobilisations corporelles	62 854	24 881	37 973	Réserve légale	1 200
Immobilisations financières	888	-	888	Autres réserves	-
				Report à nouveau	-
				Résultat de l'exercice	14 265
Total I	**64 127**	**24 881**	**39 246**	**Total I**	**51 465**
				Provisions pour risques et charges	-
				Total II	**-**
Actif circulant				**Dettes**	
Stocks matières premières	990	-	990	Emprunts auprès des Ets de crédit (1)	8 167
Clients et comptes rattachés	64	-	64	Dettes fournisseurs et comptes rattachés	1 273
Autres créances	-	-	-	Dettes fiscales et sociales	3 875
VMP	-	-	-	Dettes sur immobilisations	-
Disponibilités	30 567	-	30 567	Autres dettes	6 087
Charges constatées d'avance	-	-	-	Produits constatés d'avance	-
Total II	**31 621**	**-**	**31 621**	**Total III**	**19 402**
Total général	**95 748**	**24 881**	**70 867**	**Total général**	**70 867**

(1) dont concours bancaires et soldes créditeurs 0 €

ACTIF	Montant	PASSIF	Montant
EMPLOIS STABLES		RESSOURCES STABLES	
ACTIF CIRCULANT		PASSIF CIRCULANT	
TRÉSORERIE D'ACTIF		TRÉSORERIE DU PASSIF	
TOTAL		**TOTAL**	

ANNEXE 7 – Endettement de la société O'Burger Gourmet

	Calculs	Taux en %
Taux d'endettement avant l'investissement	8 167 / 51 465	15,87%
Taux d'endettement maximum admis par la banque	51 465 / 51 465	100,00%
Taux d'endettement =	$\dfrac{\text{(Emprunts + Concours bancaires et soldes créditeurs)}}{\text{Capitaux propres}}$	

ANNEXE 8 – Facture d'acquisition du nouveau camion-restaurant (document simplifié)

Perso Truck		Doit :	
		Société O'Burger Gourmet	
Facture n° 519			Le 1er juin 2019
Désignation	Montant brut hors taxes	Remise	Montant net hors taxes
Camion	54 000,00	4 000,00	50 000,00
Aménagement spécifique	20 000,00	-	20 000,00
		Net hors taxes	70 000,00
		TVA à 20 %	14 000,00
		Net à payer en euros	84 000,00

ANNEXE 9 – La méthode des composants

Sont considérés comme des composants, les éléments principaux d'une immobilisation corporelle qui répondent aux deux conditions suivantes :
- ils doivent avoir une durée réelle d'utilisation différente de celle de l'immobilisation à laquelle ils se rattachent ;
- ils doivent faire l'objet de remplacement au cours de la durée réelle d'utilisation de l'immobilisation à laquelle ils se rattachent.

Le composant principal de l'immobilisation sera appelé « *la structure* ».

D'après l'article 311-2 du Plan Comptable Général (PCG)

Si les composants ont chacun des utilisations différentes, ils seront comptabilisés séparément. De plus un plan d'amortissement devra être établi pour chacun de ces composants.

D'après l'article 214-9 du Plan Comptable Général (PCG)
Autorité des Normes Comptables (ANC)
http://www.anc.gouv.fr

ANNEXE 10 – Kilométrage prévisionnel du nouveau camion-restaurant

Années	Kilométrage annuel
2019	16 000
2020	26 000
2021	26 000
2022	25 000
2023	25 000
2024	24 000
2025	24 000
2026	14 000
Kilométrage prévisionnel total	180 000

ANNEXE A – Corps et bas de la facture d'avoir à compléter
(à rendre avec la copie)

Désignation	Quantité	Prix unitaire brut HT	Remise	Prix unitaire HT	Prix Net HT
			NET HORS TAXE		
			TVA		
			A DEDUIRE TTC		

ANNEXE B – Extrait du grand livre du compte 401002
Fournisseur Délisse Authentic
(à rendre avec la copie)

Dates	Libellés	Débit	Crédit	Solde Débiteur	Solde Créditeur
01 mars 2019	A nouveau		235,12		235,12
05 mars 2019	Chèque n° 1257129	235,12			0,00
10 mars 2019	Facture n° 836		677,95		677,95
17 mars 2019	Facture n° 984		424,95		1 102,90
19 mars 2019	Avoir n° A32	80,18			
30 mars 2019	Chèque n° 1257131	344,77			

ANNEXE C Bilan fonctionnel condensé
(à rendre avec la copie)

ACTIF	Montant	PASSIF	Montant
EMPLOIS STABLES		RESSOURCES STABLES	
ACTIF CIRCULANT		PASSIF CIRCULANT	
TRÉSORERIE D'ACTIF		TRÉSORERIE DU PASSIF	
TOTAL		**TOTAL**	

Justification des calculs :

ANNEXE D Calculs des indicateurs
(à rendre avec la copie)

INDICATEURS	Justification des calculs	Montant en € 2018
FRNG		
BFR		
TN 1ère méthode		
TN 2ème méthode		

Commentaire :

Annexe E Tableaux d'amortissements linéaires
(à rendre avec la copie)

Extrait du plan d'amortissement de la structure du camion-restaurant

Années	Base amortissable	Annuité d'amortissement	Amortissements cumulés	Valeur nette comptable
2019				
2020				

Explications des calculs :

Extrait du plan d'amortissement de l'aménagement du camion-restaurant

Années	Base amortissable	Annuité d'amortissement	Amortissements cumulés	Valeur nette comptable
2019				
2020				

Explications des calculs :

AIDE : Extrait du plan des comptes de la société O'BURGER GOURMET

101000 Capital
106100 Réserve légale
106800 Réserve facultative
110000 Report à nouveau (solde créditeur)
120000 Résultat de l'exercice (bénéfice)
164000 Emprunt auprès des établissements de crédit
218210 Matériel de transport Camion restaurant
218220 Matériel de transport-Aménagement du camion restaurant
281821 Amortissements du matériel de transport-Structure du camion restaurant
211822 Amortissements du matériel de transport-Aménagement du camion restaurant
291100 Dépréciation des terrains
401002 Fournisseurs Délisse Authentic
404000 Fournisseurs d'immobilisations
411000 Clients
445620 Etat, TVA déductible sur immobilisations
445661 Etat, TVA déductible sur autres biens et services à 5.5 %
445710 Etat, TVA collectée à 5.5 %
512000 Banque
601000 Achats stockés Matières premières
601020 Achats d'autres matières premières
606500 Achats d'emballages
606800 Achats autres matières et fournitures
615000 Entretien et réparations
616000 Primes d'assurance
624100 Transports sur achats
701000 Ventes de burgers gastronomiques

Section 5.   Les jus de fruits Innocent

Sujet nouveau créé pour analyser un site Internet primé

nos boissons   nous   notre éthique   innocent et le recyclage   curieux ?
notre blog   petit bonnet bonne action

nos boissons

Analyse du site Internet Jus de fruits Innocent

Vous allez sur le site internet des jus de fruit innocent : https://www.innocent.fr/ puis vous répondez aux questions suivantes :

1- Comment sont organisées les différentes pages du site WEB ?
2- Que pensez-vous de la page d'accueil ?
3- Que dire de la ligne de flottaison et de la pyramide inversée ? (Lecture en Z ou en F)
4- Quelle est la charte graphique utilisée ?
5- Y-a-t-il des outils de séduction qui sont utilisés. Si oui lesquels ?
6- Comment se fait la navigation du site ? Comment est le menu ? Le sous-menu ?
7- Quelles sont les différentes rubriques ou différents thèmes développés ?
8- Quelle est la petite histoire d'Innocent ? Qu'apporte-t-elle à l'internaute ?
9- Y-a-t-il une page d'atterrissage ou une Landing Page ?
10- Y-a-t-il des produits mis en avant ? Lesquels ?
11- Y-a-t-il des liens vers les réseaux sociaux ?
12- Y-a-t-il un accès à un blog ? À un forum de discussion ? À une FAQ ?
13- Peut-on s'abonner à une newsletter ?
14- Y-a-t-il un formulaire de contact ? L'intégration d'un plan Google Map ?
15- Le site est-il actualisé ? Comment pouvez-vous le savoir ?
16- Quelles sont les mentions légales du site ? A quoi servent-elles ?

Section 6. Le marché de l'alimentation infantile, comment se démarquer ?

Sujet nouveau créé à partir d'un article du site Vitagora

Question : Après avoir choisi une marque qui propose de l'alimentation infantile, en vous aidant de votre cours, de l'article proposé en annexe et par une recherche complémentaire sur Internet vous réaliserez en binôme une double analyse SWOT et PESTEL

Annexe

Marché de l'alimentation infantile : comment se démarquer ?

Article d'Anne Laure MARCHAND pour VITAGORA

Le marché de l'alimentation infantile représentait, en France en 2018, un chiffre d'affaires de 803 millions d'euros. S'il s'agit d'un marché très important, on constate malgré tout une baisse des ventes : - 1,7 % (valeur) et - 2,5 % (volume) (Source : LSA). Cette morosité s'explique en partie par le recul de la natalité et une perte de confiance des consommateurs à la suite de diverses crises alimentaires. Selon une étude YouGov, 17 % des parents n'étaient pas satisfaits de la nourriture proposée pour leur bébé.

Pour contrer cette tendance à la baisse, et s'il est difficile de se démarquer sur un marché à la fois fortement réglementé et très concurrentiel, des pistes sont à explorer pour les développements de produits.

1- Restaurer la confiance avec les parents

À la suite de la crise sanitaire du lait infantile contaminé, les parents – acheteurs des produits infantiles – ont besoin d'être rassurés quant à la qualité des aliments des bébés. Cela peut passer par plusieurs démarches : outil de traçabilité, transparence des pratiques de production, etc. Nestlé et Carrefour se sont ainsi associés pour mettre au point la première blockchain en nutrition infantile. Les produits concernés sont les laits infantiles des Laboratoires Guigoz, GUIGOZ BIO 2 et 3, qui seront disponibles dans les circuits de distributions habituels, y compris en dehors des magasins Carrefour. En scannant un QR code imprimé sur l'emballage du produit, les parents pourront s'informer de tout le cycle de vie du produit, de l'origine du lait à la mise en rayon (Source : Process Alimentaire).

Pour aller plus loin dans la transparence, Danone et Nestlé misent sur la proximité et l'ouverture. Danone, avec son programme La cueillette des curieux, propose aux consommateurs de visiter les exploitations agricoles où sont produits les fruits et légumes qui composent les petits pots de bébé ; ateliers ludiques, découverte de la biodiversité et cueillette des fruits et légumes sont au programme. Quant au groupe suisse Nestlé, il a ouvert à des consommateurs les portes de son site de production de laits infantiles Guigoz dans l'Aisne (source : LSA).

2- Aller vers plus de naturalité

L'alimentation infantile n'échappe pas aux grandes tendances alimentaires :
• Le bio
• Le clean label

3- La tendance bio

D'après une étude menée en septembre 2019 par le cabinet YouGov, 32 % des parents considèrent le label AB comme un critère de choix pour l'alimentation de bébé (source : YouGov). Dans la lignée de leurs concurrents, comme Hipp et Good Goût, les géants de l'alimentation infantile, Danone et Nestlé, ont pris le tournant du bio en 2018 en lançant « Les récoltes bio de Blédina » pour le premier et « Nestlé Bio » pour le second.
Danone via sa marque Blédina s'est engagé à développer une alternative bio pour toutes ses gammes de produits infantiles (source : Agro media).

4- Le Clean Label

La tendance Clean label repose sur plusieurs principes dont la réduction des additifs de synthèse au profit d'ingrédients naturels, la simplification des recettes et un étiquetage plus intelligible. Comment répondre à cette attente « clean label » dans l'alimentation infantile, alors que la réglementation sur la composition des produits est déjà très stricte ? Quelques axes restent encore peu exploités et répondraient aux attentes des parents :
• Réduction de la teneur en sucre (ou en arômes), notamment pour les laitages et les céréales infantiles. Nestlé propose par exemple un laitage P'tit Onctueux Croissance nature « sans sucre ajouté ».
• Jouer sur la saisonnalité des produits pour favoriser l'usage d'ingrédients frais. La PME « Les bocaux de Mamie » propose des petits pots et compotes « faits maison » avec une cuisson à basse température et une conservation des aliments sous vide. Les ingrédients sont ultra-frais et de saison. En complément, Les bocaux de Mamie peuvent livrer les repas sur le lieu de garde de l'enfant et les pots en verre sont consignés.

5-Miser sur l'éveil alimentaire de bébé

La diversification alimentaire est constitutive de l'éveil d'un bébé : au-delà de son éveil au goût, les textures, couleurs, et la sociabilité liée aux repas y contribuent.

6-L'éveil par la texture

Si les recommandations en matière de textures préconisent des textures lisses au démarrage et une introduction progressive des morceaux avec l'apparition des premières dents, elles ont évolué récemment en insistant sur l'importance de ne pas mélanger les textures Pour autant, dans l'alimentation infantile commercialisée par l'industrie agroalimentaire, le mélange des textures est un classique retrouvé dans la catégorie d'âge 6-12 mois. Face à cela, en Amérique du Nord, de plus en plus de parents pratiquent la méthode de diversification menée par l'enfant (DME) qui préconise d'introduire des aliments solides (mous et fondants) dès que le jeune enfant peut les tenir en main.

En France, la marque Yooji propose d'ores et déjà des bâtonnets de légumes fondants que l'enfant peut prendre en main pour manger.

Du côté de la recherche, des chercheurs de l'INRA travaillent sur la question de l'acceptabilité des textures par l'enfant aux côtés de Blédina, dans le cadre du projet PATATE. Si les résultats sont encore en cours d'analyse, des premiers éléments viennent confirmer qu'une introduction plus précoce des morceaux limite les risques de refus alimentaire sur le long terme. Des résultats prometteurs qui devraient permettre de proposer des stratégies de formulation innovante aux entreprises du secteur.

7-L'éveil aux couleurs et aux goûts

Le projet de recherche HabEat labélisé par Vitagora, s'est intéressé aux méthodes possibles pour faire aimer les fruits et légumes aux jeunes enfants. Les recherches ont notamment montré que les aliments étaient mieux acceptés en variant leur présentation : couleurs, découpe, textures, disposition des aliments... Cela permet à l'enfant de découvrir ce qu'il aime.

Des initiatives autour de l'éveil vont en ce sens. Good Goût décline ses « Petits Plats » en couleur : rouge, vert, orange et beige pour stimuler autant l'œil que les papilles. La startup Sienna & friends propose des mix d'épices adaptés aux tout-petits pour agrémenter les repas et introduire de nouveaux goûts.

Un jeune enfant développera également mieux ses goûts et ses préférences, s'il peut identifier dans un plat l'aliment qu'il mange. Une autre piste d'innovation sur le secteur de l'alimentation infantile pourrait également être de proposer les aliments qui composent un plat dans des contenants compartimentés. A l'image de Blédina qui propose des kits d'ingrédients à mélanger ou à proposer séparément à l'enfant

Section 7.   Esprit AYURVEDA

Sujet adapté d'une annale de Bac STMG

L'association des professionnels de l'Ayurveda est née en France en 2004

"Science de la vie" en sanskrit, l'Ayurveda est un système de santé holistique. L'Ayurvéda puise ses racines dans l'Inde ancienne et les Védas, les quatre livres de la sagesse et de la religion brahmaniques. Son principe est que chaque être humain peut trouver l'équilibre et l'harmonie.

"Ayurveda en France" regroupe des professionnels formés aux différentes techniques de l'Ayurvéda comme le massage traditionnel, l'utilisation des plantes ou la nutrition ayurvédique.

L'AYURVEDA propose des cures en Provence et en Alsace et vends des plats préparés à base d'épices spécifiques.

Selon l'Ayurveda, connaître ses besoins spécifiques est la clé pour définir un régime alimentaire approprié. La nutrition ayurvédique est donc assez différente de la vision contemporaine du régime équilibré, identique pour tous et essentiellement basée sur la consommation d'aliments classés en groupes.

L'analyse des aliments en termes de vitamines, oligoéléments et autres composants n'existe pas en diététique ayurvédique. Elle est remplacée par la science des six goûts (doux, acide, salé, piquant, amer et astringent), très subtile, dans laquelle chaque aliment naturel possède une saveur, une énergie (chauffante ou rafraîchissante) et une action post digestive qui déterminent son effet sur le corps mais aussi sur la conscience. La nourriture devient ainsi un outil puissant.

Vous disposez les budgets prévisionnels (en valeurs) suivants concernant l'entreprise AYURVEDA en Provence pour l'année 2021 (N+1) :

	4ème Trim (N)	1er Trim (N+1)	2ème Trim (N+1)	3ème Trim (N+1)	4ème Trim (N+1)
Budget des ventes	600.000	520.000	450.000	580.000	630.000
Budget des approvisionnements	280.000	160.000	210.000	350.000	380.000
Budget des charges de production	/	105.000	85.000	120.000	190.000

Informations complémentaires :

- 40 % des ventes seront payées au comptant et le reste 90 jours après la date de vente.
- 60 % des achats seront payés au comptant et le reste 90 jours après la date d'achat.
- Les charges de production seront payées chaque mois.
- La commission des agents de vente est de 10 % de la valeur des ventes, payable lors des ventes réalisées.
- Les frais d'assurance sur les ventes sont de 1 % de la valeur des ventes, payable à la fin de chaque année.
- Les charges seront payés à la fin de chaque trimestre, ils sont prévus pour l'année (N+1) à : 130 000 €
- La location annuelle est de 180 000 €, payable en tranches à la fin chaque mois.
- Le solde de trésorerie au 31/12/N était 100 000 €.

Travail à faire (en utilisant l'annexe 2) :

1. Élaborez le budget des encaissements des ventes
2. Élaborez le budget des décaissements des achats.
3. Élaborer le budget des décaissements.
4. Élaborez le budget de trésorerie.

Annexe 1

Voici la liste des six goûts selon l'Ayurvéda

SUCRÉ

Aliments : blé, orge, fruits doux comme la figue ou la banane, lentilles, lait, beurre, miel, chou, sucre.

Effets sur les doshas : amplifie Kapha, apaise Vata et Pitta.

SALÉ

Aliments : Toutes les sortes de sel, fromages, viandes, fruits secs.

Effet sur les doshas : amplifie Kapha et Pitta, apaise Vata.

ACIDE

Aliments : Agrumes et autres fruits acides, produits laitiers.

Effet sur les doshas : amplifie Kapha et Pitta, apaise Vata.

PIQUANT

Aliments : Poivre, cumin, piments, cannelle, moutarde, paprika, gingembre.

Effet sur les doshas : amplifie Kapha et Pitta, apaise Vata.

AMER

Aliments : Légumes à feuilles comme l'épinard, curcuma, fenugrec, endives, l'huile d'olive.

Effets sur les doshas : amplifie Vata, apaise Kapha et Pitta.

ASTRINGENT

Aliments : Haricots et autres légumineuses, céleri, aubergines, pommes, poires, soja.

Effets sur les doshas : amplifie Vata, apaise Kapha et Pitta.

Annexe 2

Budget des encaissements des ventes				
Année N+1				
Éléments	1er trimestre	2e trimestre	3e trimestre	4e trimestre
Créances clients au 31.12.N				
Ventes du 1er trimestre				
Ventes du 2ème trimestre				
Ventes du 3ème trimestre				
Ventes du 4ème trimestre				
Emprunt				
Total des encaissements				
Budget des décaissements des achats				
Année N+1				
Eléments	1er trimestre	2e trimestre	3e trimestre	4e trimestre
Achats du 1er trimestre				
Achats du 2ème trimestre				
Achats du 3ème trimestre				
Achats du 4ème trimestre				
Total des décaissements				

Budget des décaissements				
Année N+1				
Eléments	1er trimestre	2e trimestre	3e trimestre	4e trimestre
Achats du 1er trimestre				
Achats du 2ème trimestre				
Achats du 3ème trimestre				
Achats du 4ème trimestre				
Charges de production				
Commission des agents				
Frais d'assurance sur vente				
Autres charges				
Location annuelle				
Total des décaissements				

Budget de trésorerie				
Eléments	1er trimestre N+1	2e trimestre N+1	3e trimestre N+1	4e trimestre N+1
Trésorerie initiale				
Total encaissements				
Total décaissements				
Solde du mois				
Trésorerie finale				

Section 8.   Au Pain Toulousain

Sujet adapté d'une annale Bac STMG

Partie juridique élaborée par Monsieur Sahia CHERCHARI

Au Pain Toulousain est une SARL créée en 1998 par Serge MUSCAT Cette boulangerie artisanale et familiale est installée dans le centre de Toulouse et emploie aujourd'hui dix salariés, Serge MUSCAT a choisi de s'engager dans la boulangerie pour son propre compte après une première expérience dans la restauration. C'est en découvrant le métier de boulanger lors d'un stage dans une entreprise de la région toulousaine, que l'envie de créer sa propre boulangerie est apparue. Cette boulangerie est l'une des rares à Toulouse, à proposer du « tout maison », que ce soit le pain (plus de vingt variétés), les viennoiseries, mais aussi la pâtisserie réalisée par un maître pâtissier. Depuis 2018, la boulangerie propose aussi toute une gamme de pains 100 % biologiques.

Au Pain Toulousain a su fidéliser une clientèle de quartier mais a aussi acquis, en 20 ans, une certaine notoriété dans le centre-ville. Depuis un an, la boulangerie compte parmi ses clients un restaurant, le Gastro Tolosan, qui a proposé à l'entreprise un contrat pour acheter et servir sa baguette « tradition » dans son restaurant.

Grâce à cette expérience et avec la notoriété assurée par le Gastro Tolosan, S. MUSCAT souhaiterait se lancer dans cette nouvelle activité qui porte le nom de « tradiresto » à plus grande échelle. S. MUSCAT a établi des contacts avec sept autres restaurateurs qui connaissent ses produits et sont intéressés par cette collaboration. S. MUSCAT possède les équipements et le personnel nécessaires pour cette production supplémentaire.

Par ailleurs, l'entreprise a besoin d'acquérir un nouveau véhicule utilitaire plus grand et plus moderne afin d'effectuer les livraisons.

L'entreprise clôture ses comptes au 31 décembre. Au Pain Toulousain tient sa comptabilité dans un journal unique. Son activité est soumise à la TVA au taux réduit de 5,5 %.

Dossier 1 Investissement et financement

A – Investissement

S. MUSCAT possède un véhicule utilitaire acquis il y a dix ans. Cette fourgonnette ancienne s'avère aujourd'hui trop petite pour les livraisons que l'entreprise doit effectuer. Il a donc été décidé de la vendre et d'en acquérir une plus grande. Ce nouveau véhicule sera amorti en mode linéaire sur une durée 5 ans. La date de mise en service correspond à la date de la facture. Vous disposez de l'annexe 1 pour traiter ce dossier.

Travail à faire :

1. Justifier par le calcul le montant du coût d'acquisition du nouveau véhicule utilitaire.
2. Calculer la dotation aux amortissements du nouveau véhicule que le comptable devra enregistrer au 31 décembre 2020.

B – Financement de l'investissement

Afin de préserver sa trésorerie, S. MUSCAT a souhaité financer l'acquisition du nouveau véhicule utilitaire par un emprunt de 17 000 €, complété par la vente de son ancien véhicule au prix de 500 €. En effet, l'entreprise souhaite bénéficier de taux d'intérêt actuellement faibles.
Vous disposez de l'ANNEXE 2 pour traiter ce dossier.

Travail à faire :

1. Vérifier les montants soulignés figurant sur la première ligne du tableau d'amortissement de l'emprunt.
2. Déterminer le coût total de l'emprunt pour Au Pain Toulousain.

Dossier 2 Analyse financière

Afin de conforter son projet de développement de la vente aux restaurateurs, S. MUSCAT voudrait s'assurer de la solidité financière de son activité et souhaiterait savoir comment se situe son entreprise par rapport aux entreprises du secteur. Le comptable a fourni, outre le bilan au 31 décembre 2019, les données du secteur qu'il a en sa possession. Il a également commencé à calculer certains ratios pour 2019.
Vous disposez des ANNEXES 3, 4 et 5 pour traiter ce dossier.

Travail à faire :

1. Établir le bilan fonctionnel du Pain Toulousain pour 2019 à partir de la structure fournie en ANNEXE 4.
2. Calculer le fonds de roulement net global (FRNG), le besoin en fonds de roulement (BFR) et la trésorerie nette en détaillant les calculs.
3. Analyser la situation financière de l'entreprise Au Pain Toulousain.
4. Discuter de la pertinence du projet de développement de l'entreprise Au Pain Toulousain.

Dossier 3 Communication digitale

Au Pain Toulousain ne possède à ce jour pas de site internet. Serge MUSCAT envisage la création d'un site Internet qui permettrait une communication plus large vis-à-vis de sa clientèle et apporterait une image plus valorisante de ses produits.

Travail à faire :

1. Établir l'architecture du site avec les différentes rubriques proposées.
2. Représentez les éléments composants la page d'accueil et expliquez le positionnement du texte et des images
3. Prodiguez des conseils pour dynamiser le site internet
4. Que pensez-vous de la charte Graphique ?
5. Discuter de la pertinence de pouvoir créer un compte pour pouvoir effectuer des commandes et obtenir des réductions
6 Quels types de liens conseillez-vous ?

Dossier 4 : Introduction au droit et droit des contrats

Travail à faire :

1. Au vu du contexte sanitaire, une loi est en préparation, et cette dernière pourrait entraîner des conséquences sur le secteur de la boulangerie. Désireux de suivre l'avancée de ce texte, Serge Muscat vous demande de lui décrire, le plus clairement possible, la procédure d'élaboration des lois.

2. Il est par ailleurs un peu inquiet. Sa fille, Mone, commence des études de droit et elle lui a expliqué que les ventes de ses produits de boulangerie ne sont juridiquement pas valides car il faut un écrit, un certain formalisme. Faites-lui le point sur cette question, et dites-lui, au passage, s'il pourra vendre un de ses fonds de commerce sans formalités écrites.

3. Vous sachant juriste, il en profite pour vous questionner sur deux points :

- il y a deux mois, il a mis en vente sa voiture sur un site d'annonces, sans fixer de délai. Il voudrait savoir s'il peut retirer son offre. Dites-lui aussi ce qu'il aurait risqué s'il avait fixé un délai qu'il n'aurait pas respecté.

- son cousin, Dean, s'était engagé envers Mone. Un pacte de préférence a été conclu entre son cousin et sa fille pour la vente d'un appartement situé Toulouse. Or, il vient d'apprendre que son cousin a vendu l'appartement à un tiers. Que peut-il faire ?

ANNEXE 1 : Facture d'acquisition du véhicule utilitaire

ESPACE UTILITAIRES Boulevard de Thibaud 31000 Toulouse		1er juillet 2020		
	Doit		Le Pain Toulousain Place Saint Etienne 31000 Toulouse	
Facture n°02002				
Désignation	**Quantité**	**Prix unitaire H.T**		**Montant**
Véhicule utilitaire Partner	1	18 200,00		18 200,00
Remise 5 %				910,00
Frais de préparation forfaitaire				250,00
	Net commercial H.T.			17 540,00
	TVA 20 %			3 508,00
	Net à payer			21 048,00
Échéance au 31/07/2020				

ANNEXE 2 : Tableau de l'amortissement de l'emprunt

Capital emprunté : 17 000					Durée : 5 ans
Taux d'intérêt : 1,5%					
Echéances	**Capital restant dû en début de période**	**Intérêt**	**Amortissement**	**Annuité**	**Capital restant dû en fin de période**
01/07/2020	17 000,00	255,00	3 400,00	3 655,00	13 600,00
01/07/2021	13 600,00	204,00	3 400,00	3 604,00	10 200,00
01/07/2022	10 200,00	153,00	3 400,00	3 553,00	6 800,00
01/07/2023	6 800,00	102,00	3 400,00	3 502,00	3 400,00
01/07/2024	3 400,00	51,00	3 400,00	3 451,00	0,00
Total		765,00	17 000,00	17 765,00	

Annexe 3 : Bilan de la SARL « Au Pain Toulousain »

ANNEXE 5 – Bilan de la SARL « Le Pain Toulousain » au 31 décembre 2019

ACTIF	Brut	Amort. Dépréc.	Net	Passif	Net
ACTIF IMMOBILISE				**CAPITAUX PROPRES**	
Immo. incorporelles				Capital	8 000
Fonds commercial	54 310	25 950	28 360	Réserve légale	800
Immo. corporelles				Réserve statutaire	0
Matériel et outillage industriel	297 240	251 790	45 450	Autres réserves	36 725
Autres immo. corporelles	142 330	95 200	47 130	Résultat de l'exercice	46 065
Immo. financières	1 360		1 360		
TOTAL I	495 240	372 940	122 300	TOTAL I	91 590
ACTIF CIRCULANT				**DETTES**	
Stocks				Emprunts et dettes auprès des étab. de crédit (1)	57 285
Matières premières	8 760		8 760	Fournisseurs et comptes rattachés	20 405
Marchandises	2 800		2 800	Dettes fiscales et sociales	16 450
Créances	8 380		8 380		
Disponibilités	43 490		43 490		
TOTAL II	63 430	0	63 430	TOTAL II	94 140
TOTAL ACTIF	558 670	372 940	185 730	TOTAL PASSIF	185 730

(1) dont concours bancaires : 0 €

Annexe 4 : Structure du bilan fonctionnel

ACTIF	PASSIF
Emplois stables	**Ressources stables**
Immobilisations incorporelles	Capitaux propres
Immobilisations corporelles	Amortissements et dépréciations
Immobilisations financières	Dettes financières stables
Total	**Total**
Actif circulant	**Passif circulant**
Stocks	Dettes fournisseurs
Créances clients	Dettes fiscales et sociales
Total	Autres dettes
	Total
Trésorerie active	**Trésorerie passive**
Total général	**Total général**

Annexe 5 : Indicateurs de structures et rations pour 2019

Indicateurs	Pain Toulousain	Secteur	Détail du calcul
Taux d'endettement	62,55%	59%	Emprunts et dettes financières / capitaux propres
Capacité de remboursement	24 mois	15 mois	Emprunts et dettes financières/ CAF
Rotation des stocks	21 jours	25 jours	(Stock moyen/achats de marchandises et matières premières HT) x 360
Durée du crédit client	7 jours	3 jours	(Créances/ ventes TTC) x 360
Durée du crédit fournisseur	29 jours	28 jours	(Dettes / achats TTC) x 360

Section 9.　Délicates Saveurs

Sujet adapté d'une annale d'économie et gestion de BTS Diététique
La partie juridique a été adaptée par monsieur Sahia CHERCHARI

Camille BERGILLON, titulaire du diplôme du BTS Diététique, a fondé en 2014 une EURL dont la dénomination sociale est DELICATES SAVEURS. L'entreprise fabrique des plats cuisinés au sein de son laboratoire de production situé à Lagord près de La Rochelle.

DELICATES SAVEURS a développé depuis plusieurs années un réel savoir-faire dans certains domaines de l'alimentation spécialisée. Sa gamme comporte trois lignes de produits :
- des plats à valeur calorique maîtrisée,
- des plats hyper-protéinés destinés à entrer dans la composition des régimes,
- des plats adaptés à différentes allergies et intolérances.
Les produits sont commercialisés par plusieurs enseignes de la grande distribution et par quelques magasins spécialisés au niveau local.

L'entreprise compte aujourd'hui dix salariés : un responsable des approvisionnements et de la logistique, trois employés chargés de la production, deux commerciaux, un secrétaire, une comptable et deux vendeurs.

Afin d'assurer sa pérennité et le développement. de son chiffre d'affaires, l'entreprise a décidé de créer son propre réseau de distribution. En 2015, elle ouvre son premier point de vente dans le centre-ville de La Rochelle.

Son premier point de vente connaissant un franc succès, Camille BERGILLON envisage d'une part de développer son propre réseau de commerces franchisés et d'autre part
d'élargir son offre commerciale.

D'autre part, ne possédant pas encore de site Internet pour faire connaître ses produits, Camille BERGILLON souhaite développer sa notoriété en créant un site Internet vitrine qui pourrait également proposer la vente directe de ses produits à des particuliers.
Votre mission est d'assister Camille BERGILLON pour traiter les dossiers suivants :

DOSSIER 1 : La communication digitale de DELICATES SAVEURS
DOSSIER 2 : Le marché des seniors
DOSSIER 3 : L'analyse prévisionnelle de la trésorerie
DOSSIER 4 : L'analyse juridique

DOSSIER 1 : LA COMMUNICATION DIGITALE DE DELICATES SAVEURS

Camille BERGILLON a participé en tant qu'exposant au salon de la franchise de Paris, porte de Versailles, en mars 2020. Ce salon a pour objectif de mettre en relation des enseignes avec de futurs franchisés et permet à des milliers de créateurs d'entreprise de concrétiser leur projet. Camille BERGILLON y a rencontré Dominique LEDOUX à la recherche d'informations pour un éventuel partenariat afin de créer un commerce de produits alimentaires diététiques, à Mérignac. Après plusieurs rencontres, Camille BERGILLON et Dominique LEDOUX signent un contrat de franchise. A son retour de Camille BERGILLON sollicite l'aide d'un stagiaire étudiant en Licence européenne de webmaster pour la création de son site internet.

Travail à faire :

Question 1.1 : Proposez une architecture du site Internet et représentez graphiquement la première page du site : son contenu et ses rubriques, ses liens, etc. Vous prodiguerez également des conseils à transmettre au stagiaire pour mettre en relief les informations proposées dans le site.
Question 1.2 : Conseillez sur le choix de la charte graphique en précisant des modes de différenciation vis à vis des concurrents
Question 1.3 : Proposez des idées pour mettre en avant les nouveaux produits proposés

DOSSIER 2 : LE MARCHÉ DES SENIORS

Après quelques mois de collaboration, Dominique LEDOUX, suggère au franchiseur DELICATES SAVEURS de proposer des produits spécifiques pour les seniors. En effet, il reçoit de nombreuses demandes de ses clients qu'il ne peut satisfaire avec la gamme actuelle. Après avoir réalisé une étude de marché sur les besoins de cette cible, qui confirme le potentiel commercial de ce segment, DELICATES SAVEURS envisage de développer sa gamme.

Travail à faire :

À partir des annexes 1 et 2, et de vos connaissances,
Question 2.1 : Identifier les opportunités et les risques associés au lancement d'une nouvelle gamme de produits seniors pour DELICATES SAVEURS. Vous réaliserez la matrice SWOT.
Question 2.2 : Présenter les attentes respectives de chaque segment des seniors en matière alimentaire. Dans la perspective du lancement de la nouvelle gamme, DELICATES SAVEURS veut promouvoir ces nouveaux produits en adaptant sa stratégie de communication aux particularités de la cible.
Question 2.3 : Présenter, de manière structurée, quatre moyens de communication adaptés aux seniors. Justifier vos choix.

DOSSIER 3 : L'ANALYSE PRÉVISIONNELLE DE LA TRÉSORERIE

Le lancement de la nouvelle gamme de produits dédiée aux seniors est prévu en octobre 2020 au cours de « la semaine bleue ». Cette période de dimension nationale est un moment privilégié pour sensibiliser l'opinion publique sur les préoccupations et les difficultés rencontrées par les seniors. Elle a également pour vocation de présenter au public les contributions des retraités à la vie économique et sociale du pays. Partout en France, des manifestations locales sont organisées, sous formes d'animations. Saisissant cette opportunité pour faire connaître ses produits destinés aux seniors, DELICATES SAVEURS envisage une vaste campagne de communication pour un montant total de 30 000 euros HT. L'entreprise décide d'évaluer l'impact de cette dépense sur sa trésorerie prévisionnelle.

Travail à faire :

À partir des prévisions en annexe 3,

Question 3.1 : Présenter l'intérêt pour Camille BERGILLON d'assurer un suivi régulier de sa trésorerie.

Question 3.2 : Compléter les budgets en annexe A (à rendre avec la copie).

Question 3.3 : Commenter et expliquer la situation de trésorerie de l'entreprise DELICATES SAVEURS.

Question 3.4 : Proposer des solutions adaptées à la situation de l'entreprise DELICATES SAVEURS.

DOSSIER 4 : L'ANALYSE JURIDIQUE

Question 4.1 : Camille BERGILLON a appris il y a peu qu'une loi réformant les contrats de franchise était en préparation. Désireuse de suivre l'avancée de ce texte, elle vous demande de lui décrire, le plus clairement possible, la procédure d'élaboration des lois.

Question 4.2 : Elle sait aussi que la récente réforme des contrats a simplifié et facilité la vie des agents économiques sur certains points. Précisez-lui quelles mesures ont été introduites, sans évoquer les mesures concernant le contentieux.

Question 4.3 : Sa fille Albane, qui débute ses études de droit, lui a par ailleurs expliqué que le contrat de franchise conclut avec Dominique Ledoux pourrait être annulé car le consentement de ce dernier a été vicié. Elle lui a, plus ou moins clairement, expliqué qu'il y avait « violence » et plus précisément « abus de dépendance ». Dites-lui si Albane a raison en lui précisant les formes et les caractères de la violence.

Question 4.4 : Albane lui a également expliqué que le contrat de franchise pourrait de toute façon être annulé, même si la violence n'est pas retenue, car il est déséquilibré à son profit. Il y a selon elle lésion et cela peut entraîner l'annulation du contrat. Albane a-t-elle juridiquement raison ?

Quels produits et services alimentaires pour les seniors ?

Les seniors sont de plus en plus nombreux dans la société.
Les Français âgés de 60 ans et plus seront 20 millions en 2030, contre 15 millions en 2015. Ils devraient ainsi représenter près de 30 % de la population, contre près de 23 % en 2015. Leurs attentes vis-à-vis de la nourriture et leurs besoins physiologiques sont spécifiques. Pour y répondre, on parle de la silver food. Cette expression désigne l'alimentation adaptée aux seniors, que ce soit en termes de contenu, de saveur, de contenant, de packaging (conditionnement) et de services. Ces adaptations varient suivant l'âge. En effet, le groupe des seniors recouvre plusieurs sous-groupes, dont les besoins sont différents.

Qui sont les seniors et comment consomment-ils les produits alimentaires ?

Les baby-boomers (personne née pendant la période qui a suivi la Seconde Guerre mondiale 55-75 ans)
Actifs, ils sont responsables de leurs choix de consommation. « En vieillissant, une personne consomme davantage par rapport à ses besoins propres et moins en fonction de la mode ou des avis extérieurs--» rappelle un article de Marketing. Professionnel, à moins qu'il ne s'agisse des recommandations du médecin.
Pour cette cible, Vitagora, pôle de compétitivité de l'agroalimentaire, recommande de « ne pas représenter les baby-boomers comme des personnes âgées. Le marketing de vos produits doit jouer plutôt sur le marketing de la nostalgie, ou rétro-marketing, plutôt qu'être axé sur la préservation de la santé, le vieillissement. » Le « bon goût » passe par l'authentique, le terroir, et aussi par la prévalence de la qualité sur la quantité. Les baby-=boomers préfèrent une petite assiette de qualité, _ qu'une assiette opulente, débordante de produits de qualité moindre.
Ils ont des interactions sociales relativement nombreuses, sont actifs et sortent fréquemment de chez eux. La présence de commerces de proximité, de marchés, de parcs publics et l'accessibilité aux transports en commun influent sur ces résultats.
Les seniors cuisinent beaucoup. Faire les courses est le premier motif de sortie. Cette autonomie agit sur la qualité de leur alimentation.
Les grands seniors (au-delà de 80 ans). Ils sont exposés à des risques de dénutrition. Les conditions de vie à domicile se détériorent à partir de 87 ans environ. Les personnes se déclarent alors à la fois peu satisfaites de leur alimentation et le sentiment de solitude s'accroît. L'un des enjeux pour ce groupe de personnes : leur redonner l'appétit avec des plats qui font envie. Les âgés dépendants consomment peu et ne sont pas décideurs sur les achats. Les produits positionnés sur ce marché sont vendus aux hôpitaux et maisons de retraite, pour lesquels le prix est actuellement le 1 er critère d'achat. Pour les grand seniors, l'alimentation doit être appréciée et adaptée, notamment nutritionnellement et de par sa texture, qui doit faciliter son ingestion et sa digestion.

Elle doit proposer :
• des produits aux apports nutritionnels spécifiques, riches en calcium, en vitamine D et en protéines
• des produits savoureux et gourmands, destinés à éveiller la gourmandise et l'intérêt

- des aliments déclinés sous différents plats et textures, afin de s'adapter aux problèmes de mastication et de déglutition tout en gardant le plaisir et variant les plats
- des étiquettes alimentaires présentant le produit et ses valeurs nutritionnelles de manière simplifiée et compréhensible, convenant aux personnes âgées rencontrant des difficultés de lecture ainsi que des troubles visuels
- des packagings à la préhension et au visuel adaptés.

L'équipe Avisé, réseau des Chambres des Métiers et de l'artisanat (CMA) 18/05/2018.

ANNEXE 2
L'évolution des comportements de communications médias des seniors

Il faut les activer régulièrement. Ce sont des clients qui sont demandeurs, qui aiment bien le marketing personnalisé. Ils adorent se sentir uniques et importants aux yeux des marques. Ils n'hésitent pas à changer si leur marque préférée ne leur convient plus et que la concurrence leur adresse une campagne dédiée.

Ils sont 76 % des 60-69 ans à posséder un ordinateur contre 43 % des 70 ans et plus.

S'ils passent 13h15 sur Internet par semaine, c'est parce qu'Internet permet aux seniors de maintenir le lien social, familial, de suivre l'actualité, de s'instruire, de se divertir, d'acheter, et même de se rencontrer. Ils adorent consulter plusieurs sources d'informations avant d'acheter. Le web est parfaitement complémentaire du média roi chez les seniors : la télévision. Ils la regardent en moyenne 5h par jour. Synchroniser la télé avec le digital est un levier très efficace auprès des seniors : la télé apporte puissance, notoriété, statut et le digital va travailler la transformation des ventes. Pour les seniors moins connectés, le courrier reste le support de prédilection. Ils en sont très accrocs et le papier reste d'ailleurs l'un des premiers postes d'informations et de loisirs dans la journée. Ils lisent énormément !

La Poste Solutions Business, Laposte.fr 26/10/2017

ANNEXE 3

Données prévisionnelles de l'entreprise DELICATES SAVEURS relatives au troisième trimestre 2020.

- Ventes : 160 000 € HT par mois. Le taux de TVA applicable sur les ventes est de 5,5 %. Les clients règlent ainsi :
- 50 % au comptant
- 25 % à 30 jours
- 25% à 60 jours

- Les achats prévus des matières premières sont les suivants :
- Juillet : 80 000 € HT
- Août : 80 000 € HT
- Septembre : 70 000 € HT

Le taux de TVA applicable sur les achats est de 5,5 %.

Les fournisseurs sont réglés comme suit :

- 40 % au comptant
- 30 % à 30 jours
- 30 % à 60 jours.

• Camille BERGILLON prévoit 30 000 euros HT de frais de communication (TVA à 20 %) pour le lancement de sa nouvelle gamme. La somme sera réglée au comptant en septembre 2020.

• La TVA à décaisser est payable le 24 du mois suivant.
• Le montant total des salaires nets s'élève à 22 400 euros par mois (à régler le mois même). Les charges sociales globales sont estimées à 17 360 euros et sont payées le mois suivant.
• Les autres charges courantes représentent 40 000 euros chaque mois. Elles sont réglées le mois même (on négligera la TVA sur les autres charges courantes).

• Données extraites du bilan au 30 juin 2020 :
- Créances clients (1) : 120 000 euros
- Disponibilités : 18 500 euros
- Dettes fournisseurs (2) : 69 000 euros
- Dettes fiscales et sociales (3) 15 000 euros

(1) Les règlements s'effectuent par moitié en juillet et moitié en août.
(2) Le paiement s'effectuera pour les 2/3 en juillet, et le reste en août.
(3) A payer en juillet : 11 000 € concernent des charges sociales et 4 000 € la TVA à décaisser.

Annexe A (à compléter et à rendre avec la copie)

BUDGET DE TVA

ÉLÉMENTS	Juillet	Août	Septembre
TVA collectée			
TVA déductible sur ABS			
TVA déductible sur Immobilisations			
Crédit de TVA reporté			
TVA Nette due ou crédit de TVA			

Annexe A (à compléter et à rendre avec la copie)

BUDGET DE TRÉSORERIE

ÉLÉMENTS	Juillet	Août	Septembre
ENCAISSEMENTS			
Créances clients (bilan)			
Vente de juillet TTC			
Ventes d'août TTC			
Ventes de septembre TTC			
TOTAL ENCAISSEMENTS			
DÉCAISSEMENTS			
Dettes fournisseurs (bilan)			
Dettes fiscales et sociales (bilan)			
Achats de juillet			
Achats d'août			
Achats de septembre			
Frais de communication			
Salaires			
Charges sociales			
Autres charges courantes			
TVA à décaisser			
TOTAL DECAISSEMENTS			
Trésorerie initiale			
Solde du mois			
Trésorerie finale			

Section 10. Le Vestiaire

Sujet adapté d'une annale BTS Métiers de l'Esthétique, Cosmétique Parfumerie

Après un Brevet de Technicien Supérieur Métiers de l'Esthétique–Cosmétique–Parfumerie, Audrey Bouillet a d'abord évolué dans l'univers féminin de la parfumerie. A 30 ans elle a ensuite exercé dans les hôtels de luxe, où elle recevait autant de clients que de clientes.

Forte de cette expérience professionnelle acquise en région parisienne, Audrey Bouillet dirige un institut sur la Côte d'Azur et souhaite aujourd'hui étendre son activité.

Consciente que la beauté et le bien-être ne sont plus uniquement réservés aux femmes et que les hommes sont aujourd'hui de plus en plus nombreux à souhaiter prendre soin d'eux, Audrey Bouillet envisage de créer un institut exclusivement réservé aux hommes.

Elle se questionne sur le rachat d'un institut de beauté situé à Saint–Laurent–du–Var (06700) pour exercer sa nouvelle activité et pouvoir ainsi créer le premier centre esthétique de la Côte d'Azur dédié aux hommes, qui offrira des soins spécifiques, des produits exclusifs et des formules pour les sportifs.

Le nom envisagé, **« Le Vestiaire »** renverra au monde du sport, un lieu où l'on prend généralement soin de son corps après l'effort.

Très épuré, le décor intégrera des codes couleurs sobres, des matières brutes et un mobilier très contemporain. L'institut disposera de 3 cabines de soins dont 1 dédiée au rasage et à la taille de la barbe.

Elle voudrait par la suite s'allier avec une diététicienne pour proposer les menus adaptés à ses clients sportifs et combiner beauté, sport et alimentation.

Titulaire du BTS Diététique vous travaillez avec Madame Bouillet depuis 2 ans. Elle vous charge de différentes missions pour l'assister, particulièrement dans l'étude de son projet.

Audrey Bouillet désire mieux appréhender les besoins et attentes de la clientèle masculine vis–à–vis des instituts de beauté. Elle souhaiterait pour cela, disposer d'une étude qui lui permettrait de valider le potentiel commercial de ce futur institut réservé aux hommes.

Travail à faire :

1.Rédiger une synthèse présentant les caractéristiques de la cible masculine pouvant aider à la validation du projet.
Mme Bouillet vous demande d'évaluer l'intérêt de créer un institut réservé aux hommes à Saint–Laurent–du–Var qui combinerait soins du corps et alimentation équilibrée.
2. Présenter les opportunités de se lancer dans une telle activité.

Suite à sa prospection, une annonce a retenu toute l'attention d'Audrey Bouillet. Très intéressée par l'acquisition d'un fonds de commerce situé à Saint–Laurent–du–Var, elle se pose cependant de nombreuses questions.

Mme Jaboulet, actuelle propriétaire, travaille seule. Elle présente son entreprise comme tout à fait rentable. Sa clientèle est mixte.
L'institut est installé à proximité d'une salle de sport, d'équipements culturels ainsi que de commerces, avec boutiques d'habillement visant différentes clientèles, hommes, femmes et enfants.

Prudente quant aux informations transmises par Madame Jaboulet, Audrey Bouillet souhaite que vous procédiez à une analyse de la situation financière de cet institut qui lui permettra de conclure sur l'éventuelle opportunité de cette acquisition.

3. Établir le tableau de bord et analyser les données afin d'aider Mme Bouillet à valider son choix.

Convaincue par votre analyse financière, Mme Bouillet est déterminée à faire l'acquisition de ce fonds de commerce.

Madame Bouillet envisage de communiquer sur l'ouverture de l'institut par le biais d'imprimés déposés dans certains lieux stratégiques fréquentés par les hommes. Elle a déjà des contacts avec différentes associations sportives et culturelles. Ce document, de type prospectus d'une page, proposerait, dans le cadre de l'ouverture, une offre promotionnelle sur un soin visage.
Ayant déjà réfléchi à l'ambiance de l'institut, elle souhaite que vous lui proposiez des éléments permettant une cohérence entre l'identité visuelle du lieu et les supports de communication.

4. Présenter, sous la forme d'un croquis annoté, votre proposition d'organisation schématique des différents éléments constitutifs du prospectus.
Dans le souci de la maîtrise de son budget, elle souhaite évaluer la rentabilité prévisionnelle de l'opération promotionnelle envisagée.

5. Établir le compte de résultat différentiel et calculer le seuil de rentabilité de l'opération. Conclure quant à sa rentabilité.

Annexe 1 Les hommes et la cosmétique : Un secteur qui ne connaît pas la crise !

Si dans les années 90 le marché des cosmétiques pour homme passait inaperçu (4 % seulement avouaient utiliser des soins masculins), aujourd'hui ils sont 50 % à utiliser régulièrement des produits qui leur sont dédiés.

Avec une croissance 3 fois supérieure au marché des cosmétiques féminins, et un chiffre d'affaires évalué à plus d'1 milliard d'euros pour la France en 2014 (Euromonitor), le marché du « grooming » a véritablement explosé.

Mais qu'est-ce qui a changé ces dix dernières années ?

D'une part, l'homme d'aujourd'hui est toujours plus préoccupé par son apparence. Dans une société en perpétuelle évolution, il est devenu essentiel de présenter au mieux, et donc de s'occuper de sa peau.

D'autre part, on constate une véritable évolution dans les mentalités. Prendre soin de soi au masculin n'est désormais plus un tabou, ni pour les hommes, ni pour les femmes.
L'hygiène n'est plus synonyme de virilité ou de féminité mais de bien-être, et depuis quelques années, le bien-être et la santé sont devenus des priorités pour une majorité d'hommes. Le budget des Français pour prendre soin de leur peau est plus important que celui des Françaises (OnePoll - 2016).

Quels sont les produits qui marchent ?

Si au départ les cosmétiques pour hommes se limitaient aux produits d'hygiène de base comme les shampoings, gels douche ou produits après-rasage, la gamme s'est considérablement élargie pour répondre désormais à tous les besoins spécifiques de chaque homme.
Entre 2012 et 2014, la vente de produits de beauté masculins dans le monde a augmenté de près de 70 % (Mintel – 2014).

Parmi les produits les plus plébiscités, on retrouve en tête de classement, les soins de la peau, notamment les crèmes hydratantes et anti-âge.
Naturellement plus épaisse que la peau féminine, on pensait la peau des hommes plus résistante et moins demandeuse de soins. Mais elle connaît elle aussi ses faiblesses et nécessite des soins adaptés.

Enfin, dernier problème et non des moindres, le rasage fragilise la peau, plus sujette aux irritations et aux poils incarnés, elle est généralement plus abimée que la peau féminine.
Mais ces dernières années, d'autres produits ont aussi connu le succès, c'est le cas des huiles à barbe, les colorations pour cheveux, les crèmes minceur ou encore dépilatoires. Avec les nouvelles tendances émergeant de la presse masculine, et l'envie constante de paraitre plus jeune et plus dynamique, les hommes sont devenus de plus en plus exigeants.

Et les marques ont bien compris que ces messieurs n'avaient plus envie de piquer les produits de beauté de leur compagne, mais d'utiliser des cosmétiques spécifiques, et surtout typiquement masculins.

Source : Mencorner, en ligne sur www.mencorner.com, extraits

Annexe 2 Les Français dépensent plus que leurs concitoyennes

Masque, gommage, autobronzant : les hommes s'intéressent de plus en plus aux soins cosmétiques et selon une étude réalisée par le cabinet d'étude OnePoll, le budget des Français pour chouchouter leur peau est plus important que celui des femmes.

Les hommes seraient-ils beaucoup plus coquets que les femmes ? Le métrosexuel, cette figure masculine qui prend aussi bien soin de son look que de la forme de ses sourcils, est bien en passe de devenir la norme si l'on se fie à l'évolution du marché de la beauté. 2013 est la première année depuis laquelle les hommes dépensent plus d'argent dans des soins variés plutôt que sur de basiques produits de rasage.

En France, une étude réalisée par OnePoll sur un échantillon de 1000 Français de plus de 18 ans révèle que ces messieurs seraient prêts à dépenser jusqu'à deux fois plus que ces dames. Là où ces dernières accordent entre 26 € et 50 € à leurs emplettes beauté, les hommes sont prêts à dépenser entre 51 € et 100 € en moyenne pour soigner leur apparence. En tête des soins, le massage relaxant (61 %), le soin du visage (42 %) et le rasage chez le barbier (27 %) …

Source Le Figaro – 22 janvier 2016

Annexe 3 Instituts de beauté : le nouvel homme est arrivé…

Phénomène de mode ou réel changement de comportement, les hommes consomment aujourd'hui de plus en plus de cosmétiques. Certains commencent même à fréquenter les instituts de beauté qui leur sont spécialement dédiés. Soin du visage, massage relaxant et manucure sont désormais à portée de nos apollons. Prendre soin de soi ne rime plus seulement avec féminité.

Après la montée en puissance des cosmétiques version homme, place maintenant à l'émergence des instituts de beauté version masculine. Des soins du visage, au massage déstressant, en passant par l'épilation, il n'y a que l'embarras du choix !
Vers une nouvelle identité masculine

L'homme "moderne" prend désormais la peine de s'intéresser à son image et à son bien-être. Aussi, depuis quelques années, de nombreuses grandes marques de cosmétiques possèdent leur ligne masculine qui ne cesse de s'élargir et de se sophistiquer. Longtemps, la trousse de toilette de ces Messieurs s'est limitée à un gel de douche, un déodorant, un baume après rasage et éventuellement une crème hydratante. Mais depuis peu, les hommes les plus attachés à leur image ont également adopté des soins plus pointus. Sur les étagères des salles de bain, on trouve parfois une crème contour des yeux, un gommage ou encore un masque purifiant destiné à l'homme de la maison. Surfant sur cette vague de la beauté masculine, les instituts exclusivement réservés aux hommes se sont ouverts à travers l'Hexagone. De nombreuses études sociologiques expliquent l'intérêt progressif des hommes pour les soins esthétiques par une évolution de la société qui se veut davantage individualiste et guidée par les diktats de l'apparence et du jeunisme.

Même si le nombre d'instituts réservé aux hommes reste très faible en France comme à Paris (moins de 30 à ce jour), les salons voient leur clientèle augmenter régulièrement et se fidéliser. Lorsqu'un homme vient une première fois pour un soin basique, il se sent tellement en confiance dans cet univers exclusivement masculin qu'il prend vite l'habitude de revenir pour tester des soins plus spécifiques.

L'objectif de ces instituts spécialisés est de démocratiser le soin pour hommes. Beaucoup d'hommes souhaitent prendre davantage soin d'eux mais n'osent pas fréquenter des instituts où les femmes représentent 95 % de la clientèle. La solution, c'est donc un endroit bien à eux. Malgré les a priori dignes du plus féroce des machos, ces salons de beauté ne sont pas fréquentés que par la population gay.

Tout est mis en œuvre pour faciliter la détente et offrir du bien-être. Décor feutré mais sobre et résolument masculin, ambiance reposante et zen, chaque client a le choix entre différents soins : les soins du visage les massages relaxants, les épilations ponctuelles ou définitives et les manucures-pédicures. Le tout réalisé par des employés qualifiés (hommes et femmes selon le type de soins). Les instituts utilisent des produits haut de gamme et d'excellente qualité.

Un homme réagit différemment d'une femme : lorsqu'il vient faire un soin ou acheter un produit, il cherche l'efficacité visible et quasi immédiate. En somme, il faut encore être plus à l'écoute de ses exigences que pour une femme.

Source : Émilie Lefèvre www.doctissimo.fr, extraits

Annexe 4 Annonce de vente du fonds de commerce

À SAISIR - SAINT–LAURENT–DU–VAR

Bel institut de beauté, très bien équipé, à 100 mètres des plages, sur un axe important de la ville. Superficie : 45 m2 comprenant un espace accueil, 3 cabines avec équipement complet, une douche, un système de climatisation et une zone de stockage.

Clientèle fidèle à l'année et agréable, 14 ans d'activité.

Fonds cédé pour raison familiale : mutation du conjoint. Bail : 3 x 6 x 9 reste 4 ans

Prix de vente : 70 000 € Intéressée ? Contactez Mme JABOULET au 06 – xx – xx – xx – xx

---

Saint–Laurent–du–Var : carte d'identité

Localisation	Fait partie des 49 communes de Nice Métropole Limitrophe de Nice A 5mn de l'aéroport de Nice, 20mn de Cannes et de Monaco Proche de la frontière italienne
Population *(données INSEE 2014)*	29 067 habitants 8 674 hommes entre 15 et 64 ans : 82.3% d'entre eux occupent un emploi
Activité économique	Commune en pleine expansion Parc d'activités industrielles très actif et moderne. Ville bien desservie par les trains et les bus
Activités sportives	14 000 licenciés 50 activités proposées sur la commune Nombreux clubs et salles de sport
Points d'intérêt	Ville balnéaire et de sports nautiques Bars, restaurants et plages animent la ville Ville de shopping et grand centre commercial
Tourisme	Zone touristique internationale 11 millions de touristes en 2016 sur la Côte d'Azur Age moyen : 43 ans Environ 1 séjour sur 5 effectué sur la Côte d'Azur a un motif « affaires »

Source : INSEE, site de la Ville de Saint–Laurent–du–Var, Nice métropole,
Observatoire du tourisme de la Côte d'Azur

Soldes intermédiaires de gestion

Soldes intermédiaires de gestion	2020	2019
Ventes de marchandises	18 500	19 000
- Coût d'achat des marchandises vendues	9 225	9 300
= MARGE COMMERCIALE	**9 275**	**9 700**
+ Production de service	55 000	53 200
+ Production stockée	-	-
+ Production immobilisée	-	-
- Déstockage de production	-	-
= PRODUCTION DE L'EXERCICE	**55 000**	**53 200**
+ Marge commerciale	9 275	9 700
+ Production de l'exercice	55 000	53 200
- Consommation de l'exercice de matières premières	10 800	10 600
- Autres charges	14 500	16 000
= VALEUR AJOUTÉE	**38 975**	**36 300**
+ Subvention d'exploitation	-	-
- Impôts et taxes	1 700	1 700
- Charges de personnel (uniquement les cotisations sociales)	8 000	7 600
= EXCÉDENT BRUT D'EXPLOITATION	**29 275**	**27 000**
+ Reprises sur amortissements et dépréciations	-	-
+ Autres produits	-	-
- Dotations aux amortissements et dépréciations	1 500	1 500
- Autres charges	-	-
= RÉSULTAT D'EXPLOITATION	**27 775**	**25 500**
+ Produits financiers	-	-
- Charges financières	850	980
= RÉSULTAT COURANT AVANT IMPÔT	**26 925**	**24 520**
+ Produits exceptionnels	-	2 000
- Charges exceptionnelles	150	-
- Participation des salariés	-	-
- Impôt sur les bénéfices	-	-
= RÉSULTAT DE L'EXERCICE	**26 775**	**26 520**

Proposition d'ambiance institut

Section 11.   Maison FERBER

Sujet adapté d'une annale Bac STMG

La partie juridique a été élaborée par monsieur Sahia CHERCHARI

Maison Ferber
Niedermorschwihr
Alsace

L'histoire de l'entreprise **Maison Ferber** débute en 1959. Maurice Ferber, rachète une épicerie dans le village de Niedermorschwihr, en Alsace. À 8 ans, sa fille Christine Ferber commence à mettre la main à la pâte au laboratoire de la maison. À 15 ans, elle effectue trois ans de formation en pâtisserie à Bruxelles. En 1979, Christine Ferber remporte la Coupe de France des pâtissiers. En 1980, elle reprend les rênes de l'affaire et à partir de 1984, elle commence à élaborer ses confitures qui sont devenues le produit-phare de Maison Ferber : aujourd'hui 1 400 variétés ont été développées. En parallèle, Christine Ferber a élargi l'offre en proposant deux nouvelles activités de traiteur et de chocolaterie qui viennent compléter les activités historiques de boulangerie-pâtisserie et de confiturerie.

L'entreprise Maison Ferber est une affaire prospère de 30 salariés. Son chiffre d'affaires annuel représente 2,8 millions d'euros, en progression depuis 5 ans. Il se décompose comme suit :
- Les confitures (45 % du CA) ;
- La pâtisserie-boulangerie (22 %) ;
- L'activité traiteur (25 %) ;
- La chocolaterie (8 %).

L'entreprise Maison Ferber reste une entreprise familiale : Bruno (le frère de Christine) occupe le poste de traiteur, Anne-Catherine (sa belle-sœur) est responsable administrative, Élisabeth (sa sœur) gère la boutique. Au laboratoire, deux équipes sont sous la direction de Christine Ferber.

L'entreprise Maison Ferber s'adresse à une clientèle plutôt diversifiée. La gérante précise : « Ça va de la dame du village qui vient acheter sa farine à la riche New-Yorkaise intéressée par mes produits ». Pour autant, son réseau de distribution est haut de gamme. Outre sa boutique située en Alsace, elle compte en France 250 revendeurs, notamment les grandes enseignes parisiennes

Le Bon Marché et Lafayette Gourmet (magasins de distribution sélective de produits haut de gamme). De nombreuses épiceries de luxe sollicitent la société Ferber afin de proposer ses produits haut de gamme, en particulier à l'étranger : environ 80 % de leurs ventes de confiture s'effectuent au Japon. Ce sont principalement des distributeurs de luxe qui viennent à elle, et non le contraire. « Je n'ai jamais eu d'attaché de presse », confie Christine Ferber. Pourtant, son commerce est une affaire florissante et la qualité de ses produits est reconnue et très appréciée par-delà les frontières, ceci également grâce à son site Internet.

Néanmoins, Christine s'étonne encore, en toute modestie, du succès de son entreprise. L'entreprise Maison Ferber ne participe, en effet, que très rarement à des foires commerciales, et n'a jamais participé à des salons en rapport avec l'épicerie fine. Dans une perspective de croissance, l'entreprise Maison Ferber a investi dans un nouveau laboratoire et envisage de réorganiser sa production. Toutefois, ce développement doit se faire sous la contrainte du respect de son identité, celle d'une entreprise artisanale qui fabrique des produits d'exception. Aujourd'hui, la dirigeante s'interroge :

L'entreprise Maison Ferber peut-elle assurer sa croissance tout en maintenant ses valeurs et son image d'excellence artisanale ?

Afin d'analyser cette situation, il vous est demandé de traiter les dossiers suivants :

Dossier 1 : Maison Ferber, une organisation adaptée à la production de produits d'exception
Dossier 2 : Maison Ferber, un acteur unique sur le marché de la confiture
Dossier 3 : Maison Ferber, une stratégie à conforter ?
Dossier 4 : Maison Ferber et le contenu des contrats.

Dossier 1 : Maison Ferber, une organisation adaptée à la production de produits d'exception

L'entreprise Maison Ferber s'est fortement développée ces dernières années. Christine Ferber a développé une variété d'activités qui nécessite des méthodes de production plus flexibles. Elle souhaite en même temps conserver son identité d'entreprise artisanale fabriquant des produits d'exception.

Travail à faire :

1.1- Identifiez les forces et les faiblesses de l'entreprise Maison Ferber
1.2- Présenter les modalités du contrôle qualité mises en place par l'entreprise Maison Ferber et en démontrer l'intérêt.
1.3- En une dizaine de lignes, montrer que le mode de production choisi par l'entreprise Maison Ferber lui permet d'être flexible tout en garantissant la grande qualité de ses produits.
1.4- Identifier les styles de direction mis en œuvre dans l'entreprise Maison Ferber. Justifier votre réponse.

Dossier 2 : Maison Ferber, un acteur unique sur le marché de la confiture

L'entreprise Maison Ferber dispose d'un avantage concurrentiel significatif grâce à un savoir-faire familial reconnu. De plus, très peu de concurrents adoptent un positionnement haut de gamme identique sur le marché des confitures. Cela lui permet donc de pratiquer un prix moyen élevé. Par ailleurs, malgré une forte demande nationale et internationale, l'entreprise Maison Ferber n'a pas encore pris en compte les transformations numériques et souhaite optimiser sa distribution en ligne.

Travail à faire :

2.1- Calculer le coût de revient unitaire d'un pot de confiture Maison Ferber pour le comparer à celui du coût moyen d'un pot de confiture du secteur.
2.2- Justifier le positionnement haut de gamme des confitures Maison Ferber en vous appuyant notamment sur les taux de marge d'un pot de confiture.
2.3- Analyser les avantages et les inconvénients de la mise en place d'un site de vente en ligne pour Maison Ferber. Conclure en proposant des améliorations pour permettre à l'entreprise de poursuivre sa transformation digitale.
2.4- Montrer que l'offre de l'entreprise Maison Ferber répond aux nouveaux modes de consommation sur le marché de la confiture.

Dossier 3 – Maison Ferber, une stratégie à conforter ?

Christine Ferber s'interroge sur la pertinence de la multitude d'activités de son entreprise et sur la nécessité de faire évoluer la stratégie de celle-ci. Pour cela, elle souhaite se livrer à une analyse complète de ces différentes activités.

Travail à faire :

3.1- Analyser les choix stratégiques actuels de l'entreprise Maison Ferber.
3.2- Calculer le résultat au moyen du compte de résultat différentiel et le taux de rentabilité (taux de profitabilité) pour les différentes activités : boulangerie pâtisserie, traiteur, confiturerie et chocolaterie. Commenter les résultats obtenus.
3.3- Conclure sur la nécessité de faire évoluer la stratégie de l'entreprise.
3.4- Montrer que l'importance accordée aux ressources humaines est une force pour l'entreprise Ferber.

Dossier 4 – Maison Ferber et le contenu des contrats.

Christine Ferber conclut régulièrement des contrats (embauche de personnel, travaux immobiliers, vente de produits…). Elle suit en ce moment une formation à distance et a du mal avec deux points pas précisés dans son tutoriel.

Travail à faire :

4.1- Expliquez lui ce que signifie le fait qu'il doit y avoir conformité du contrat à l'ordre public.

4.2- Précisez lui ensuite la notion de lésion dans le droit des contrats, ainsi que le domaine et la sanction de la lésion.

ANNEXE 1

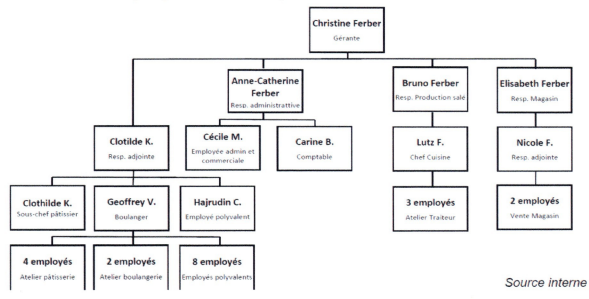

L'organigramme de l'entreprise Maison Ferber au 31/12/2020

Source interne

ANNEXE 2

Extrait n°1 de l'entretien avec Anne-Catherine Ferber

Anne-Catherine Ferber gère les activités administratives, financières, commerciales et juridiques de l'entreprise Maison Ferber.

Comment définiriez-vous votre modèle économique ?

Notre entreprise est en dehors des cadres. En fait, la qualité et la constance de nos produits font que la demande est toujours supérieure à l'offre. Nous sommes des artisans et notre philosophie ne nous pousse pas à chercher le profit à tout prix. La qualité avant tout !

Quelle est votre activité principale ?

C'est l'activité confiturerie, c'est-à-dire la confection de confiture. Nous avons créé 1 400 variétés de confiture. Ce que l'on cherche, c'est préserver le goût, la texture et la couleur de la confiture. Pour respecter cela, le procédé de fabrication est manuel et doit le rester pour préserver cette qualité optimale. Christine et Bruno Ferber ont des connaissances incroyables, une capacité à comprendre la matière première, à transmettre leurs savoir-faire.

Qui sont vos concurrents sur cette activité ?

Il existe beaucoup de fabricants de confiture, mais très peu sont nos concurrents directs.

Avez-vous mis en place une démarche pour obtenir un label ?

On s'est interrogé car cela prend beaucoup de temps pour obtenir un label. Pour le label AB, il nous faudrait obtenir un label pour chaque variété de confiture. Un label coûte au moins 300 euros et je vous rappelle que nous proposons 1 400 variétés de confiture. Imaginez le coût !

Comment organisez-vous votre stock avec une telle variété de confiture ?

Nous n'avons pas en permanence toutes les variétés en stock. Pour vous donner un exemple, l'année dernière, nous n'avons pas été livrés en myrtilles des bois à cause d'une période de gel. Nous n'avons donc produit aucune confiture à la myrtille. Nous fonctionnons en flux poussé, c'est-à-dire que nous produisons en fonction des livraisons de nos fournisseurs et nous stockons ensuite. Cependant, la demande est telle que le stock de produits finis reste très limité. Nous n'avons d'ailleurs pas d'outil pour gérer notre stock. Une employée fait le point une fois par semaine pour savoir ce qui peut être vendu. Cela nous prend beaucoup de temps, c'est un problème sur lequel nous devons nous pencher. Nous devons investir dans un progiciel de gestion intégré.

Comment contrôlez-vous la qualité de vos produits, les confitures par exemple ?

Sur un processus de fabrication de confiture, nous avons 17 points de contrôle et l'avant-dernière étape est contrôlée par Christine Ferber. La dernière étape est le contrôle visuel du pot qui doit montrer un aspect parfait des fruits.

Au niveau des ressources humaines, comment pouvez définir les valeurs de l'entreprise Maison Ferber ?

Nous sommes des perfectionnistes avec un niveau d'exigence très élevé. Toutefois, au regard de cela, au niveau des ressources humaines, nous sommes soucieux du bien-être au travail en réalisant des aménagements ergonomiques de nos nouveaux locaux. C'est très important car certaines tâches sont complexes et fastidieuses. Nos employés se montrent très fidèles à notre entreprise. Nous reconnaissons la valeur travail. Il existe une très grande polyvalence au sein de nos équipes en période de surcharge d'activité. Nous nous adaptons à l'activité et la formation continue est importante. Et puis, nous sommes une entreprise « féminine » : deux tiers de nos employés sont des femmes. Christine Ferber est une dirigeante très charismatique qui dispose d'une autorité incontestée, entretient des relations de proximité avec ses collaborateurs et contrôle les résultats du service de production. Cependant, nous nous attachons à développer une approche plus collaborative dans les autres services.

Comment se déroule votre recrutement ?

De manière très traditionnelle, nous publions des annonces d'offre d'emploi.

Quels sont vos partenaires ?

Nous travaillons avec une centaine de producteurs qui nous fournissent des fruits. Ils sont tous sélectionnés pour la qualité de leur travail. Chaque année, notre maison organise une journée de portes ouvertes et parraine une association caritative avec les fonds recueillis.

Nous avons aussi un partenariat important avec une banque qui nous a aidés à financer une partie de nos nouveaux locaux, le reste s'est fait en autofinancement.

Source interne

ANNEXE 3

Un nouveau laboratoire pour l'entreprise Maison Ferber

« Un bâtiment ancien, situé au cœur du village, qui n'est aujourd'hui plus du tout dimensionné face à la croissance de nos différentes activités », reconnaît Anne-Catherine Ferber, belle-sœur de Christine. C'est pourquoi la famille Ferber a investi dans la construction d'un nouveau laboratoire, à quelques centaines de mètres de là. Celui-ci a été pensé pour se fondre architecturalement dans le décor tout en limitant au maximum les nuisances sonores pour le voisinage. Ce projet conséquent est chiffré à 3 millions d'euros. [...]

« Nous n'avions pas investi depuis 1978. On avait donc des réserves qui, associées à un prêt bancaire, nous ont permis de financer ce chantier conséquent » souligne la jeune femme. La maison est attachée à la préservation de ses procédés artisanaux. Ces nouveaux locaux doivent surtout lui permettre de disposer de plus de capacité de stockage, de mener de front la confection des différents produits sans que la proximité des ateliers risque d'en altérer la qualité et d'améliorer les conditions de travail des 30 salariés qui disposent d'un laboratoire plus moderne et lumineux avec un nouveau mobilier ergonomique. L'activité traiteur y a déjà emménagé. L'atelier chocolat et l'atelier confiture y seront, eux, déménagés au printemps.

« Le nouveau laboratoire va aussi permettre d'augmenter les volumes, notamment côté confitures, indique Anne-Catherine Ferber, grâce à un outil de production plus moderne. Nous allons doubler le nombre de chaudrons en cuivre pour passer à 16, ce qui va permettre d'accélérer le processus de fabrication. La mise en pot restera manuelle pour assurer un dosage parfait entre fruit et jus. Seule la pose de l'étiquette va être automatisée », précise-t-elle. Maison Ferber ne travaille que des fruits frais, provenant d'exploitations locales, à l'exception des fruits exotiques. Tout l'art de ses confitures consiste à en préserver le goût, la texture et la couleur tout en utilisant peu de sucre. « On ne travaille pas plus de 4 kg de fruits par chaudron. Les volumes dépendent de la récolte annuelle. « S'il y a peu de fraises par exemple, on fera moins de pots que d'habitude, les clients le savent », glisse Christine Ferber d'une petite voix douce, tout en s'afférant à la réalisation d'une plaque de petits fours. Pas question d'industrialiser les processus donc. Le site historique va, lui, conserver l'activité traditionnelle de boulangerie-pâtisserie et d'épicerie.

Source : d'après le journal des entreprises.com

ANNEXE 4

La réalisation d'une confiture d'exception

Le credo de Christine Ferber est le respect des matières (fruits, sucre, etc.), choisies avec le plus grand soin et « qui vous montrent le chemin ». Ainsi, les fruits proviennent tous, sauf les variétés exotiques bien entendu, de la proche région par l'intermédiaire de fournisseurs sélectionnés pour la qualité de leurs fruits. Certains produits répondent aux critères imposés par la certification des produits biologiques.

La production se fait en fonction des récoltes et des saisons, ce qui nécessite une grande flexibilité au niveau de l'organisation du travail et de la gestion des stocks. La production de confitures varie d'une année à l'autre en fonction des approvisionnements et de la qualité de produits : pas question de compenser le manque de tel ou tel fruit en se fournissant ailleurs. « La matière est belle au départ. On la travaille, on la pèle, on la coupe, on la pèse, on la mélange, on la malaxe, on la cuit, et tous ces gestes, doivent être réalisés avec la plus grande douceur, dans le temps imparti. Ne pas se presser, ne pas prendre de raccourcis. » [...]

La confiture est quelque chose de vivant qui se transforme subtilement lors de la cuisson. Les températures sont contrôlées tout au long du processus de fabrication et de stockage. Il est inutile de rajouter du sucre car la confiture doit rester un plaisir valorisant avant tout le goût du fruit. La production requiert une main d'œuvre importante : « pour faire dix à douze pots, du début à la fin, il faut compter deux à trois heures ! ». Les griottes, par exemple, sont entièrement dénoyautées à la main afin que le fruit ne soit pas déstructuré.

Rien à voir avec la production industrielle de masse que Christine Ferber ne critique pas car elle s'adresse à un autre marché avec des moyens et objectifs différents. Les confitures sont mises en pot par Christine Ferber elle-même pour contrôler la bonne quantité de fruits dans chaque pot de confiture. Cette étape est essentielle pour les consommateurs qui veulent retrouver un aspect visuel parfait.

Les conditions d'hygiène et de stérilisation sont extrêmement strictes et vérifiées régulièrement. Chaque défaut est repéré et les pots concernés sont retirés du stock. Les préparations sont réalisées dans le respect de la tradition, dans des chaudrons en cuivre, pour faire en sorte de valoriser le fruit et de respecter ses valeurs nutritionnelles. Pour finir, les pots sont conditionnés avec le plus grand soin : le ruban Ferber, l'étiquette, et la toile de coton sont posés à la main. Toutes ces étapes sont essentielles pour que nos produits soient conformes à l'image de l'entreprise Maison Ferber.

Source interne

ANNEXE 5

Les tendances sur le marché de la confiture

Les consommateurs, outre leurs difficultés financières, ne regardent pas uniquement le prix. Ceux qui ne font jamais de confitures maison affirment préférer acheter des produits plus chers et plus qualitatifs. Même si le prix est un problème, il y a quand même un désir très présent (70 % des Français) de manger équilibré et d'acheter des aliments de qualité pour toute la famille. La demande évolue donc dans ce sens-là : une santé retrouvée et une alimentation saine et équilibrée. Voilà ce que veulent, avant toutes choses, les consommateurs. Les producteurs doivent mettre tout en œuvre pour créer des produits bons et sains à la fois. La tendance actuelle, c'est moins de sucre. Le consommateur n'hésite pas à rechercher sur internet des goûts et parfums innovants de confiture et à commander en ligne.

Source : d'après études-et-analyses.com

Prix, coût et marge d'un pot de confiture de l'entreprise Maison Ferber

Le prix de vente

Le prix de vente HT moyen d'un pot de confiture de 220 grammes est de 9,00 €.
Le prix de vente moyen d'un pot de confiture du secteur est de 3,50 €.

Les charges

Charges directes pour un pot de confiture Maison Ferber

Prix d'achat des matières premières achetées et consommées

- 200 g de fruits : 0,60 € les 100 grammes de fruits
- 130 g de sucre en poudre : 0,18 €
- Jus de citron : 0,12 €
- 2 grammes de beurre : 0,01 €

Main d'œuvre directe (MOD) de production

- 6 minutes par pot à 16 € de l'heure

Autres charges directes liées au conditionnement

- 1 pot de confiture en verre avec toile de coton et ruban : 0,25 € l'unité
- 1 étiquette : 0,05 € l'unité

Remarque : les stocks seront négligés dans les calculs.

Répartition des charges indirectes			
Charges indirectes	Approvisionnement	Production	Conditionnement et Distribution
Unité d'œuvre	100 grammes de fruits achetés	Heures de MOD	Nombre de pots vendus
Coût de l'unité d'œuvre	0,3 €	17 €	0,09 €

Le coût de revient moyen sur le marché d'un pot de confiture est de 2,97 € HT.

Coûts et taux de marge
- Taux de marge de l'entreprise : 55,17 %
- Taux de marge moyen d'un pot de confiture du secteur : 18 %

Maison Ferber

18 rue des Trois Epis
68230 Niedermorschwihr
03 89 27 05 69 – contact@ferber.fr
www.christineferber.com

Bon de commande

- Vente par correspondance vers la France métropolitaine uniquement
- Montant de commande minimum de 50 €
- Les frais de port sont compris
- Merci de nous retourner ce bon par courrier ou e-mail à l'adresse ci-dessus

	Désignation	Quantité	Prix unit.	Total
	Confiture au choix *(pot de 220 g)*		9.50 €	
	Gelée de vin, confiture de Noël, d'exception (marquée d'un *) *(pot de 220 g)*		10.50 €	
	Rillettes de porc *(pot de 160 g)*		7.50 €	
	Rillettes de canard *(pot de 160 g)*		8.50 €	
	Boudin noir à tartiner *(pot de 160 g)*		7.50 €	

Photos non contractuelles

Montant total (€) [   ]

Adresse de FACTURATION

Nom _____

Adresse _____

_____

Téléphone _____

E-mail _____

Adresse de LIVRAISON (si différente)

Nom _____

Adresse _____

_____

Téléphone _____

❑ Cadeau (ne pas inclure la facture)

Mode de règlement

❑ Carte bancaire (Visa ou Mastercard)

Numéro de carte _____

Date d'expiration ___ / ___ Cryptogramme _____

❑ Chèque (ci-joint)

Mode de livraison

❑ Colissimo suivi

❑ Colissimo sans signature

Information de livraison

❑ Interphone _____ ❑ Code porte _____

❑ Horaires de présence _____

À _____ , le _____ / _____ / _____ . Signature :

FERBER SARL au capital de 50 000€ – 18 rue des Trois Epis 68230 Niedermorschwihr – Tél 03 89 27 05 69
N° Intracom. FR 39 310 382 452 – APE 1071D – SIRET 310 382 452 00012 – RC 77 B 116 Colmar   06/04/2021

Les confitures de Christine Ferber

Une gelée extra est confectionnée avec le jus des fruits

- [ ] Gelée de pamplemousse jaune
- [ ] Gelée de pamplemousse et pétales de roses
- [ ] Gelée d'ananas
- [ ] Gelée de griotte d'Alsace Montmorency de Sauvigny
- [ ] Gelée de griotte d'Alsace Chatel Morel et pétales de roses
- [ ] Gelée de groseille d'Alsace
- [ ] Gelée de pétales de roses
- [ ] Gelée de pomme d'Alsace et citron
- [ ] Gelée de coing d'Alsace
- [ ] Gelée de coing d'Alsace et pétales de roses

Une marmelade fine est confectionnée avec des agrumes moulinés

- [ ] marm fine   Orange maltaise

Une marmelade extra est confectionnée avec des agrumes en morceaux

- [ ] Limequat
- [ ] Orange amère
- [ ] Orange sanguine
- [ ] Orange sanguine et coing d'Alsace
- [ ] Orange maltaise
- [ ] Orange maltaise et vanille de Tahiti
- [ ] Orange maltaise mangue et fruit de la passion

Une confiture fine est confectionnée avec les fruits moulinés

- [ ] conf fine   Banane et jus de citron
- [ ] conf fine   Banane orange et citron
- [ ] conf fine   Banane et fruit de la passion
- [ ] conf fine   Rêves des îles (banane fruit de la passion et noix de coco)
- [ ] conf fine   Banane et pamplemousse
- [ ] conf fine   Ananas
- [ ] conf fine   Rhubarbe d'Alsace
- [ ] conf fine   Framboise
- [ ] conf fine   Framboise et fleurs de sureau
- [ ] conf fine   Framboise et violette
- [ ] conf fine   Confiture des fées (framboise et roses)
- [ ] conf fine   Framboise et eau de vie de Kirsch
- [ ] conf fine   Groseille d'Alsace
- [ ] conf fine   Groseille blanche d'Alsace
- [ ] conf fine   Cassis d'Alsace
- [ ] conf fine   Cassis d'Alsace et violette
- [ ] conf fine   Crème de cassis (cassis et pinot noir d'Alsace)
- [ ] conf fine   Casseille d'Alsace (cassis groseille)
- [ ] conf fine   Melon du Haut Poitou et citron
- [ ] conf fine   Pêche blanche de la Drôme
- [ ] conf fine   Pomme d'Alsace
- [ ] conf fine   Pomme d'Alsace et cannelle
- [ ] conf fine   Pomme d'Alsace et épice à pain d'épices
- [ ] conf fine   Coing d'Alsace
- [ ] conf fine   Coing d'Alsace et rose
- [ ] conf fine   Eglantine d'Alsace et Grand Marnier

Une confiture extra est confectionnée avec les fruits en morceaux

- [ ] Mangue
- [ ] Mangue et orange maltaise
- [ ] Fruit de la passion et mangue
- [ ] Rhubarbe et fleurs de sureau d'Alsace
- [ ] Rhubarbe et fraise d'Alsace
- [ ] Fraise Charlotte d'Alsace
- [ ] Fraise Charlotte et framboise d'Alsace
- [ ] Griotte d'Alsace Montmorency de Sauvigny
- [ ] Douceur rubis griotte d'Alsace Montmorency et cardamome
- [ ] Madame (griotte d'Alsace Montmorency et pétales de roses)
- [ ] Forêt Noire (griotte d'Alsace Montmorency et kirsch)
- [ ] Rouge et rose griotte d'Alsace Montmorency et baies de poivre rose
- [ ] Griotte d'Alsace variété Chatel Morel
- [ ] Cerise blanche d'Alsace variété Napoléon
- [ ] Mademoiselle (cerise blanche d'Alsace et pétales de roses)
- [ ] Framboise pépins
- [ ] Framboise d'Alsace pépins et pétales de roses
- [ ] Framboise d'Alsace et cardamome
- [ ] Framboise et cassis d'Alsace
- [ ] 2 Fruits du jardin (framboise et groseille d'Alsace)
- [ ] 3 Fruits du jardin (fraise framboise et groseille d'Alsace)
- [ ] Le jardin d'Arlette (myrtille des jardins et cassis d'Alsace)
- [ ] Le jardin d'Amélie (fraise myrtille des jardins et cassis d'Alsace)
- [ ] Le jardin de Justine (fraise groseil framb cassis myrtil jardins d'Alsace)
- [ ] Myrtille des jardins d'Alsace
- [ ] Myrtille des jardins et framboise d'Alsace
- [ ] Myrtille des bois et framboise d'Alsace
- [ ] Melon du Haut Poitou
- [ ] Kiwi de France
- [ ] Pêche jaune de la Drôme et Grand Marnier
- [ ] Ma préférence (pêche jaune de la Drôme et orange maltaise)
- [ ] Reine Claude dorée de la Drôme et cardamome
- [ ] Mirabelle d'Alsace variété de Nancy et pétales de roses
- [ ] Quetsche d'Alsace et cannelle
- [ ] Quetsche d'Alsace et vanille
- [ ] Poire Williams de la Drôme et cardamome
- [ ] Pomme d'Alsace
- [ ] Pomme d'Alsace et caramel
- [ ] Pomme aux parfums d'Alsace et épices à pain d'épices
- [ ] Pomme et pétales de coing d'Alsace
- [ ] Gelée et pétales de coing d'Alsace
- [ ] Gelée et pétales de coing d'Alsace aux épices à pain d'épices
- [ ] Le rêve de Pénélope (gelée et pétales de coing fleurs d'acacia d'Alsace)
- [ ] Tomate verte d'Alsace
- [ ] Tomate verte d'Alsace et cannelle
- [ ] Tomate rouge d'Alsace variété cœur de bœuf
- [ ] Tomate rouge d'Alsace et vanille variété cœur de bœuf
- [ ] L'an neuf (figue, orange maltaise, épices à pain d'épices)

Une confiture d'exception est confectionnée avec des fruits rares

- [ ] * Myrtille des bois d'Alsace
- [ ] * Myrtille des bois d'Alsace et cardamome
- [ ] * Myrtille des bois d'Alsace et épices à pain d'épices

Une confiture extra empotée en 2 couches

- [ ] * Vieux garçon myrtille des bois et framboise d'Alsace (2 couches)

ANNEXE 8

Le numérique, accélérateur de développement à l'international

L'avènement d'Internet a bouleversé les règles traditionnelles du commerce et contribué à une forte croissance des échanges mondiaux. Le numérique est l'outil qui permet le plus aux PME à travers le monde de s'internationaliser. [...] Alors que les coûts liés aux stratégies traditionnelles d'internationalisation des grandes entreprises – avec installation physique ou acquisition dans le pays ciblé – sont tout simplement prohibitifs, le numérique permet aux PME véritablement de capturer de nouveaux marchés extérieurs à moindre frais.

Les PME désireuses de se développer à l'international doivent donc impérativement passer par une intégration du numérique dans leur processus. Elle permettra d'accroître leur présence sur Internet, où les barrières physiques n'existent plus et le commerce peut prospérer. La première étape passe donc par la création d'un site dans la langue des pays ciblés. Les plateformes internationales de e-commerce (ou places de marché – *marketplaces)* comme *eBay*, *Amazon* ou *Rakuten*, sont aussi un moyen simple pour les plus petites entreprises de pleinement participer au commerce mondial : environ 90 % des vendeurs sur *eBay* exportent vers l'étranger contre moins de 25 % pour les PME traditionnelles.

Malgré les avantages évidents du digital, près des deux tiers des dirigeants de PME en France ne sont pas conscients des enjeux de la transformation numérique, selon l'Observatoire social de l'entreprise Ipsos-Cesi-Le Figaro. Pourtant des stratégies de *web marketing*, comme le référencement et la publicité sur les moteurs de recherche type *Google*, sont importantes pour donner immédiatement une plus grande visibilité.

Source : d'après lesdigiteurs.cci-paris-idf

ANNEXE 9

Extrait n°2 de l'entretien avec Anne-Catherine Ferber

Comment sont distribués vos produits ?
Au sein de notre point de vente à Niedermorschwihr. Mais nous avons également 250 revendeurs (épiceries et hôtels de luxe) en France et à l'international avec une présence importante au Japon.

Comment décririez-vous votre clientèle ?
Notre clientèle est très variée. Nous avons une clientèle très locale et très fidèle qui vient acheter tous les jours nos produits, mais aussi une clientèle internationale aisée disposant donc d'un très fort pouvoir d'achat et à la recherche de produits de grande qualité.

Comment vous positionnez-vous vis-à-vis du numérique ?
Nous pouvons progresser. Notre site Internet n'est pas un site marchand, mais si c'était le cas, nous ne pourrions pas répondre à la demande. Nous sommes toutefois conscients que nous devons à terme basculer vers davantage de numérique pour faciliter notre gestion et encore améliorer la relation avec nos clients à l'international.

Êtes-vous présents sur les réseaux sociaux ?
Non. Malheureusement, nous n'avons pris pas le temps de développer ces outils de communication. Mais, heureusement, Christine Ferber est très présente sur les médias traditionnels, publie de nombreux livres et est aussi en relation avec des grands noms de la cuisine française.

Comment innovez-vous ?

La création de notre nouveau laboratoire nous a permis d'augmenter la surface de production pour mieux répondre à l'évolution de la demande. Nous disposons d'un système de ventilation à la pointe du progrès qui améliore le stockage et la conservation des produits.

Dans d'autres domaines, Christine Ferber crée de nouvelles variétés de confiture comme, par exemple, la variété rhubarbe à la fleur de sureau. Et puis nous venons de lancer une nouvelle gamme de produits en conserves salées sous la marque Bruno Ferber.

Comment imaginez-vous l'avenir ? À quelles difficultés êtes-vous confrontés ?

Nous sommes confrontés à une problématique de croissance alors que nous sommes des artisans et nous souhaitons conserver nos valeurs. Nous ne souhaitons pas changer notre manière de travailler.

L'artisanat est essentiel pour nous. Nous ne pensons pas produire davantage, pour continuer à préserver la qualité de notre production. Dans l'idéal, il faudrait « un peu » simplifier, recentrer notre offre, mais ce n'est pas simple, supprimer une carte ou un produit, c'est se couper de quelque chose. La culture de notre famille est de dire toujours oui aux clients. Mais cela finit par démultiplier et complexifier notre offre, ce qui crée certaines tensions entre les membres de la famille.

Source interne

ANNEXE 10

Tableau de répartition du chiffre d'affaires et des charges par activité pour 2020

	Chiffre d'affaires	Charges variables	Charges fixes	Résultat	Taux de profitabilité
Boulangerie-pâtisserie	603 000 €	160 000 €	450 000 €	-7 000 €	-1 %
Traiteur	693 000 €	240 000 €	400 000 €	53 000 €	8 %
Confiturerie	1 250 000 €	340 000 €	710 000 €		
Chocolaterie	226 000 €	72 000 €	123 000 €		

Source interne

Éléments	quantité	PU	Montant
Charges directes pour la production d'un pot de confiture			
Fruits			
Sucre en poudre			
Jus de citron			
Beure			
Sous total Matières premières			
MDO de production			
Sous total MOD			
Pots en verre avec toile de coton et ruban			
Étiquette			
Sous total Autres charges			
Charges indirectes pour la production d'un pot de confiture			
Approvisionnement			
Production			
Conditionnement et distribution			
Sous total charges indirectes			
Coût de revient			

DESSERTS   PLAT DU JOUR   VPC   **Maison Ferber**   LIVRAISON   INFO   CONTACT
Niedermorschwihr
Alsace

La Maison Ferber œuvre au rythme des saisons pour composer des douceurs gourmandes avec poésie et générosité. Artisan pâtissier, confiseur, chocolatier, glacier, boulanger et traiteur depuis plusieurs générations, la famille Ferber et son équipe cultivent le respect des matières premières, le sens du goût et de la beauté, ainsi que la transmission d'un savoir-faire d'exception.

Les gourmands retrouvent dans la boutique de Niedermorschwihr une pâtisserie fraiche et savoureuse, des confitures délicates aux belles couleurs et textures, des mets raffinés. Une tradition de partage célébrée au cœur de l'Alsace.

Section 12. BREIZH'FORME

Sujet adapté d'une annale BTS Management des entreprises

Breizh form
@breizhform

Après avoir pris connaissance du cas BREIZH'FORME et des ressources proposées, vous réaliserez une étude en répondant aux questions suivantes :

I - <u>Analyse du contexte</u>

1. Proposez, à partir d'un outil de votre choix, les éléments essentiels du diagnostic stratégique externe de l'entreprise BREIZH'FORME.

2. Identifiez et présentez, en prenant appui sur l'analyse de Porter, la stratégie de domaine actuelle de l'entreprise BREIZH'FORME.

II - <u>Identification du problème de management et proposition de solution</u>

3. Montrez en quoi les évolutions du marché peuvent remettre en question la stratégie de domaine de BREIZH'FORME.

4. Proposez une évolution de la stratégie de domaine en justifiant votre choix.

5. Expliquez les risques encourus par l'évolution de cette stratégie.

6. Présentez les compétences fondamentales que doit à l'avenir valoriser BREIZH'FORME pour assurer sa pérennité.

Créée en 1994 par Loïc Garrec à Brest, BREIZH'FORME est une SARL au capital de 300 000 € spécialisée dans la gestion de salles de fitness à bas prix (low-cost).

L'aventure commence en 1979 lorsque Monsieur Garrec ouvre une salle de musculation pour les athlètes de haut niveau qui pratiquent d'autres disciplines. Mais le renforcement musculaire n'est pas au goût du jour. Un peu trop en avance sur son temps, ce projet échoue. L'entrepreneur décide alors de s'adresser à un autre public, à savoir, selon ses propres termes, à « *Monsieur et Madame tout le monde qui commence à être touché par la sédentarité et la malbouffe* ». Afin d'afficher des abonnements accessibles, tout en faisant le choix d'un matériel confortable et facilement utilisable, il propose des salles de fitness sans professeur. Il est alors pionnier dans l'exploitation du concept de coaching virtuel, c'est-à-dire de cours de fitness télévisés, retransmis en boucle. Autre point fort et inédit pour l'époque, il propose une accessibilité au club sur une large amplitude horaire, 7 jours sur 7. Le choix d'un accès à la salle de sport par badge magnétique et le recours à un système de vidéosurveillance permet de réduire les charges de personnel au strict nécessaire et autorise des tarifs défiant toute concurrence. La liberté d'accès qui en résulte pour les clients, lesquels ne sont plus contraints par les horaires de cours et d'ouverture, est, selon lui, un moyen de fidélisation.

BREIZH'FORME regroupe aujourd'hui plus de 145 clubs répartis sur toute la France dont 80 % sont franchisés, les 20 % restants appartenant à la holding familiale. En dénombrant désormais plus de 150 000 adhérents, elle se positionne au 3ème rang sur le marché des salles de remise en forme low-cost et affiche un chiffre d'affaires de 40 millions d'euros environ.

Chaque salle BREIZH'FORME possède des équipements variés et de plus en plus perfectionnés. Loïc Garrec accorde en effet une importance grandissante à ces appareils de remise en forme (tapis de course, vélo...) et travaille depuis de nombreuses années avec le même fournisseur même si les fabricants d'équipement sont assez nombreux sur le marché. « *La marque italienne TECHNOGYM est notre fournisseur exclusif. Ils ont de l'avance en matière de design et d'ergonomie et nous renouvelons chez eux régulièrement notre parc de machines. Dernièrement, nous avons équipé notre siège social avec leur toute nouvelle gamme Artis au design épuré, qui propose des programmes d'entraînement adaptés aux utilisateurs et qui favorise une connectivité avec leurs équipements comme les smartphones* ». Cela permet une utilisation agréable et ludique, à la manière d'une tablette numérique. Par ailleurs, tous les clubs sont dotés de vestiaires personnels et de douches individuelles.

Le dirigeant constate cependant que le marché du fitness est de plus en plus concurrentiel et qu'il s'avère plus difficile de maintenir sa place dans ce contexte. Il faut maintenant composer avec des mastodontes du secteur (Moving, l'Orange Bleue) mais aussi des salles de fitness low-cost comme Fitness Price, Neoness, Elancia ou Keep Cool qui proposent des tarifs défiant toute concurrence, certains abonnements débutant à 10 € par mois. Il craint également que seuls les indépendants bénéficiant d'un emplacement de première qualité, en centre-ville notamment, ne tirent leur épingle du jeu, l'implantation étant devenue de plus en plus essentielle en matière d'activité commerciale. Alors que des enseignes telles que Club Med Gym ou Orange Bleue ont créé leur propre école de formation, avec l'aval du ministère de la Jeunesse et des Sports, Loïc Garrec regrette enfin que ses franchisés peinent à recruter des salariés compétents et polyvalents capables tout autant d'accueillir, de promouvoir ou vendre les abonnements que de former les adhérents à l'utilisation des machines de fitness ou encore les conseiller sur la pratique sportive la plus adaptée à leur objectif.

Pour autant, le dirigeant persiste dans sa volonté d'avancer, surprendre et innover.

Interview de Monsieur Loïc Garrec, Novembre 2014

Comment expliquez-vous le succès de votre entreprise ?

« Notre société est de plus en plus sédentaire et certains segments de la population recherchent à pratiquer une activité physique régulière pour se maintenir en bonne santé. En tant que pionnière dans les salles de musculation low-cost, notre entreprise a pu profiter pleinement de cette tendance et est aujourd'hui implantée sur tout le territoire grâce au développement de son réseau de franchises. Avec un investissement minimal de 150 000 €, un entrepreneur motivé peut nous rejoindre assez facilement, aucun diplôme ni brevet particulier n'étant exigé.

Mais nous sommes aujourd'hui de plus en plus imités et il devient difficile de faire face à la concurrence, même si nous restons très compétitifs par rapport aux salles classiques dont les abonnements s'établissent à 50 ou 60 € par mois, la multiplication des centres tire les prix vers le bas ce qui dégrade notre rentabilité qui ne cesse de diminuer. »

Comment évolue le marché du fitness aujourd'hui ?

« Les clients ont des exigences de plus en plus élevées et précises. Ils recherchent de la qualité et du professionnalisme. Ils veulent du sourire et de l'accueil. Beaucoup d'entre eux recherchent à pratiquer du sport en s'amusant ce que les nouvelles machines en salle peuvent offrir grâce à l'intégration du numérique. Ils souhaitent également que le personnel maîtrise le matériel et les équipements mais aussi l'entraînement qui les accompagne.

Parallèlement, les clients restreignent leur budget loisirs à cause de la crise. Cela a d'ailleurs affecté les centres les plus fragiles, ouverts parfois les uns à côté des autres, dont un grand nombre a dû fermer depuis 2008 ».

Comment envisagez-vous l'avenir de Breizh'form ?

« Le marché français du fitness est parmi les dix premiers dans le monde en termes de volume. Les Français seraient plus de 3,5 millions à fréquenter plus ou moins assidûment les salles de fitness (musculation, cardio-training, cours collectif, etc.). Mais c'est, en proportion de la population, moins que chez nos voisins européens. Des perspectives de développement existent. Nous ambitionnons d'ailleurs d'ouvrir 15 à 20 nouvelles salles chaque année mais l'entreprise est aujourd'hui en pleine réflexion stratégique. Doit-on poursuivre dans le concept low-cost qui a fait jusqu'à aujourd'hui notre succès ? ».

Ressource 1 : Un Français sur deux déclare avoir fait du fitness

Près d'un Français sur 2 déclare avoir fait de la gym, du fitness ou de la musculation en 2012. C'est l'une des informations majeures révélées par un sondage réalisé par Toluna/Sport.fr (société d'enquêtes en ligne) pour Healthcity (leader européen du marché des salles de sport) le 2 et le 3 février 2013. [...]
Les principales activités pratiquées en salle sont le fitness avec appareil (62 %), la musculation (55 %), les cours de fitness (46 %), la piscine (30 %), la danse (27 %) et autres cours (13 %). [...]
La majorité des adeptes de fitness (65 %) choisit sa salle en fonction des tarifs pratiqués. Les autres critères de choix d'une salle de sport sont : l'ambiance (47 %), le nombre et les horaires des cours (44 %), la facilité d'accès (42 %), la diversité des activités (40 %), le personnel d'encadrement (40 %), l'état et le nombre des appareils de fitness ou musculation (39 %) [...]

Ceux qui ne sont pas membres d'une salle ou d'un club de fitness avancent comme motif de non adhésion : les tarifs (47 %), le rejet de ce type d'activité (25 %) et le manque de temps (23 %).

Source : www.sport.fr, 19/02/2013

Ressource 2 : La remise en forme en franchise se muscle

Qu'elles soient mixtes, s'adressent uniquement aux femmes, visent une clientèle qualitative ou se positionnent sur le low-cost, les enseignes de **remise en forme** multiplient les ouvertures et les projets d'implantation dans toute la France.
« *Les messages répétés depuis des années par les autorités pour prendre soin de sa santé (mangerbouger.fr), veiller à son alimentation, bouger, pratiquer une activité physique, etc., grâce à la mise en œuvre du Plan National Nutrition Santé, portent leurs fruits et stimulent la demande* ». Et pour la satisfaire, les salles de gym d'aujourd'hui proposent de nombreuses activités répondant aux motivations du public : bien-être, recherche de tonicité musculaire, perte de poids, affinement de la silhouette, préparation physique. Dans ce contexte où le nombre de salles (en réseau ou indépendantes) s'accroît dans chaque agglomération, en cœur de ville comme en périphérie, implanter un centre sportif n'est pas exempt de risques.

Des enseignes massivement généralistes
L'engouement s'est visiblement reporté sur les salles mixtes, implantées sur des surfaces importantes (500 à 1 000 m^2), qui proposent une large palette d'activités. Ces clubs sont ouverts tous les jours (y compris les dimanches et jours fériés), de 6 heures à 23 heures. Parmi les principaux intervenants, *Keep Cool* a dépassé, début 2014, la centaine d'unités. La marque se positionne en proposant au plus grand nombre de « *vivre une expérience sportive sans complexe* ». Parmi ses innovations, elle organise sur cette base des compétitions et des soirées à thème. [...]

La solution du low cost ?
Depuis deux ans, la tendance est aux salles low-cost en libre accès. Elles se caractérisent par un grand nombre de machines sur des espaces importants, et un encadrement réduit, remplacé par des cours collectifs retransmis sur écran.
Pour être rentables, elles doivent attirer un nombre important de clients. *Fitness Park* (35 clubs ouverts), développé par Moving, fait ainsi état de chiffres impressionnants : 6 000 abonnés dans le centre de la Défense et même 17 000 à Paris République, où il y a une liste d'attente. Le même groupe développe également *Moving Express* sur des surfaces moins importantes.

Source : Les auteurs d'après www.franchise-magazine.com, avril-mai 2014

Ressource 3 – Enlisement dans la voie médiane selon Porter

M. Porter considère que les stratégies de domination par les coûts et de différenciation sont exclusives les unes des autres, c'est-à-dire que la réussite stratégique exige un choix strict de l'une et l'abandon de l'autre. L'absence d'orientation stratégique claire conduit les entreprises dans l'enlisement dans la voie médiane et les empêche de dégager une forte rentabilité.

Source : les auteurs

Section 13 LEGOMO

Sujet adapté d'une annale Bac STMG

Fondée en 1984, l'entreprise Legomo est une SAS au capital de 500 000 € qui emploie 38 salariés. Elle est implantée à Vierzon dans le département du Cher (18). La société est présidée depuis trois ans par V. Bertugo.

L'entreprise est spécialisée dans la transformation et le conditionnement de céréales et de légumineuses issues de l'agriculture biologique. Les céréales (quinoa, orge, blé, petit épeautre...) et légumineuses (haricots secs, pois chiches, lentilles...) sont achetées essentiellement à des exploitants agricoles de la région. Elles sont ensuite précuites et conditionnées en sachets. Depuis quelques mois, l'entreprise propose aussi une gamme de plats cuisinés. Les principaux clients sont les magasins bio de la région et, dans une moindre mesure, la grande distribution.

L'entreprise s'efforce par ailleurs de développer ses ventes sur internet par l'intermédiaire de sites spécialisés dans la commercialisation de produits bio. Depuis quelques années, l'entreprise doit faire face à une demande en forte hausse en raison de l'intérêt croissant des consommateurs pour une alimentation plus végétale et biologique. Pour répondre à cette demande et gagner des parts de marché, l'entreprise investit régulièrement pour augmenter ses capacités de production.

L'activité de l'entreprise est soumise à la TVA au taux réduit de 5,5 %. L'exercice comptable correspond à l'année civile. La comptabilité est tenue au sein de l'entreprise en utilisant quatre journaux divisionnaires : achats (AC), ventes (VT), trésorerie (TR) et opérations diverses (OD). L'entreprise fait appel à un cabinet d'expertise-comptable pour valider la comptabilité et établir les comptes annuels.

L'entreprise Legomo décide de se lancer début janvier 2022 dans une nouvelle activité : la préparation de plats cuisinés. Cette nouvelle production nécessite de nouveaux équipements :
- un équipement de cuisson et d'emballage,
- un tunnel de refroidissement, une chambre froide. Le coût d'acquisition s'élève à 165 000 € Hors Taxe.

L'investissement et l'aménagement des locaux se feront dès le mois de janvier 2022. La trésorerie estimée au plus juste de l'entreprise s'élèvera au 1er janvier 2022 à 177 622 €.

Les dirigeants ont décidé de financer cet investissement à hauteur de 40 % par emprunt, le reste sur fonds propres. V. Bertugo s'interroge sur l'impact qu'aura cette nouvelle activité sur la trésorerie de l'entreprise et souhaite donc qu'une analyse prévisionnelle soit réalisée pour le premier trimestre 2022.

Par ailleurs, elle voudrait satisfaire les attentes des actionnaires en distribuant un minimum de 200 000 € de dividendes avant le mois de septembre 2022 si le niveau de la trésorerie le lui permet.

Vous disposez de l'ANNEXE 1 pour traiter ce dossier et de l'ANNEXE A à rendre avec la copie

Travail à faire :

1. **Expliquer pour quelle raison l'entreprise Legomo ne décaisse pas de TVA au mois de février 2022**
2. **Compléter le budget des décaissements présent en ANNEXE A pour le premier trimestre 2022**
3. **Expliquer l'évolution de la trésorerie de l'entreprise Legomo pour le premier trimestre 2022**

Budget des ventes	Janvier	Février	Mars	Avril	Mai	Juin
Ventes HT	969 052,00	1 065 957,20	1 172 552,92	1 231 180,57	1 292 739,59	1 292 739,59
TVA collectée	53 297,86	58 627,65	64 490,41	67 714,93	71 100,68	71 100,68
Ventes TTC	1 022 349,86	1 124 584,85	1 237 043,33	1 298 895,50	1 363 840,27	1 363 840,27

Budget des encaissements	Janvier	Février	Mars	Créance au 31 mars
Créances clients au 31/12	932 410,00			
Ventes de janvier		1 022 349,86		
Ventes de février			1 124 584,85	
Ventes de mars				1 237 043,33
Emprunt		66 000,00		
Totaux	932 410,00	1 088 349,86	1 124 584,85	1 237 043,33

Budget des achats	Janvier	Février	Mars
Achats HT	610 502,76	671 553,04	738 708,34
TVA déductible sur ABS	33 577,65	36 935,42	40 628,96
Achats TTC	644 080,41	708 488,46	779 337,30

Budget des investissements	Janvier	Février	Mars
Acquisition du nouveau matériel	165 000,00		
TVA sur immobilisations	33 000,00		
Acquisition TTC	198 000,00		

Budget de TVA	Janvier	Février	Mars
TVA collectée	53 297,86	58 627,65	64 490,41
TVA déductible sur ABS	33 577,65	36 935,42	40 628,96
TVA sur immobilisations	33 000,00		
Crédit de TVA à reporter	0,00	13 279,79	0,00
TVA à décaisser ou crédit de TVA	-13 279,79	8 412,44	23 861,45

ANNEXE A à rendre avec la copie

Budget des décaissements

Les fournisseurs sont réglés pour 60 % au comptant et pour 40 % à 30 jours.

Budget des décaissements	Janvier	Février	Mars	Dettes au 31 mars
Dettes fournisseurs au 31/12	234 692,14			
Achats de janvier				
Achats de février				
Achats de mars				
TVA à décaisser	8 310,00	0,00	8 412,44	23 861,45
Salaires	118 600,00	118 600,00	118 600,00	
Cotisations sociales	36 640,00	37 980,00	37 980,00	37 980,00
Autres charges	115 320,00	119 410,00	119 410,00	
Impot sur les bénéfices			55 000,00	
Acquisition du nouveau matériel	132 000,00	66 000,00		
Mensualités d'emprunts		1 128,00	1 128,00	
Totaux	1 032 010,39	1 025 843,23	1 091 528,20	

Budget de trésorerie

Budget de trésorerie	Janvier	Février	Mars
Trésorerie initiale			
Encaissements			
Décaissements			
Trésorerie finale			

Section 14 Yaourts CITO

Sujet adapté d'une annale BTS assistant de Gestion PME-PMI
La partie juridique a été rédigée par monsieur Sahia CHERCHARI

La **« Société Martiniquaise Yaourt CITO »** a été créée en 1973, par Germain GERMANICUS. L'entreprise était une entreprise individuelle (nommée « Maison CITO ») avec une production purement artisanale. En 1978, elle change de nom commercial et devient « Yaourt CITO ». L'entreprise s'implante sur le marché des yaourts grâce à son excellente réputation. Pour la renforcer, Germain GERMANICUS a choisi de faire évoluer son packaging en apposant le logo de l'entreprise sur les pots de yaourt.

En 1982, pour répondre à la demande croissante du marché local, la production devient semi-artisanale par l'investissement dans de nouvelles machines. En novembre 2016, Germain GERMANICUS a transmis l'entreprise à son fils Steeve qui en prend la direction. La structure juridique de l'entreprise évolue pour prendre la forme d'une société à responsabilité limitée (SARL). L'entreprise reste familiale et emploie à ce jour 13 salariés. Steeve GERMANICUS se charge de la partie commerciale. La comptabilité et la paye sont externalisées dans le cabinet spécialisé « Gescom » dont l'interlocuteur est Jacques SOURCEL.

La société « Yaourt CITO » a pour zone de chalandise le centre de la Martinique avec plusieurs types de clients : les distributeurs (hypermarchés, supermarchés, supérettes), les maisons de retraite, les écoles. Les particuliers viennent s'approvisionner le mercredi et le samedi matin directement au magasin d'usine.

L'entreprise fabrique uniquement des yaourts commercialisés à l'unité en pot de 125 grammes. Le produit est décliné en dix-huit parfums (Abricot, Amande, Ananas, Cacahuète, Caramel, Cerise, Chocolat, Citron, Coco, Fraise, Framboise, Goyave, Litchi, Noisette, Pêche, Poire, Pruneau et Vanille) et un dit « nature ». La déclinaison la plus vendue est le parfum vanille.

En termes de qualité, un plan de maîtrise sanitaire et une démarche HACCP (Hazard Analysis Critical Control - Analyse des dangers et points critiques en vue de leur maîtrise) ont été mis en place de façon à garantir la qualité des produits. La responsable qualité assure la stricte application du plan. La PME sollicite quelques fournisseurs basés en métropole, à Sainte Lucie et en Martinique. Les fournisseurs sont différents selon les produits. Par exemple, les pots sont fournis par l'entreprise Hellion, basée en France métropolitaine. Tous les fruits et arômes sont fournis par des producteurs locaux. Une relation de confiance s'est établie grâce à des échanges commerciaux existants depuis plusieurs années.

« Yaourt CITO » évolue sur un marché oligopolistique. En effet, le leader du marché, la Société Nouvelle Yaourt Litée (SNYL) détient environ 65 % de parts de marché. La concurrence propose de nouveaux produits « à la mode » tels que les yaourts à boire et les yaourts avec morceaux de fruits. En dépit de cela, le positionnement authentique et local des yaourts CITO s'est maintenu. Depuis quelques années, l'entreprise n'arrive plus à répondre à la demande compte tenu de sa production semi-artisanale. Dans les surfaces de vente, les linéaires dédiés aux yaourts CITO sont pris d'assaut par les consommateurs à chaque mise en rayon. Faute de réapprovisionnement rapide, les rayons restent vides durant quelques jours. Il peut arriver que les yaourts CITO soient remplacés par des produits concurrents.

Parallèlement, le marché des yaourts est fortement influencé par une volonté de revenir à l'authenticité du goût. C'est ainsi que le yaourt à la vanille, arôme emblématique de l'île est devenu la première vente de l'entreprise. La production ne suffit plus à répondre à la demande. Steeve GERMANICUS doit effectuer des choix pour accompagner la croissance de l'entreprise. Il doit moderniser les outils de production afin d'augmenter la production tout en conservant le caractère authentique de ses produits. Steeve GERMANICUS a identifié des besoins en personnel et en formation. Le taux de rotation du personnel du service production demeure élevé. En effet, les salariés expérimentés sont sans cesse sollicités par des offres externes sur les îles caribéennes. Les départs et les recrutements envisagés entraînent une charge de travail supplémentaire.
Pour valoriser cet effort de modernisation et promouvoir ses spécificités locales, Steeve GERMANICUS a développé un site web. Il est bien décidé à utiliser ce média pour amorcer une politique de communication institutionnelle et communication média.

4 dossiers sont à traiter :

- **Dossier 1 : Optimisation des flux de trésorerie**
- **Dossier 2 : Stratégie de développement**
- **Dossier 3 : Communication institutionnelle et digitale**
- **Dossier 4 : Droit des contrats**

Dossier 1 : Optimisation des flux de trésorerie

Pour répondre à l'augmentation de la demande, Steeve GERMANICUS a décidé d'acquérir une nouvelle machine FS2000 permettant l'automatisation de la fermeture des pots de yaourts. Elle est performante avec une cadence pouvant aller jusqu'à 2 000 pots à l'heure. Le coût d'acquisition HT est de 36 950 €. L'entreprise a obtenu un emprunt de 25 000 € pour financer cette acquisition. Par ailleurs, Steeve GERMANICUS, décide de suivre de façon plus stricte et rigoureuse le niveau de sa trésorerie pour améliorer les relations avec son banquier. Le comptable Jacques SOURCEL a déjà fait le budget de TVA, le tableau prévisionnel des ventes et le budget des encaissements. Ces tableaux ont été vérifiés et sont exacts.

Travail à faire :

1.1 Établir le budget prévisionnel de trésorerie en terminant le travail amorcé par Jacques SOURCEL.

1.2 Présenter au dirigeant vos conclusions sur l'impact de la hausse d'activité sur la trésorerie et sur les décisions à prendre pour la gestion de la trésorerie.

NB : Les calculs seront arrondis à l'euro le plus proche.

Dossier 2 : Stratégie de développement

Steeve GERMANICUS doit trouver des solutions pour faire face à la concurrence constituée de grands groupes multinationaux. Jusque-là, c'est le commerce de proximité qui a été privilégié par les yaourts CITO. Le succès des yaourts CITO repose sur le goût avec une forte concentration en lait, une densité du lactose, qui contribue à la fermeté des yaourts et exalte leurs arômes provenant de 2 fournisseurs l'un dans la Caraïbe et l'autre en France.

Travail à faire :

2.1 Proposer un double diagnostic interne et externe de la société

1.2 Présenter au dirigeant vos conseils en matière de stratégies pour être le mieux positionné par rapport à la concurrence.

Vous vous appuierez pour cela sur les apports théoriques d'auteurs de management d'entreprise.

Dossier 3 : Communication institutionnelle et digitale

La communication de l'entreprise est peu développée. Elle se réduit au packaging de ses pots et au marquage des camions de livraison. La nouvelle direction ne souhaite pas recourir aux campagnes publicitaires classiques (radio, télé, presse) dont elle trouve les coûts trop élevés pour des retombées faibles. Elle envisage de recourir à une action de communication institutionnelle.

L'entreprise familiale a été sollicitée par plusieurs établissements scolaires souhaitant visiter l'entreprise. L'idée a fait son chemin dans l'esprit du gérant. Toucher la jeune génération, communiquer sur l'image de produit authentique au goût local et promouvoir l'identité d'une entreprise moderne sont des axes de communication qui plaisent à Steeve GERMANICUS. Cette opération de communication lui semble compatible avec un budget de communication restreint. Jusqu'alors son père et lui avaient toujours été fermement opposés à ces visites pour des raisons de sécurité et d'hygiène. Mais aujourd'hui, Sandrine CARLOS assure que cette action de communication pourrait être mise en place dans le respect des conditions de sécurité. Les visiteurs seront munis d'éléments protecteurs jetables pour la tête et les chaussures.
Convaincu de l'intérêt de la démarche, Steeve GERMANICUS a commencé la conception de documents qui seront à la disposition des établissements scolaires dans la rubrique « Venez visiter notre entreprise » du site web de l'entreprise. Cette rubrique permet déjà d'obtenir des informations sur l'historique de l'entreprise depuis sa création, sur les produits et sur le processus de production. Elle doit être complétée par une présentation de la visite de l'entreprise et par le formulaire d'inscription en ligne des classes.

D'autre part, le site Web de l'entreprise n'est pas un site marchand et demande d'être développé pour une plus grande visibilité des internautes. Le seul réseau social utilisé par Yaourt CITO est une page Facebook.

Travail à faire :

3.1 Concevoir le document de présentation de la visite de l'entreprise
3.2 Réaliser le document pour l'inscription de la classe. 3.3 Proposez des rubriques nouvelles pour le site internet et prodiguer des conseils pour améliorer la communication digitale de l'entreprise.

Dossier 4 : Droit des contrats

Travail à faire :

4.1 En plus des quelques écoles de Fort-de-France, Steeve Germanicus aurait aussi bientôt la possibilité de fournir la moitié des collèges et lycées du département. Il voudrait savoir si les contrats qu'il passera seront des contrats de droit privé ou des contrats administratifs. Répondez à son interrogation, en lui précisant à cette occasion et en dix lignes maximum, les critères jurisprudentiels du contrat administratif.

4.2 Il est par ailleurs un peu inquiet car il a cru comprendre que les collectivités territoriales (département, région...) avaient un pouvoir de modification unilatérale de leurs contrats et même un pouvoir de résiliation unilatérale. Expliquez-lui ces deux notions en lui précisant notamment les conséquences financières de ces mesures.

4.3 Un ami avocat lui a aussi dit qu'en tant qu'employeur, il était responsable de tous les dommages causés par ses salariés. Ce qui l'étonne. Faites-lui un point assez précis sur la question.

ANNEXE 1

Organigramme de structure

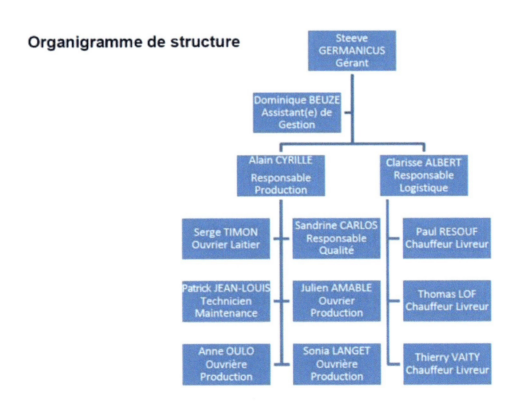

ANNEXE 2 – Entretien avec Steeve GERMANICUS

S. GERMANICUS (S.G.) : Depuis la création de notre entreprise nous tardons à mettre en place de véritables outils de gestion. En accord avec Jacques SOURCEL, le comptable de la société qui a commencé le travail, je souhaite que vous mettiez en place une gestion budgétaire prévisionnelle pour le prochain trimestre. Cela me permettra de suivre de façon plus stricte le niveau de la trésorerie. Notre comptable vous guidera et vous communiquera tous les éléments.

VOUS : Alors, je suis à votre disposition.

S. G. : Comme vous le savez, notre société fabrique et vend une grande variété de yaourts (nature et aromatisés). La croissance de ce marché a été soutenue depuis sa création. Aujourd'hui, grâce à sa nouvelle implantation, la société bénéficie d'une augmentation de l'attractivité commerciale. Notre analyse sur la prévision des ventes nous amène à penser que les ventes HT envisagées pour les trois mois à venir seront de :

Octobre 2019	Novembre 2019	Décembre 2019
600 000 yaourts	700 000 yaourts	750 000 yaourts

Les yaourts sont vendus à 0,39 € HT. Les clients règlent de la façon suivante : 25 % au comptant, le solde à 30 jours, fin de mois.

Par ailleurs, concernant l'activité industrielle, la fabrication d'un yaourt nécessite au maximum trois ingrédients : le lait, les cultures de bactéries vivantes et les parfums.

Il y a également besoin d'un emballage. Au total, ces matières premières sont évaluées à 0.20 € HT par pot.

Les fournisseurs sont réglés à 30 jours fin de mois.

Tout ce qui est produit est immédiatement vendu.

VOUS : Très bien… mais qu'en est-il des autres charges ?

S. G. : Le comptable Jacques SOURCEL vous a préparé la liste des différentes dépenses d'exploitation prévisionnelles :

- ✓ les charges de personnel : les salaires nets mensuels s'élèvent à 19 000 € et sont versés le 25 de chaque mois. Les charges sociales salariales et patronales s'élèvent à 19 %[2] des salaires nets mensuels et sont versées le 15 du mois suivant ;
- ✓ impôts et taxes : la TVA à décaisser de septembre est versée le mois d'après ;
- ✓ les dépenses hors taxes diverses liées à l'exploitation (téléphone, carburant, électricité, publicité, etc.) réglées au comptant, s'élèvent à 1 % du chiffre d'affaires hors taxes.

Soyez rigoureux(se) ! N'hésitez pas à reporter le montant des soldes estimés des comptes que vous fournira Jacques SOURCEL. Par ailleurs, il vous faudra gérer le problème de la TVA ; la TVA mensuelle est à décaisser le mois suivant.

VOUS : Quels taux de TVA faut-il retenir ?

S.G. : Compte tenu de la spécificité des taux en Martinique, tous nos achats de matières premières et autres approvisionnements, ainsi que toutes nos ventes sont soumis au taux réduit de 2,10 %. Les autres charges sont soumises au taux normal de 8,5 %. Je vous rappelle que l'acquisition de la machine est exonérée de TVA.

VOUS : Qu'en est-il des opérations d'investissement ?

S. G. : Comme je vous l'ai dit, l'entreprise envisage d'acquérir le nouveau matériel de production, la machine FS2000. Cette machine d'une valeur de 36 950 € pourra être livrée en octobre. La réglementation en Martinique ne prévoit pas de TVA sur l'acquisition de ce type d'équipement. Les modalités de règlement sont les suivantes : règlement comptant à la livraison.

VOUS : Comment financez-vous cette machine ?

S.G. : Le Crédit Mutuel m'accorde un crédit de 25 000 €. Le premier remboursement aurait lieu en janvier 2020.

VOUS : Finalement, cela fait beaucoup d'éléments à gérer. Avez-vous des conseils à me donner ?

S.G. : Oui, après avoir déterminé la trésorerie prévisionnelle pour le dernier trimestre, je souhaiterais que vous procédiez à l'analyse des montants.

VOUS : C'est entendu. Merci de ces informations.

ANNEXE 3 – Tableau d'amortissement de l'emprunt

Antilles-Guyane

Somme empruntée	25 000€
Annuité constante	5 458,86€

Durée	5 ans
Taux	3 %

Année	Capital du en début d'année	Annuités	Intérêts	Remboursement du capital	Capital du en fin d'année
2020	25 000,00	5 458,86	750,00	4 708,86	20 291,14
2021	20 291,14	5 458,86	608,73	4 850,13	15 441,01
2022	15 441,01	5 458,86	463,23	4 995,63	10 445,37
2023	10 445,37	5 458,86	313,36	5 145,50	5 299,87
2024	5 299,87	5 458,86	159,00	5 299,87	0,00

CREDIT MUTUEL Société coopérative de crédit à capital variable et à responsabilité statutairement limitée

RCS FORT DE FRANCE 438863797 – Orias N°07032774 CCM affiliée à la CF de CMAG ZI LES MANGLES 97232 LE LAMENTIN –

ANNEXE 4 – Devis machine SF2000

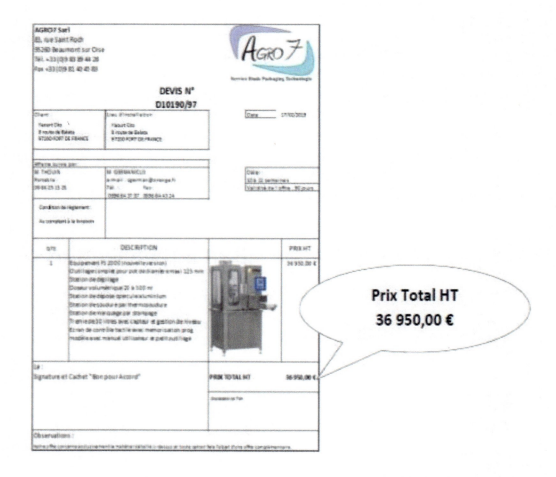

Prix Total HT
36 950,00 €

ANNEXE 5- Estimation du solde des comptes au 30 septembre 2019

Dettes fournisseurs [1]	140 886 €
Dettes sociales [2]	5 340 €
TVA à décaisser [3]	9 353 €
Disponibilités	176 018 €
Créances clients	122 086 €

Remarques :

- [1] Les dettes fournisseurs sont payées en octobre.
- [2] Les dettes sociales sont payées en octobre
- [3] La TVA à décaisser sera versée en octobre.

ANNEXE 6 – Travail préparatoire à l'élaboration des budgets par le comptable

Budget de TVA (en euros)	Octobre 2019	Novembre 2019	Décembre 2019
TVA collectée sur le mois	4 914	5 733	6 143
TVA déductible sur immobilisations	0		
TOTAL TVA déductible sur Achats de Biens et Services (ABS) du mois	2 719	3 172	3 399
TVA déductible sur ABS (achats mensuels)	2 520	2 940	3 150
TVA déductible sur ABS (dépenses diverses)	199	232	249
Crédit de TVA			
TVA à décaisser	2 195	2 561	2 744

Tableau prévisionnel des ventes (en euros)

Budget des ventes	Octobre 2019	Novembre 2019	Décembre 2019
Quantités prévisionnelles de vente de yaourts	600 000	700 000	750 000
Chiffre d'affaires prévisionnel H.T.	234 000	273 000	292 500
TVA	4 914	5 733	6 143
Chiffre d'affaires TTC	238 914	278 733	298 643

Budget des encaissements	Octobre 2019	Novembre 2019	Décembre 2019	à reporter
ventes encaissées comptant	59 729	69 683	74 660	
ventes encaissées à 30 jours		179 186	209 050	223 982
Créances clients du bilan	122 086			
Emprunt	25 000			
Total des encaissements	206 815	248 869	283 710	223 982

Source interne

ANNEXE 7 – Échanges de Mails

Projet Visite de classe   — ⤢ ✕

De : s.carlos@symCITO.fr
A : s.germanicus@symCITO.fr ; d.beuze@smyCITO.fr
Projet Visite de classe

Bonjour à tous deux,

Comme convenu, j'ai travaillé sur la procédure de la visite de l'usine par les établissements scolaires. Une heure paraît suffisante.
Je pense qu'il faut proposer deux jours d'ouverture : le mardi et le jeudi.
Il ne faut pas plus de 3 créneaux de visites par jour. Nous pouvons définir 3 horaires de début : 9h, 10h30 (matin) et 14h30 (après-midi).

La visite commencerait par un accueil de la classe devant l'usine puis se poursuivrait en salle de réunion. Les éléments protecteurs jetables seraient alors distribués et revêtus : un couvre tête, et des sur-chaussures.
Notez bien que la visite doit se faire avec un effectif maximum de 18 personnes dont 2 accompagnateurs. Nous ne pouvons pas déroger à cet impératif. La classe peut éventuellement être scindée en deux groupes.
La visite se poursuivra ensuite avec le responsable de production ou moi-même, s'il est occupé.
On pourrait terminer par une dégustation des produits.

Qu'en pensez-vous ?

Sandrine

Projet Visite de classe   — ⤢ ✕

De : s.Germanicus@symCITO.fr
A : s.carlos@symCITO.fr ; d.beuze@smyCITO.fr
Projet Visite de classe

Bon travail !

J'ai quelques remarques cependant :
- Prévoyez de faire un rappel des règles de sécurité avant de distribuer les éléments protecteurs,
- Dans la salle de réunion, je ferai une présentation de l'entreprise, de ses activités adaptées au niveau scolaire du groupe (école, collège, lycée), et de nos valeurs.

Dominique, si je suis absent, vous vous chargerez de cette partie.

- L'entreprise ne pourra pas supporter la charge financière si elle doit fournir à tous les visiteurs, les vêtements de protection. Pour régler ce problème financier, il faudra demander une contribution aux frais de 20 euros pour un groupe de 18 participants (élèves et accompagnateurs).

Dominique, vous savez que j'ai commencé à constituer le dossier numérique qui sera mis à disposition des établissements sur notre site *web*. Il faut que vous vous chargiez de la conception de deux documents :

- le premier expliquera le déroulement de la visite et mettra en avant son intérêt pédagogique ;
- le second permettra de formaliser l'inscription de la classe et d'obtenir le règlement avant la visite.

Dans le document d'inscription, pensez bien à collecter toutes les informations sur l'établissement, le groupe concerné, les modalités de règlement, sans oublier les dates et signatures des parties concernées.
Après validation de la demande de visite, un courriel sera envoyé à l'établissement pour confirmer les dates et demander le règlement sous huitaine.

Voyez-vous autre chose à ajouter ?

Steeve

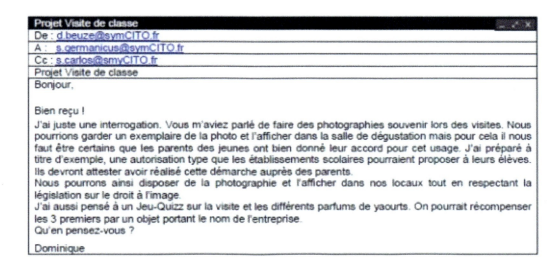

Projet Visite de classe

De : d.beuze@symCITO.fr
A : s.germanicus@symCITO.fr
Cc : s.carlos@smyCITO.fr
Projet Visite de classe

Bonjour,

Bien reçu !

J'ai juste une interrogation. Vous m'aviez parlé de faire des photographies souvenir lors des visites. Nous pourrions garder un exemplaire de la photo et l'afficher dans la salle de dégustation mais pour cela il nous faut être certains que les parents des jeunes ont bien donné leur accord pour cet usage. J'ai préparé à titre d'exemple, une autorisation type que les établissements scolaires pourraient proposer à leurs élèves. Ils devront attester avoir réalisé cette démarche auprès des parents.
Nous pourrons ainsi disposer de la photographie et l'afficher dans nos locaux tout en respectant la législation sur le droit à l'image.
J'ai aussi pensé à un Jeu-Quizz sur la visite et les différents parfums de yaourts. On pourrait récompenser les 3 premiers par un objet portant le nom de l'entreprise.
Qu'en pensez-vous ?

Dominique

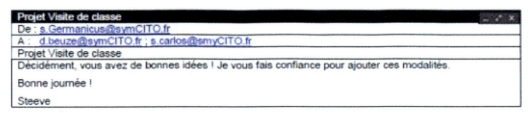

Projet Visite de classe

De : s.Germanicus@symCITO.fr
A : d.beuze@symCITO.fr ; s.carlos@smyCITO.fr
Projet Visite de classe

Décidément, vous avez de bonnes idées ! Je vous fais confiance pour ajouter ces modalités.

Bonne journée !

Steeve

ANNEXE 8 – Extrait page Facebook

Section 13. Hôtel le 1900

Sujet adapté d'une annale de Brevet Professionnel Gouvernante

L'hôtel **« Le 1900 *** »** est situé au 20 allée Colette 59000 à proximité du centre de Lille, où l'on peut découvrir l'âme artistique et touristique de cette ville. Cet établissement a l'avantage de se trouver également à deux pas du métro pour se rendre dans les quartiers d'affaires de Lille, Tourcoing et Roubaix.

La clientèle de l'hôtel est très variée selon les périodes de l'année :
- 40 % de clientèle « affaires »,
- 10 % de clientèle « artistique » (composée essentiellement de musiciens et de leurs équipes de techniciens),
- 50 % de clientèle « touristique ».

L'exercice comptable de l'hôtel « Le 1900 » correspond à l'année civile :
- Nombre de jours d'ouverture : 320
- Nombre de chambres : 50 - Prix moyen par chambre : 64 € HT
- Nombre de places au restaurant : 30
- Services : midi et soir
- Ticket moyen restaurant : 40 € HT.

La restauration est possible sur place avec des menus équilibrés qui tiennent compte des produits de saison et en circuits courts. Madame DUMOND, diététicienne et gouvernante générale, vous a recruté pour la seconder et assurer la gestion de certains dossiers.

Dossier. 1 : L'ANALYSE DES CHARGES ET DES PRODUITS

Document 1 Détail des charges et des produits au 31/12/2020

CHARGES		PRODUITS	
Achats de boissons	33 480	Prestations hébergement	623 360
Variation de stocks	960	Prestations restauration	243 000
Achats de nourriture	78 000		
Variation de stocks	-360		
Achats de produits d'accueil	2 000		
Services extérieurs	146 640		
Impôts et taxes	50 400		
Charges de personnel hébergement	180 500		
Charges de personnel restauration	83 500		
Dotations aux amortissements	172 000		
Charges financières	30 000		
TOTAL DES CHARGES	**777 120**	**TOTAL DES PRODUITS**	**866 360**
Résultat hébergement	59 050		
Résultat restauration	30 190		
TOTAL GÉNÉRAL	**866 360**	**TOTAL GÉNÉRAL**	**866 360**

À partir du document 1, calculer les indicateurs de gestion présentés page suivante en annexe 1

1. Montant du chiffre d'affaires global

```



```

2. Coût matières et autres approvisionnements

```



```

3. Coût du personnel

```



```

4. Résultat de l'exercice

```



```

DOSSIER 2 : LA GESTION DES STOCKS

Madame DUMOND, par manque de temps, n'a pas terminé de valoriser **la fiche de stock des éponges** (annexe 2). Elle souhaite que vous la terminiez en présentant vos calculs avec deux décimales. Vous répondrez également aux deux questions.

ANNEXE 2 Fiche de stock (à compléter)

FICHE DE STOCK

Article : Éponges
Référence : Éponges 123 L

Stock minimun : 100
Stock maximum : 500
Stock d'alerte : 200

Date	Libellé	Entrées			Sorties			Stocks		
		Q	PU	Valeur	Q	PU	Valeur	Q	PU	Valeur
1/09	Stock initial							100	1,30	130.00
2/09	Entrée n° 51	300	1,50	450				100 300	1,30 1,50	130.00 450.00
15/09	Sortie n° 81				50	1,30	65.00	50 300	1,30 1,50	65.00 450.00
24/09	Sortie n°82				50 130	1,30 1,50	65.00 195.00	170	1,50	255.00
28/09	Entrée n°52	300	1,60							

1. Indiquez la méthode de valorisation utilisée.

2. Complétez la ligne relative à l'opération du 28/09 et expliquez la valorisation du stock suite à l'entrée n°52.

Madame DUMOND désire changer de méthode de gestion des stocks car elle pense que la méthode est surtout adaptée aux denrées périssables. Les éponges étant des marchandises, elle vous demande de changer de méthode de gestion de stocks pour le mois septembre 2021

Compléter la fiche de stock concernant les éponges (annexe 3) en utilisant la méthode **CUMP calculée après chaque entrée.**

Annexe 3 Fiche de stock

FICHE DE STOCK

Article : Éponges   Stock minimun : 100
Référence : Éponges 123 L   Stock maximum : 500
    Stock d'alerte : 200

Date	Libellé	Entrées			Sorties			Stocks		
		Q	PU	Valeur	Q	PU	Valeur	Q	PU	Valeur
1/09	Stock initial							100	1,30	130.00
2/09	Entrée n°51									
15/09	Sortie n°81									
24/09	Sortie n°82									
28/09	Entrée n°52									

4. Expliquez la différence entre stock d'alerte et stock minimum.

DOSSIER 3 : LA GESTION DES APPROVISIONNEMENTS

Madame DUMOND vous confie une nouvelle tâche. Elle vous remet un extrait de catalogue (documents 1 et 2). Elle vous demande de compléter **un bon de commande** (annexe 4). La commande, portant le n° 208, est passée le 31/03/2021. Le paiement sera fait par chèque bancaire après réception de la facture. La livraison interviendra sous quinzaine. Madame DUMOND vous remet la commande page suivante.

5 nappes	modèle Étoile	diamètre 150 cm	coloris écru
10 nappes	modèle Étoile	110 X 140 cm	coloris marine
6 nappes	modèle Étoile	120 X 160	coloris bleu océan
8 nappes	modèle Venise	120 X 160 cm	coloris pêche
5 nappes	modèle Venise	150 X 150 cm	coloris saumon

Fournisseur

Éts LENOIR
Fournisseur des CHR
45 rue des Rosiers
75014 Paris

Document 1 :

Modèle Étoile : Nappage 60 % polyester et 40 % coton. 180 g/m², faux uni.
Nombreux coloris. Ajouter la lettre à la référence en fonction de la couleur.

- Blanc : A
- Jaune : B
- Marine : C
- Vert : D

- Bleu océan : E
- Rose : F
- Pétrole : G
- Ecru : H

Référence	Désignation	Dimension	Prix unitaire H.T.
764 JV	Nappe	Diamètre 130 cm	31,60 €
765 JV	Nappe	Diamètre 150 cm	42,40 €
984 DS	Nappe	110 x 130 cm	44,80 €
985 DS	Nappe	110 x 140 cm	52,50 €
986 DS	Nappe	120 x 160 cm	61,20 €

Document 2

Modèle Venise : Nappes et serviettes réversibles. Vente à l'unité.
Textile grand teint 100 % polyester.
Délai de livraison : 2 semaines

Dimension	Paille	Saumon	Pêche	Or	Bleu ciel	Prix unitaire H.T.
Diamètre 150 cm	N231	N451	N121	N541	N361	78,80 €
Diamètre 200 cm	R232	R452	R122	R542	N362	141,20 €
120 x 160 cm	F233	F453	F123	F543	F363	65,30 €
150 x 150 cm	G234	G454	G124	G544	G364	72,40 €
180 x 220 cm	M235	M455	M125	M545	M365	84,80 €
45 x 45 cm	S236	S456	S126	S546	S366	6,90 €

Annexe 4 Bon de commande (à compléter et à rendre avec la copie)

Hôtel « Le 1900 »
20 Allée Colette
59000 LILLE

SARL au capital 40 000 €
Siret : Lille B 7894566

Date de Livraison : ....   Commande N°.................

Date de paiement :...........   Le ....

Référence	Désignation	Unité	Quantité	Prix unitaire H.T.	Montant total H.T.

Section 14.   INSTEAK, le steak à base d'insectes

Sujet créé à partir d'une annale de BTS Gestion de la PME

En 2012, Clément Scellier et Bastien Rabastens, alors jeunes diplômés, décident de créer leur **entreprise ENTOMA**. Celle-ci commercialise des produits à base d'insectes comestibles pour l'alimentation humaine sous la marque Jimini's. Trente collaborateurs contribuent aujourd'hui à la réussite de l'entreprise. Leur métier est centré sur la production, le développement et la commercialisation d'aliments (chips, barres énergétiques et protéinées, poudres, pâtes) à base d'insectes (larves, vers, criquets), dans une démarche respectueuse de l'environnement et du consommateur.

En effet, les rapports de l'Organisation des Nations Unies pour l'alimentation et l'agriculture (Food & Agriculture Administration) présentent les insectes comme un aliment d'avenir et écologique : leur élevage ne rejette que très peu de gaz à effet de serre et nécessite moins d'eau, par rapport aux aliments traditionnels (bœufs, porcs, volailles, etc.).

Les insectes utilisés grandissent dans des fermes d'élevage aux Pays-Bas. Ils arrivent déshydratés et sous-vide dans un atelier de plus de 300 m2 en région parisienne, et sont transformés et conditionnés sur place.

Le pari de l'entreprise ENTOMA est d'inciter les consommateurs à goûter ce nouveau produit (par exemple, au moment de l'apéritif), puis d'intégrer progressivement les insectes dans l'alimentation au quotidien (déjeuner, diner, barbecue, etc.), pour en partager les bienfaits écologiques et nutritionnels.

Les produits sont distribués par internet et dans plus de 350 points de vente, comme « La Grande Épicerie de Paris », « Nature et Découvertes » ou de grands magasins (situés en France, en Belgique, en Allemagne, aux Pays-Bas et en Suisse).

Aujourd'hui, pour aller plus loin dans leur démarche RSE, les deux dirigeants souhaitent lancer le projet « Insteak », à travers deux axes de développement :

- produire un steak à base d'insectes, nommé « Insteak », qui remplacerait dans les assiettes la traditionnelle pièce de viande ;
- garantir une meilleure traçabilité et sécurité alimentaire, c'est-à-dire travailler avec des fournisseurs d'insectes situés à proximité de leur site de production et non plus à l'étranger, pour limiter les coûts de transports et favoriser l'économie locale.

En décembre 2018, ENTOMA a remporté le prix « Entreprises et Environnement 2018 » dans la catégorie « Grand Prix Lutte contre le changement climatique ». Ce prix a été décerné par le ministère de l'Économie Sociale et Solidaire.

DOSSIER 1 : ANALYSE DE LA FAISABILITÉ DU PROJET « INSTEAK »

Clément Scellier et Bastien Rabastens s'interrogent sur la faisabilité de leur nouveau projet, à savoir la création du produit « Insteak » comme substitut à la viande. Ils ont peu de concurrents et une étude de marché a démontré l'intérêt des consommateurs pour ce produit. La banque de l'entreprise est prête à financer une partie du projet et les deux dirigeants doivent à présent identifier les leviers de réussite ainsi que les obstacles. Ils se questionnent également sur les aspects juridiques, notamment la possibilité d'utiliser la marque « Insteak ».

Travail à faire :

1 Expliquer les rôles des principaux agents économiques en relation avec l'entreprise ENTOMA.
1.2 Présenter les principaux éléments du diagnostic du macro-environnement de l'entreprise ENTOMA.
1.3 Analyser l'influence du taux d'intérêt de la Banque Centrale Européenne (BCE) sur l'activité de l'entreprise ENTOMA.
1.4 Déterminer, en prenant appui sur un raisonnement juridique, si le nom « Insteak » remplit les conditions pour être déposé en tant que marque.

DOSSIER 2 : MISE EN ŒUVRE DU PROJET INSTEAK ET PRISE EN COMPTE DE LA DIMENSION HUMAINE

ENTOMA a pour grandes priorités la qualité, la traçabilité et la sécurité de ses produits. Pour mieux répondre à ses objectifs, l'entreprise a modifié sa structure actuelle. Elle a opté pour une structure plus flexible afin de lancer son projet « Insteak ».
De plus, elle ne souhaite plus s'approvisionner en insectes aux Pays-Bas mais plutôt en France. Ainsi, Clément et Bastien ont mené de longues négociations avec un éleveur d'insectes situé à une cinquantaine de kilomètres de l'usine actuelle.

Pour développer le projet « Insteak », la structure de l'entreprise vient d'être modifiée, et l'organisation a besoin des compétences d'un ingénieur en biotechnologies. Clément et Bastien souhaitent donc recruter dans ce domaine et axer leurs recherches sur un profil junior qui pourrait mieux s'intégrer dans cette jeune entreprise où la majorité des salariés a moins de 30 ans. Mais l'entreprise est confrontée à un turn-over important de ses collaborateurs et s'interroge sur les éléments à mettre en œuvre pour attirer, motiver et conserver les meilleurs candidats. Elle veut également être vigilante sur la protection de son innovation et souhaite insérer une clause de non-concurrence dans le contrat de travail

Travail à faire :

2.1 Démontrer que la mise en œuvre du projet « Insteak » par Clément Scellier et Bastien Rabastens s'inscrit dans une logique entrepreneuriale.
2.2 Analyser le nouvel organigramme
2.3 Décrire les principales tendances du marché du travail des ingénieurs.
2.4 Proposer des leviers de motivation adaptés aux objectifs de recrutement de l'entreprise ENTOMA.
1.5 Définir la clause de non-concurrence dans un contrat de travail et évaluer la validité de la cause proposé par l'entreprise Entoma.

Annexe 1 : les origines de l'entreprise ENTOMA

Ils fabriquent des insectes déshydratés, assaisonnés et croustillants pour agrémenter vos apéros, votre cuisine ou vos petits creux via des barres coupe-faim... Et ça marche ! Fondateurs de la société ENTOMA, Bastien Rabastens, 26 ans, et Clément Scellier, 27 ans, n'en reviennent toujours pas !

750 000 personnes ont déjà goûté leurs criquets, grillons et molitors (vers de farine) depuis 2013. Mais quelle mouche les a piqués ?

« Un soir, avec Clément, on s'est retrouvés pour boire une bière, avec l'émission Koh-Lanta en fond sonore. Un candidat mangeait un ver blanc. On s'est dit : pourquoi ne pas essayer ? », raconte Bastien, alors étudiant en master de droit privé. Le duo commande en Thaïlande, via Internet, des insectes déshydratés : les bestioles leur arrivent « nature ».

« On s'est dit qu'il y avait du potentiel. On a fait des tests dans des quiches, des cupcakes... Puis on a proposé des apéros insectes à nos amis : ça leur a plu ! », sourit Bastien.

Fin 2012, avec Clément, frais sorti d'une école de commerce, il crée la société et la marque. Les deux amis ont mis chacun 10 000 € dans l'opération et réuni 11 260 € grâce au financement participatif. Le lieu de production est d'abord Évreux (dans le département de l'Eure), puis Vaux-le-Pénil, près de Melun. « On voulait se rapprocher de Paris. [...]

De 100 boîtes par jour, la production passe vite à 1 000, puis 2 000. Leurs premiers gros clients ont été la Grande Épicerie de Paris, puis le BHV, le rayon gourmet des Galeries Lafayette et divers « concept stores ».

« Aujourd'hui, on a 300 points de vente (dont 150 en France) et nous sommes présents dans cinq pays », insiste Clément. ENTOMA a déjà commercialisé plus de 200 000 boîtes !

La traçabilité est la priorité absolue de l'entreprise ENTOMA. Hors de question d'attraper les insectes dans la nature ! « Il y aurait un risque de contamination aux insecticides ou aux métaux lourds. Nos insectes proviennent de fermes d'élevage aux Pays-Bas ».

Annexe 2 : schéma de production du steak à base d'insectes « Insteak »

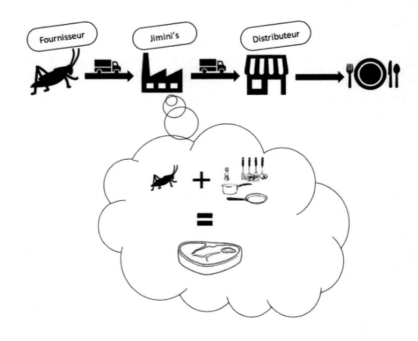

Source : *document élaboré pour les besoins du sujet*

Annexe 3 : Nouvel organigramme de l'entreprise ENTOMA

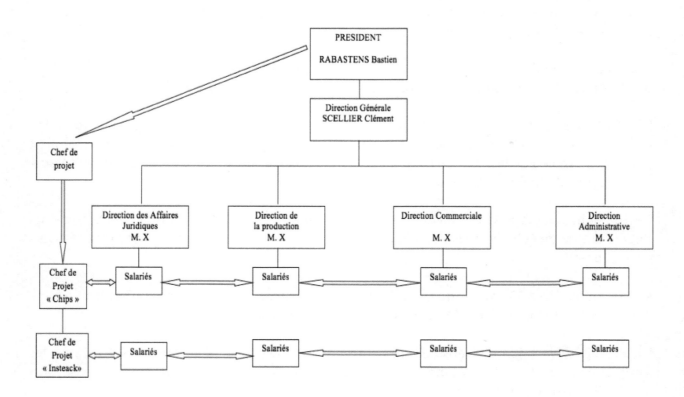

Annexe 4 : Le marché des insectes comestibles

L'entomophagie, consommation d'insecte par l'être humain, existe depuis le début de l'histoire humaine partout dans le monde. Aujourd'hui, environ deux milliards de personnes consomment régulièrement des insectes. Ce nombre devrait croître à mesure que la demande en Amérique du Nord et en Europe augmente.

Selon la société d'études de marché *Meticulous Research*, le marché mondial des insectes comestibles devrait croître à un taux annuel de 23,8 % pour atteindre 1,8 million d'euros en 2023. Cela s'explique principalement par « l'accroissement de la population et la diminution des ressources alimentaires, la demande croissante d'aliments riches en protéines, le coût élevé des protéines animales, la durabilité environnementale, la valeur nutritionnelle élevée des insectes [...] », indique son rapport de recherche.

Les analystes estiment toutefois que certains facteurs, comme les barrières psychologiques et éthiques, ou les allergies, pourraient freiner cette croissance. Le rapport cite une étude publiée par Global Market Insight, qui prévoit une augmentation de 43 % du marché européen - mené par l'Allemagne et la France – des insectes comestibles d'ici 2024. [...]

En Europe, le règlement sur les nouveaux aliments, entré en vigueur en janvier dernier, a étendu les catégories d'aliments nouveaux aux catégories spécifiques telles que les insectes [...] en plus des aliments issus de plantes, d'animaux, de micro-organismes [...].

Le texte vise à améliorer les conditions afin que les entreprises du secteur alimentaire puissent facilement mettre sur le marché de l'UE des aliments nouveaux et innovants, tout en maintenant un niveau élevé de sécurité alimentaire pour les consommateurs européens.

Le marché européen des insectes comestibles s'ouvrira. Non seulement les entreprises européennes commenceront à développer leurs activités en Europe, mais d'autres producteurs étrangers (au Canada, aux États-Unis ou en Thaïlande), exporteront également leurs produits sur le marché européen.

Source : Claire Stam, www.euractiv.fr, consulté le 20 juin 2019

Annexe 5 : le marché du travail des ingénieurs

Le secteur des métiers de l'ingénierie devrait embaucher 50 à 60 000 personnes par an entre 2018 et 2021. Mais, dans la première édition de son baromètre économique, Syntec-Ingénierie note un sous-effectif structurel qui atteint les 4 % et appelle à promouvoir en urgence la formation à ces métiers. [...]

Parmi les métiers particulièrement en tension, l'étude met en avant des profils liés à l'introduction massive et rapide des nouvelles technologies dans des métiers traditionnels. [...]

L'état des lieux dressés par cette étude souligne aussi les défis que la branche de l'ingénierie doit relever d'ici 2025. Notant que les 73 000 entreprises recensées sont de tailles très diverses, elle pointe un risque de concentration encore accrue dans le secteur. En effet, l'arrivée de la numérisation des activités risque de créer un « ticket d'entrée », notamment avec des technologies comme l'IA et les datas pour lesquelles l'investissement n'est pas toujours accessible aux petites structures. Pourtant ces technologies seront les principaux atouts de différenciation dans les prochaines années. Le document alerte sur le paradoxe rencontré par le secteur : une demande et des marchés porteurs mais des marges faibles en raison d'une pression sur les prix et d'une hausse des salaires accompagnées d'une hausse des coûts externes (déplacement pour expertise internationale et demande de compétences de pointe complémentaires ponctuelles, notamment en région). [...]

Réussir à synchroniser les besoins du marché et les efforts de formation est un défi essentiel à relever et l'étude propose des pistes pour y parvenir. Notamment en mettant en place des partenariats structurés et continus entre la branche et tous les niveaux de formation pour évaluer les besoins et mettre en adéquation des contenus de formations au plus proche du réel, avec un accent mis sur l'alternance. Elle propose aussi de s'appuyer sur la bonne image des métiers techniques et de l'ingénierie pour recruter plus en palliant la méconnaissance des collégiens et lycéens sur la réalité de ces professions et en introduisant plus de porosité entre l'entreprise et les études et entre les différents niveaux. [...]

Un travail à mener aussi particulièrement auprès du public féminin chroniquement sous-représenté (tout juste 30 % des effectifs en formation). [...]

Source : Sophie Hoguin, www.techniques-ingenieur.fr, 1 er mars 2019

Annexe 6 : Extraits du Code de la propriété intellectuelle

Article L. 711-1

La marque de fabrique, de commerce ou de service est un signe susceptible de représentation graphique servant à distinguer les produits ou services d'une personne physique ou morale.

Peuvent notamment constituer un tel signe :
a) les dénominations sous toutes les formes telles que : mots, assemblages de mots, noms patronymiques et géographiques, pseudonymes, lettres, chiffres, sigles ;
b) les signes sonores tels que : sons, phrases musicales ;
c) les signes figuratifs tels que : dessins, étiquettes, cachets, lisières, reliefs, hologrammes, logos, images de synthèse ; les formes, notamment celles du produit ou de son conditionnement ou celles caractérisant un service ; les dispositions, combinaisons ou nuances de couleurs.

Article L. 711-2

Le caractère distinctif d'un signe de nature à constituer une marque s'apprécie à l'égard des produits ou services désignés.
Sont dépourvus de caractère distinctif :
a) les signes ou dénominations qui, dans le langage courant ou professionnel, sont exclusivement la désignation nécessaire, générique ou usuelle du produit ou du service ;
b) les signes ou dénominations pouvant servir à désigner une caractéristique du produit ou du service, et notamment l'espèce, la qualité, la quantité, la destination, la valeur, la provenance géographique, l'époque de la production du bien ou de la prestation de service ;
c) les signes constitués exclusivement par la forme imposée par la nature ou la fonction du produit, ou conférant à ce dernier sa valeur substantielle. [...]

Annexe 7 : Taux de la BCE toujours plus bas

La Banque Centrale Européenne (BCE) propose aux banques commerciales la possibilité de lui emprunter de l'argent, en échange d'un taux d'intérêt (appelé le taux de refinancement ou le taux directeur). Les banques commerciales répercutent ensuite ce montant sur les taux d'intérêt qu'elles appliquent à leurs clients (prêts aux entreprises, prêts à la consommation, comptes d'épargne, etc.).

Graphique – Le taux d'intérêt (en %) de la BCE, entre 1999 et 2019

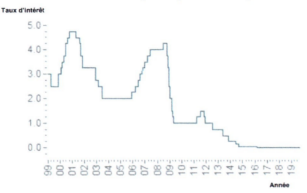

Source : Global-Rates.Com, 08 octobre 2019

Chapitre III. SUJET D'ANNALE 2021 NOUVEAU RÉFÉRENTIEL

Section 1. Sujet complet Économie – Gestion

La société LOCALREST

La société LOCALREST a été créée en 1992 par M. et Mme LAUCOURT. Tous deux ont réalisé l'ensemble de leur carrière comme restaurateurs à Caen. A son origine, l'entreprise était spécialisée dans **les prestations de traiteurs (mariages, banquets) et de grands évènements.** Dès 1998, grâce à leur excellente réputation, M. et Mme LAUCOURT se sont diversifiés dans la **restauration d'entreprise** de la région. Pour cela, ils ont créé une cuisine centrale qui fonctionne en liaison froide.

A partir de 2008, la société LOCALREST se spécialise en interrompant petit à petit ses activités de traiteur pour se concentrer sur la restauration d'entreprise. Par ailleurs, la société propose un service de portage de repas à domicile à destination des personnes âgées. Elle utilise principalement des produits locaux, ce qui permet de la différencier de ses concurrents.

L'unité de production emploie **116 salariés dont 35 cuisiniers**, tous issus de la restauration traditionnelle et titulaires au minimum d'un CAP cuisine. La politique de recrutement de l'entreprise veille à la diversité de son personnel. Ainsi sur l'ensemble de l'effectif on peut compter 68 hommes et 48 femmes, parmi lesquels, 12 travailleurs reconnus handicapés. L'entreprise LOCALREST, soucieuse de fidéliser ses salariés, conduit une politique ambitieuse de protection sociale en leur offrant une **mutuelle avantageuse** et en dotant le comité social et économique d'une subvention dépassant largement le cadre légal.

Une diététicienne, salariée de la société, élabore les menus et est en charge des relations fournisseurs en coopération avec le directeur de la cuisine centrale et le chef de cuisine. Elle est également habilitée à former le personnel notamment aux méthodes HACCP.

L'entreprise dispose de **30 véhicules réfrigérés** qui sillonnent quotidiennement les routes de l'Ouest. Au-delà de la livraison de repas, les livreurs formés à la clientèle des personnes âgées assurent un lien social au quotidien. Ils prennent les commandes directement au domicile des convives. Les livreurs enregistrent leur visite et alertent en cas d'anomalie.

Cette activité de portage à domicile aux personnes âgées est en pleine croissance.

M. et Mme LAUCOURT, conscients du potentiel de développement de ce segment de marché, souhaitent enrichir ce service et en améliorer la rentabilité. Dans cette perspective, ils envisagent de recruter, dans un premier temps, deux nouveaux(nouvelles) diététicien(nes) qui effectueraient des visites diététiques, participeraient au développement commercial et seraient l'intermédiaire entre les clients et le service livraison.

En parallèle, ils souhaiteraient aussi développer une application mobile et web permettant aux clients qui le souhaitent de passer eux-mêmes leurs commandes, de pouvoir effectuer des choix de menus et de bénéficier d'un suivi diététique personnalisé. De plus, cette application faciliterait le travail de l'équipe de production et de livraison.

Votre mission :
Diététicien(ne) stagiaire dans l'établissement, M. et Mme LAUCOURT vous associent au développement de l'activité de portage à domicile et vous chargent des dossiers suivants.

DOSSIER 1 Participer au déploiement du numérique de la société LOCALREST

L'application mobile et web contribuerait au déploiement du numérique au sein de la société LOCALREST. Cette transition numérique nécessiterait un investissement important pour l'entreprise. M. et Mme LAUCOURT cherchent à mesurer les conséquences de leur projet sur l'organisation interne de l'entreprise.

A l'aide de la documentation fournie en annexe 1 ainsi que de vos connaissances, il vous est demandé de :

1.1 Identifier les opportunités et les l'entreprise LOCALREST.

Avant de contacter des prestataires informatiques M et Mme LAUCOURT veulent
s'assurer que leur clientèle senior adhèrera à l'utilisation des outils numériques proposés par leur entreprise.

A l'aide de la documentation fournie en annexe 2 ainsi que de vos connaissances, il vous est demandé de :

1.2 Indiquer les freins à l'utilisation de l'application mobile et web pour la clientèle ciblée. Proposer des solutions permettant de lever l'ensemble de ces freins.

Le processus de réalisation d'une application nécessite un nombre important d'étapes à respecter pour que celle-ci soit un succès. Une fois l'idée de l'application trouvée et ses services définis, l'entreprise peut choisir de concevoir l'application en interne ou de faire appel à une société de services informatiques. C'est cette dernière solution qu'a retenue l'entreprise LOCALREST, estimant qu'elle ne disposait pas des compétences suffisantes en interne. Le développement d'une application par une société spécialisée implique une collaboration forte entre le prestataire et son client, en particulier au cours des différents essais nécessaires avant le lancement de l'application. Pendant ces phases de test, tant qu'il est encore possible d'effectuer facilement des modifications de codage, M. et Mm LAUCOURT souhaitent vérifier que leur nouvelle application respectera bien les nouvelles contraintes réglementaires imposées par le RGPD (Règlement Général sur la Protection des Données).
En effet, la nouvelle application implique la collecte et le traitement de données personnelles via un formulaire d'inscription.

De plus leur expert-comptable leur a signalé que les sanctions avaient été récemment alourdies en ce domaine.

A l'aide de l'annexe 3 et de vos connaissances, il vous est demandé de :

1.3 Décrire le type de données personnelles qu'il est possible de recueillir auprès de la clientèle.

L'entreprise LOCALREST a choisi le prestataire de service informatique INFEX pour développer cette nouvelle application. Ce dernier vous propose le formulaire d'inscription en annexe 4.

Il vous est demandé de :

1.4 Analyser la conformité du formulaire en annexe 4 avec la règlementation en vigueur. Argumenter votre réponse.

DOSSIER 2 Analyser la situation financière de l'entreprise LOCALREST

L'investissement nécessaire pour l'introduction de cette nouvelle application est important. En effet, l'entreprise INFEX demande un forfait financier pour toutes les phases du processus jusqu'au lancement de l'application. La maintenance évolutive de l'application sera facturée ultérieurement en fonction du nombre d'heures passées. M. et Mme LAUCOURT s'interrogent sur le financement de leur nouvelle application.

A l'aide de l'annexe 5, il vous est demandé de :

2.1 Présenter le bilan fonctionnel de l'entreprise LOCALREST pour l'année 2020.
2.2 Calculer le F.R.N.G (fonds de roulement net global), le B.F.R. (besoin en fonds de roulement), et la trésorerie de l'entreprise pour l'année 2020.
2.3 Commenter la situation financière de l'entreprise LOCALREST

M. et Mme LAUCOURT voudraient savoir si l'entreprise LOCALREST a une capacité d'emprunt suffisante sachant que leur banque limite les prêts à un certain pourcentage des capitaux propres (voir annexe 6).

Il vous est demandé de :

2.4 Estimer en tenant compte de l'emprunt existant, la capacité d'emprunt de l'entreprise

M et Mme LAUCOURT envisagent d'emprunter la totalité du forfait demandé par la société INFEX mais souhaitent préserver leur indépendance financière.

Il vous est demandé à l'aide de l'annexe 6 de :

2.5 Calculer le ratio d'indépendance financière après emprunt.
2.6 Conclure sur le choix de ce mode de financement

M. et Mme LAUCOURT vous chargent du recrutement en CDI des deux diététicien(ne)s qui accompagneront le développement de l'offre du service de portage à domicile pour les séniors. Dans cette optique, ils recherchent une personne diplômée, justifiant d'au moins une première expérience auprès de personnes âgées. Ils vous rappellent les missions principales qui leur seront attribuées : ils/elles prendront en charge l'élaboration des menus, effectueront des visites diététiques chez les clients, essentiellement des personnes âgées, avec leur propre véhicule et seront l'intermédiaire direct entre ces derniers et le service livraison (documentation, encaissements). Ils/elles participeront aussi au développement commercial de l'entreprise. Les postes sont à pourvoir à la fin du premier semestre 2021.

Il vous est demandé de :

3.1 Rédiger l'annonce de recrutement à publier sur le site de l'entreprise LOCALREST.
3.2 Proposer d'autres moyens de diffusion de l'offre de recrutement adaptés à LOCALREST.

Conscient(e) de l'importance de l'intégration pour le succès d'un recrutement, vous proposez à M. et Mme LAUCOURT de réaliser un livret d'accueil pour les nouvelles recrues qui pourra par la suite être réutilisé pour les futurs salariés.

Il vous est demandé de :

3.3 Présenter le sommaire détaillé de ce livret d'accueil.
3.4 Décrire deux autres actions à mettre en place dans le cadre de l'intégration de ces nouveaux salariés.

Annexe 1 : Transition numérique : quels impacts sur l'entreprise ?

31 % des salariés jugent la transition numérique essentielle (sondage Ipsos-CESI-Le Figaro) La transition numérique ? C'est une question qui apparait plus particulièrement stratégique aux yeux des cadres (42 % contre 12 % des ouvriers), dans les grandes entreprises (31 % des salariés d'entreprises de 500 salariés et plus) et dans le secteur des services (26 %).

Les autres salariés jugent le sujet non essentiel (48 %). C'est le cas d'une majorité de salariés travaillant dans des entreprises de moins de 100 salariés et particulièrement dans les TPE (22 % des salariés dans ces structures jugent le sujet « important mais pas essentiel » et 37 % le jugent secondaire).

Exigence client
En revanche, les chefs d'entreprise dans leur ensemble (Toutes Petites Entreprises comprises) sont une majorité à considérer que la transition numérique a déjà eu des conséquences importantes sur le niveau d'exigence de leurs clients (54%), sur leur stratégie de relation clients (52 %) ou encore sur le degré de concurrence entre les entreprises dans leur secteur d'activité (51 %).

Pour les chefs d'entreprise comme pour les salariés, la transition numérique est davantage perçue comme une chance plutôt qu'une menace pour leur entreprise.

Un impact positif sur la manière de travailler
Si les salariés jugent positivement l'impact de la transition numérique pour leur entreprise, c'est notamment parce qu'ils constatent majoritairement une influence positive dans plusieurs domaines 59 % jugent qu'elle a eu au cours des 5 dernières années un impact positif sur leur manière de travailler (contre 15 % qui pensent qu'elle a eu un impact négatif et 26 % ni positif, ni négatif), 58 % un impact positif sur le secteur d'activité de leur entreprise (contre 14 % négatif), 57% sur l'activité commerciale de leur entreprise (contre 13 % négatif) et 50 % sur leur bien-être au travail (contre 22 %).

Le bilan du développement des outils numériques dans l'entreprise (usage croissant du mail, possibilité de télé-travailler, plateformes de gestion Ressources Humaines, intranet, réseaux sociaux d'entreprise.) est d'ailleurs lui aussi globalement positif pour les salariés.

Besoin de formation
11 % des salariés déclarent ainsi ne pas être à l'aise avec ces outils, notamment les 50 ans et plus (17 %) et les ouvriers (15 %). Dans ce contexte, se former pour mieux maitriser les outils numériques est crucial, pour l'entreprise comme pour les salariés : 31 % déclarent d'ailleurs qu'ils souhaitent bénéficier d'une formation en la matière.

Les salariés qui ne sont pas à l'aise avec ces outils sont logiquement plus nombreux à le souhaiter (42%), mais une majorité n'a pas encore sauté le pas (58 %), au risque de rester sur le bord du chemin.

Source : https://www.essonne.cci.fr/

Annexe 2 : Les outils numériques pour une alimentation personnalisée

La question des outils nécessaires à cette nutrition « sur-mesure » se pose. De nombreux outils existent déjà que ce soit pour récolter des données individuelles, fournir des conseils personnalisés et proposer des aliments objets connectés, tests génétiques, analyse du microbiote, imprimantes 3D. [..]

Céline Laisney **(AlimAvenir, Société d'études et de veille sur l'alimentation)** ajoute plusieurs limites au développement de la nutrition personnalisée. Celles relatives à la faible efficacité des recommandations.

L'acceptabilité des outils connectés est aussi évoquée : « Certains groupes de populations rejettent les outils de **selftracking** (Auto-suivi) perçus comme des moyens de Surveillance, sources de stress et de culpabilité et posent la question du traçage des données ». Enfin, la marchandisation des données personnelles pose problème. « Les données génétiques ne sont pas totalement anonymées, aucune demande de consentement n'est proposée et des liens entre les start-ups et les laboratoires existent sans parler du piratage des données comme cela a été le cas pour **MyfitnessPal** (application mobile compteur de calorie) en février 2018 ». L'utilisation de ces données par les assurances et les mutuelles est en cours en Allemagne et conduit à une modulation des primes d'assurance. [...]

Les produits et services doivent être encadrés. De même, sans accompagnement médical, la connaissance des risques de santé pourra générer de l'anxiété chez les sujets.

Source : https://www.nutripro.nestle.fr/dossier/les-cahiers-de-nutrition-et-de-dietetique/lesoutils-numériques-pour-une-alimentation

Annexe 3 : RGPD (Règlement Général sur la Protection des Données) par où commencer ?

1. Constituez un registre de vos traitements de données.
Ce document vous permet de recenser tous vos fichiers et d'avoir une vision d'ensemble.

Identifiez les activités principales de votre entreprise qui nécessitent la collecte et le traitement de données.
Exemples : recrutement, gestion de la paye, formation, gestion des badges et des accès, statistiques de ventes, gestion des clients prospects, etc.

2. Faites le tri dans vos données
La constitution du registre vous permet de vous interroger sur les données dont votre entreprise a réellement besoin. Pour chaque fiche de registre créée, vérifiez que :
-   Les données que vous traitez sont nécessaires à vos activités (par exemple, il n'est pas utile de savoir si vos salariés ont des enfants, si vous n'offrez aucun service ou rémunération attachée à cette caractéristique) ;

- Vous ne traitez aucune donnée dite « sensible » ou, si c'est le cas, que vous avez bien le droit de les traiter ;
- Seules les personnes habilitées ont accès aux données dont elles ont besoin
- Vous ne conservez pas vos données au-delà de ce qui est nécessaire.

Les données sensibles, c'est quoi ?

Ce sont les informations qui révèlent la prétendue origine raciale ou ethnique, les opinions politiques, les convictions religieuses ou philosophiques ou l'appartenance syndicale.

Ce sont également les données génétiques, les données biométriques aux fins d'identifier une personne physique de manière unique, les données concernant la santé, la vie sexuelle ou l'orientation sexuelle d'une personne physique.

Il est interdit de recueillir et d'utiliser ces données. Sauf dans certains cas précis et notamment :

- Si la personne concernée a donné son consentement exprès (écrit, clair et explicite) :
- Si ces données sont nécessaires dans un but médical ou pour la recherche dans le domaine de la santé ;

- Si leur utilisation est justifiée par l'intérêt public et autorisée par la **CNIL (Commission Nationale Informatique et Libertés)**

3. Respectez les droits des personnes

Le RGPD renforce l'obligation d'information et de transparence à l'égard des personnes dont vous traitez les données (clients, collaborateurs, etc.).

Vérifiez que l'information comporte les éléments suivants :

- Pourquoi vous collectez les données
- Ce qui vous autorise à traiter ces données ;
- Qui a accès aux données ;
- Combien de temps vous les conservez ;
- Les modalités selon lesquelles les personnes concernées peuvent exercer leurs droits (via leur espace personnel sur votre site internet, par un message sur une adresse email dédiée, par un courrier postal à un service identifié) ;

Pour éviter des mentions trop longues au niveau d'un formulaire en ligne, vous pouvez par exemple, donner un premier niveau d'information en fin de formulaire et renvoyer à une politique de confidentialité/ page vie privée sur votre site internet.

Les personnes dont vous traitez les données (clients, collaborateurs, prestataires etc.) ont des droits sur leurs données, qui sont d'ailleurs renforcés par le RGPD droit d'accès, de rectification, d'opposition, d'effacement, à la portabilité et à la limitation du traitement.

4. Sécurisez vos données

Si le risque zéro n'existe pas en informatique, vous devez prendre les mesures nécessaires pour garantir au mieux la sécurité des données. Vous êtes en effet tenu à une obligation légale d'assurer la sécurité des données personnelles que vous détenez.

Vous garantissez ainsi l'intégrité de votre patrimoine de données en minimisant les risques de pertes de données ou de piratage.

Source : https://www.cnil.fr/fr/rgpd-par-ou-commencer

Annexe 4 : Formulaire d'inscription proposé par le prestataire de service INFEX

INSCRIPTION

Informations :

[_____] ▾ CIVILITÉ

[_____] Nom

[_____] Prénom

[_____] Métier

[_____] Revenus

Adresse :

[_____] N° de rue

[_____] Nom de la rue

[_____] Code Postal

[_____] Ville

Coordonnées :

[_____] Email

[_____] Téléphone

Date d'anniversaire :

[_____] ▾ JOUR

[_____] ▾ MOIS

[_____] ▾ ANNÉE

Données médicales

[_____] Pathologie 1

[_____] Pathologie 2

[_____] Poids

[_____] Taille

[VALIDER]

En validant votre inscription, vous acceptez que notre société et ses partenaires utilisent vos données à des fins commerciales.

Mot de passe :

[_____] 6 caractères minimum

Mot de passe

[_____] Confirmation du mot de passe

Source : les auteurs

Annexe 5 : Bilan 2020 de l'entreprise LOCALREST en €

Actif	Brut	Amortissements Dépréciations et Provisions	Net	Passif	Montants
Actif immobilisé				Capitaux propres	
Immobilisations incorporelles	259 200	6 000	253 200	Capital	2 748 600
Immobilisations Corporelles	4 894 710	1 238 610	3 656 100	Réserves	96 000
Immobilisations financières	21 000		21 000	Résultat net de l'exercice	54 600
Total 1	5 174 910	1 244 610	3 930 3000	Total 1	2 899 200
				Emprunts et dettes financières (1)	1 612 500
Actif circulant				Dettes fournisseurs	1110 900
Stock et encours	328 800		328 800	Dettes diverses	705 900
Créances clients	2 037 000		2 037 000		
Créances diverses	20 100		20 100		
Disponibilités	12 300		12 300		
Total 2	2 398 200		2 398 200	Total 2	3 429 300
Total général	7 573110	1244610	6 328 500	Total général	6 328 500

1) Dont concours bancaires courants 4 000

La banque de LOCALREST limite le **montant de ses prêts à 60 % des capitaux propres** des entreprises désirant l 'obtention d'un crédit.	
Ratio d'indépendance financière 2020 du restaurant LOCALREST	0.39
Ratio d'indépendance financière des entreprises concurrentes	0.40
Ratio d'indépendance financière = **(Il est souhaitable que ce ratio soit inférieur à 1.**	emprunts+ concours bancaires courants/ capitaux propres + amortissements, dépréciations et provisions
Montant du forfait de l'entreprise INFEX :	50 000 euros

Section 2.   Quelques conseils de rédaction

La rédaction du devoir doit être appliquée avec les repères des questions. Toute réponse doit être argumentée et répondre effectivement aux questions posées. Les réponses doivent repositioner la problèmatique dans le cœur du sujet, utiliser les conceps vus en cours et se servir des informations fournies dans les annexes.

Il faut en début d'épreuve consacrer du temps à la lecture du sujet en soulignant les mots clés. Ce n'est pas une perte de temps au contraire car il est primordial de bien s'imprener du sujet.

Si des annexes à compléter sont fournies avec le sujet, il faut bien sûr les utiliser car elles sont là pour vous aider et vous permettent de gagner du temps.

Tous les calculs soivent être expliqués car cela permet qu correcteur de comprendre où se situent les erreurs et au candidat de ne pas perdre les points de méthodologie même si le calcul est faux. Prendre le temps de relire pour corriger les fautes d'orthographe, de grammaire et de conjugaison est également important pour la valorisation de la copie.

Section 3.   Les outils à notre disposition

Il faut tout d'abord partir des définitions des termes importants présents dans les questions afin de bien orienter la réflexion et faire une lecture efficace des documents. Pour cela, il est demandé aux candidats de se placer dans un contexte professionnel afin de rédiger une note structurée. Celle-ci doit faire la synthèse des documents proposés, tout en apportant une analyse prenant appui sur les concepts et mécanismes économiques. Comprendre les attentes et les exigences de l'examen aide d'autant plus à orienter le travail du candidat. Il sera plus amené à s'organiser avec efficacité en prenant en compte le barème des exercices.

Le principal piège à éviter consiste à recopier les documents, faire de la paraphrase, compiler des morceaux de documents sans en faire une analyse, ce qui serait pénalisé à l'examen. Cette technique prouve d'autant plus que l'élève n'a pas exercé un travail de fond en reliant les documents aux mécanismes fondamentaux.

Pour gérer le stress, il est impératif de se sentir prêt à aborder l'épreuve et cela va dépendre du travail fourni en amont. Si vous avez révisé régulièrement tout au long de l'année, en ayant une alimentation saine et équilibré, et surtout un sommeil irréprochable, il n'y a aucune raison d'échouer le Jour J. Ensuite, pour ceux qui peinent à atténuer leur angoisse, prenez un peu d'homéopathie, cela peut aider à surmonter les effets du stress.

Partie II.
Des éléments de correction

Chapitre I. 16 SUJETS CORRIGÉS

Les propositions de corrigés ne sont que des éléments de correction dans le sens qu'ils ne sont pas exhaustifs. Ils donnent des indications, des conseils, des calculs qui sont possibles de faire. Ils ont pour objectifs de donner des indications de direction à prendre pour proposer des solutions les plus concrètes possibles dans l'analyse de situations professionnelles issues de la réalité des entreprises. Ils proviennent de propositions de corrections réalisés par les auteurs de ces sujets et présents dans les sites académiques, par des propositions de correction réalisés par des étudiants du CPESS IPRESS de Toulouse préparant le BTS Diététique. Ces éléments de correction sont là pour aider les étudiants et les rassurer dans les résultats de calculs et les analyses possibles. Ils n'ont pas la prétention d'être parfaits, chacun étant libre d'apprécier différemment les situations professionnelles proposées à condition d'argumenter les solutions proposées.

Section 1. Éléments de correction Les Deux Lions

DOSSIER 1 – ANALYSE DU SYSTÈME D'INFORMATION COMPTABLE

A – Évolution de l'organisation comptable

1. Proposer un numéro et un intitulé de compte de charges et de compte de produits pour permettre l'enregistrement comptable de la distribution de neufchâtels par l'entreprise Les deux lions.

La distribution de neufchâtels par l'entreprise Les deux lions relève d'une activité de négoce. L'entreprise doit donc utiliser le compte de charges « 607 – Achats de marchandises » et le compte de produits « 707 – Ventes de marchandises » dans son plan de comptes.

2. Proposer un changement du plan de comptes (annexe 1) permettant un suivi individualisé des comptes clients. Illustrer par un exemple.

Dans le plan de comptes de l'entreprise, les créances clients sont enregistrées dans le compte général « 411 – Clients ». On peut proposer la création de comptes auxiliaires ou de sous comptes avec la racine du plan comptable général et les 3 premières lettres du nom du client. Par exemple : « 411DUP – Client DUPOND » (ou 411001).

B – Le processus d'achat de l'entreprise

3.La pièce n°1 de l'annexe 2 fait-elle l'objet d'un enregistrement comptable ? Justifier.

La pièce n°1 est un bon de commande ; ce document ne doit pas être enregistré. Seule la facture liée au bon de commande fait l'objet d'un enregistrement comptable car elle traduit un flux physique (ou réel) entre l'entreprise et un tiers.

4. Enregistrer dans le journal de l'entreprise Les deux lions la pièce n° 2 de l'annexe 2.

	02/12/2019	Débit	Crédit
606500	Achats d'emballages	1 197,00	
445662	Etat, TVA déductible sur ABS à 20 %	239,40	
401000	Fournisseurs		1 436,40
	Facture n° 3 – 2569 de SA BOISDUR		

5. Indiquer la raison pour laquelle une remise apparaît sur la pièce comptable n°3 de l'annexe 2.

Une remise apparaît sur la facture d'avoir car celle-ci figurait sur la facture de doit : l'omettre sur la facture d'avoir aboutirait à rembourser un montant supérieur à celui initialement facturé.

6. Enregistrer dans le journal de l'entreprise Les deux lions la pièce n°3 de l'annexe 2

	05/12/2019		
401000	Fournisseurs	51,30	
606500	Achats d'emballages		42,75
445662	Etat, TVA déductible sur ABS à 20%		8,55
	Avoir n° 3 – 2245 de SA BOISDUR		

7. Préciser l'incidence de l'enregistrement de la pièce n°3 de l'annexe 2 sur le résultat et la trésorerie de l'entreprise Les deux lions.

Cette écriture va augmenter le résultat car les charges diminuent (« 606500 » est crédité). Aucune incidence sur la trésorerie – absence de flux financiers. 8. Préciser quel sera le montant à verser au fournisseur Boisdur. Facture doit : 1 436,40 Facture d'avoir : - 51,30 Montant dû : = 1 385,10

DOSSIER 2 – ÉTUDE D'UN INVESTISSEMENT ET DE SON FINANCEMENT

A – Étude du financement du matériel de transport

1. Justifier, par le calcul, le montant des intérêts payés lors de l'échéance du 1er février 2019 (annexe 3).

Capital restant dû * taux d'intérêt = 40 000 * 2,5 % = 1 000

2. Indiquer le coût de l'emprunt pour l'entreprise Les deux lions.

Le coût de l'emprunt est donné par la somme des intérêts. On peut lire dans le tableau d'amortissement de l'emprunt le total de la colonne « intérêts » : 3 750 euros

3. Expliquer pourquoi le montant des annuités diminue d'année en année.

L'emprunt est proposé selon le mode de remboursement par amortissement constant c'est-à-dire que le capital emprunté est divisé par le nombre d'échéances ; ici 50 000 / 5 = 10 000 euros de remboursement de capital par an. Les intérêts étant calculés sur le capital restant dû en début de période, le montant des intérêts va diminuant d'année en année. Comme le montant de l'échéance est égal à la part de capital remboursé (constante) plus les intérêts (décroissants), le montant des annuités diminue logiquement.

4. Enregistrer dans le journal de l'entreprise Les deux lions la mise à disposition des fonds si l'opération est réalisée le 1er février 2020.

	01/02/2020		
512100	Banque	50 000,00	
164000	Emprunt auprès des établissements de crédit		50 000,00
	Virement des fonds emprunt Banque de l'Ouest		

5. Préciser la raison pour laquelle le montant de l'emprunt (annexe 3) ne correspond pas au montant total TTC du devis du camion (annexe 4).

Montant de l'emprunt 50 000 € / Montant TTC du camion 60 000 € L'emprunt finance le montant HT. La TVA déductible sur Immobilisation viendra en déduction de la TVA collectée en fin de mois. L'entreprise reversera à l'Etat la TVA à décaisser. Le paiement ayant lieu à la livraison et la TVA étant récupérée le mois suivant lors de la liquidation de la TVA, celle-ci n'a besoin d'être financée que sur un mois environ alors que l'emprunt est un financement à plus long terme.

B – Étude de l'acquisition et de l'amortissement du matériel de transport

6. Sur la base du devis présenté en annexe 4, calculer quel serait le coût d'acquisition du camion ?

Le coût d'acquisition du camion = Prix du camion + frais de livraison = Total HT = 50 000 euros (soit 49 600 + 400).

7. Enregistrer dans le journal de l'entreprise Les deux lions l'acquisition du camion si celle-ci se réalisait le 2 février 2020.

		02/02/2020		
218200	Matériel de transport		50 000,00	
445620	TVA déductible sur immobilisations		10 000,00	
512000	Banque *			60 000,00
	Facture n° xxx			

8. Expliquer la raison pour laquelle l'enregistrement de la facture d'acquisition du camion n'aura aucun impact sur le compte de résultat de l'entreprise.

L'enregistrement de la facture d'acquisition du camion n'aura pas d'impact sur le résultat puisque cette acquisition sera enregistrée en classe 2 (immobilisation) et non en charges (classe 6). 9. Compléter le plan d'amortissement prévisionnel du camion (annexe A).

Années	Base amortissable	Annuité d'amortissement		Cumul des amortissements	Valeur Nette Comptable
		Détail du calcul	Montant		
2020	50 000	50 000 x 70 000/400 000	8 750	8 750	41250
2021	50 000	50 000 x 90 000/400 000	11 250	20 000	30 000
2022	50 000	50 000 x 100 000/400 000	12 500	32 500	17 500
2023	50 000	50 000 x 80 000/400 000	10 000	42 500	7 500
2024	50 000	50 000 x 60 000/400 000	7 500	50 000	0

10. Identifier le principe comptable que permet de respecter l'amortissement du véhicule. Justifier.

Principe d'indépendance des exercices qui consiste à rattacher les charges et les produits à l'exercice qui les concerne. Une dotation représente la consommation des avantages économiques d'un exercice.

11. Présenter l'écriture qui sera enregistrée dans le journal de l'entreprise Les deux lions au 31 décembre 2020 concernant la dotation aux amortissements du véhicule si l'acquisition est réalisée.

	31/12/2020		
681120	Dotation aux amortissements des immo corp	8 750,00	
281820	Amortissement du matériel de transport		8 750,00
	Dotation 2017 du camion		

DOSSIER 3 – ANALYSE PRÉVISIONNELLE DE LA NOUVELLE ACTIVITÉ

A - Les prévisions de trésorerie

1. Justifier par le calcul le montant du crédit de TVA du mois de mars dans le budget de TVA. T

VA à décaisser = TVA collectée – TVA déductible – crédit de TVA du mois précédent

– 5 176 = 5 830 – 2 490 – 8 516 2.

2.Retrouver les conditions de règlement accordés aux clients à partir des ventes de février dans le budget des encaissements. Présenter les calculs en exprimant les résultats en pourcentage.
Ventes TTC de février : 79 125
Encaissement des ventes de février en février : 15 825 / 79 125 = 20 %
Encaissement des ventes de février en mars : 23 737,5 / 79 125 = 30 %
Encaissement des ventes de février en avril : 39 562,5 / 79 125 = 50 %
Donc délais de règlement des clients : 20 % au comptant, 30 % à 30 jours, 50 % à 60 jours

3. À partir du bilan simplifié présenté en annexe 5, retrouver le montant de la trésorerie disponible au 31 décembre 2019.

 La trésorerie disponible correspond au montant des disponibilités inscrites à l'actif du bilan soit 3 840 €.

4. Compléter le budget de trésorerie afin de déterminer la trésorerie finale de chaque mois

Budget de trésorerie

Éléments	Janvier	Février	Mars	Avril	Mai	Juin
Trésorerie initiale	3 840,00	14 013,00	-2 312,00	-5 003,50	-13 464,00	-5 673,00
Total des encaissements	89 316,00	136 348,00	88 303,50	95 899,50	113 096,00	114 889,50
Total des décaissements	79 143,00	152 673,00	90 995,00	104 360,00	105 305,00	107 815,00
Trésorerie finale	14 013,00	-2 312,00	-5 003,50	-13 464,00	-5 673,00	1401.50

5. Commenter l'évolution de la trésorerie. Les craintes de M. LAILHOT sont-elles vérifiées ?

Constat : déficit de trésorerie de février à mai, mais amélioration à partir de mai liée aux effets positifs de la nouvelle activité. Cause : investissement dans le camion (TVA), décalage de trésorerie dus à des délais clients plus longs que les délais fournisseurs Les craintes de M. LAILHOT sont vérifiées à court terme, mais la situation de la trésorerie semble s'améliorer, celle-ci devenant positive à partir de juin.

6. Proposer à M. LAILHOT deux solutions qu'il pourrait envisager afin d'anticiper les problèmes de trésorerie que son projet risque de rencontrer.

Voici quelques solutions que l'on peut proposer :
- Demander un délai de règlement au fournisseur d'immobilisation (au moins pour le montant correspondant à la TVA),
- Réduire les délais clients qui pour l'instant sont trop longs par rapport aux délais fournisseurs, au paiement des salaires, au règlement de TVA...
- Négocier un allongement des délais fournisseurs de biens et services,
- Apports des associés en compte courant ou augmentation du capital).

B – Renégociation des délais clients

7. Compléter le budget des encaissements « après renégociation des délais clients » (annexe C).

Budget des encaissements

Éléments	Janvier	Février	Mars	Avril	Mai	Juin
Créances clients au 31/12	72436,00	45 203,00				
Ventes de janvier	25 320,00	25 320,00	33 760,00			
Ventes de février		23 737,50	23 737,50	31 650,00		
Ventes de mars			33 549,00	33 549,00	44 732,00	
Ventes d'avril				34 182,00	34 182,00	45 576,00
Ventes de mai					34 498,50	34 498, 50
Ventes de juin						35 131,50
Emprunt		50 000,00				
Total des encaissements	97 756,00	144 260,50	91 046,50	99 381,00	113 412,50	115 206,00

8. Compléter le budget de trésorerie « après renégociation des délais clients » (annexe C).

Budget de trésorerie

Eléments	Janvier	Février	Mars	Avril	Mai	Juin
Trésorerie initiale	3 840,00	22 453,00	14 040,50	14 092,00	9 113,00	17 220,50
Total des encaissements	97 756,00	144 260,50	91 046,50	99 381,00	113 412,50	115 206,00
Total des décaissements	79 143,00	152 673,00	90 995,00	104 360,00	105 305,00	107 815,00
Trésorerie finale	22 453,00	14 040,50	14 092,00	9113,00	17 220,50	24 611,50

9. Analyser l'impact de la décision envisagée par M LAIHOT sur la trésorerie.

La renégociation du délai clients envisagée par M LAIHOT permettrait de remédier aux difficultés de trésorerie de février à mai. Il est logique que la trésorerie soit positive dès le mois de février car désormais l'entreprise encaisse plus rapidement les paiements de ses clients (montants encaissés plus élevés chaque mois) alors que les décaissements eux n'ont pas changé. Ainsi, l'entreprise Les deux lions n'aurait plus de problèmes de trésorerie et pourrait s'engager dans la nouvelle activité.

Section 2. Éléments de correction La Fabrick à Gâteau

Éléments	Mars			Avril			Mai		
	HT	TVA	TTC	HT	TVA	TTC	HT	TVA	TTC
Ventes	1 350 000	270 000	1 620 000	1 360 000	272 000	1 632 000	1 380 000	276 000	1 656 000
Achats	660 000	132 000	792 000	700 000	140 000	840 000	600 000	120 000	720 000
Investissements							150 000	30 000	180 000

PREVISIONS D' ACHATS ET VENTES DE VENTES TTC

BUDGET DE TVA

Éléments	Mars	Avril	Mai
TVA collectée	270 000	272 000	276 000
- TVA déductible sur ABS	132 000	140 000	120 000
- TVA déductible sur immobilisations			30 000
- Crédit de TVA reporté			
= TVA nette due (ou crédit de TVA)	138 000	132 000	126 000

BUDGET DE TRESORERIE

Éléments	Mars	Avril	Mai	Bilan
ENCAISSEMENTS :				
- Créances clients le 28/02/N	502 570	502 570		
- Effets à recevoir le 28/02/N	177 900			
- Ventes de Mars TTC		1 620 000		
- Ventes d'Avril TTC			1 632 000	
- Ventes de Mai TTC				1 656 000
- Emprunt			120 000	120 000
Total	**680 470**	**2 122 570**	**1 752 000**	**1 776 000**
DECAISSEMENTS				
- Fournisseurs au 28/02/N	480 330	480 330	480 330	
- Effets à payer au 28/02/N	331 800	331 800		
- Achats de Mars TTC			792 000	
- Achats de Avril TTC				840 000
- Achats de Mai TTC				720 000
- Salaires nets	225 000	225 000	225 000	
- Charges sociales	131 250	112 000	116 000	116 000
- Services extérieurs	70 000	60 000	60 000	
- TVA à décaisser	60 254	138 000	132 000	126 000
- Impôts		7 000		8 000
- Investissement TTC			180 000	
Total	**1 298 634**	**1 354 130**	**1 985 330**	**1 810 000**
Trésorerie initiale	**474 470**	**-143 694**	**624 746**	
Encaissements	680 470	2 122 570	1 752 000	
Décaissements	1 298 634	1 354 130	1 985 330	
Solde du mois	**-618 164**	**768 440**	**-233 330**	
Trésorerie finale	**-143 694**	**624 746**	**391 416**	**391 416**

1

EXPLICATIONS ET COMMENTAIRES

Le budget de trésorerie regroupe toutes les informations financières fournis par les autres budgets de l'entreprise. Il permet :
- **d'établir la situation prévisionnelle de la trésorerie constituée par les disponibilités en caisse, compte en banque, compte postal,**
- **de prévoir le besoin de financement à court terme,**
- **de déterminer le niveau de liquidité nécessaire à l'entreprise en fonction de ses - de synthétiser l'ensemble des activités de l'entreprise par les flux financiers prévus,**
- **de porter une appréciation sur la situation prévisible de l'entreprise,**
- **de prendre des décisions en matière financière.**

Le budget de trésorerie est généralement établi mois par mois pour une période de 6 à 12 mois. Il comprend 3 grandes parties :
- **les encaissements,**
- **les décaissements,**
- **les soldes : solde du mois et solde cumulé à la fin de chaque mois.**

Nous devons tenir compte des éléments de la balance au 28 février qui nous communique des informations relatives à la TVA aux créances clients, aux dettes fournisseurs et dette vis-à-vis de la sécurité sociale. Les éléments concerneront le mois de mars pour les créances clients (502 570 €), les effets à recevoir (177 900 €) pour les encaissements et les dettes fournisseurs (480 000 €), les effets à payer (331 800 €), les charges sociales (131 250 €) et la TVA à décaisser (60 254€) pour les décaissements.

Les disponibilités du début de période sont également données dans : Société générale 455 000 €, chèques postaux pour 17 820 € et Caisse 1 650 € soit un total de 474 470 €.
La tva collectée est à calculer sur les ventes et la TVA déductible sur les achats de biens et services et sur l'investissement de 150 000 € (TVA sur Immobilisation).
Attention la TVA à payer calculée sur chaque mois est à reverser à l'Etat le mois suivant (règle du décalage d'un mois).

Dans les prévisions fournies pour les mois de mas avril et mai, il faut se rappeler que les dotations aux amortissements et aux provisions sont des charges qui entrent dans le compte de résultat mais ne constituent en aucune manière des décaissements. Ce sont des **charges non décaissables**.

De la même manière que pour la TVA les impôts sont payés le mois suivant.
Les charges sociales sont payées le 15 du mois suivant.
Un emprunt bancaire finance 80 % de l'investissement ce qui fait qu'il rentre en encaissement 80 % de 150 000 € soit 120 000 €. Par contre l'investissement est payé TTC en mai pour son montant total soit 150 000 € + 30 000 € = 180 000 €.

La différence entre les encaissements et les décaissements indique la situation de trésorerie pour chaque mois soit une trésorerie positive ou excédentaire soit une trésorerie négative ou déficitaire. La trésorerie est fortement négative au mois de mars à hauteur de 143 694 euros. Il faut trouver une solution temporaire puisque la trésorerie devient fortement positive au mois d'avril 624 746 €.

Des éléments de correction   142

L'entreprise a besoin de financement à court terme. Il va falloir agir sur les encaissements et sur les décaissements.

1) Actions sur les encaissements :
- réduction du délai de crédit accordé aux clients
- mesures incitatives pour encourager les règlements au comptant par les clients (escompte)
- augmentation des encaissements de recettes
- emprunt si l'entreprise n'est pas trop endettée
- augmentation du capital social de la société

2) Actions sur les décaissements :
- augmentation du délai de crédit accordé par les fournisseurs
- réduction ou reports des dépenses prévues.

Le budget de trésorerie est un instrument de prévision très important pour la gestion de l'entreprise à court terme. C'est un outil qui permet de prévoir les difficultés prochaines d'une entreprise et qui conduit à la prise de décision afin d'assurer son fonctionnement et sa survie.

Section 3. Éléments de correction Salaison Jouvin

1- BILAN FONCTIONNEL CONDENSÉ POUR LES DEUX EXERCICES

ACTIF	N	N-1	PASSIF	N	N-1
Actif immobilisé brut (1)	13 404	10 576	Capitaux propres (5)	12 677	10 468
Actif circulant d'exploitation (2)	3 642	3 246	Dettes financières (6)	1 708	916
Actif circulant hors exploitation (3)	431	636	Dettes d'exploitation (7)	2 486	2 585
Trésorerie active (4)	250	208	Dettes hors exploitation (8)	696	357
			Trésorerie passive (9)	160	340
TOTAL	**17 727**	**14 666**	**TOTAL**	**17 727**	**14 666**

Explication des calculs

(1) Actif immobilisé brut + charges à répartir

N = 13 324 + 80 = 13 404 €

N-1 = 10 396 + 180 = 10 576 €

(2) Actif circulant brut - Créances diverses - VMP - Disponibilités - Charges constatées d'avance

N = 4 323 - 141 - 60 - 250 - 230 = 3 642 €

N-1 = 4 090 - 270 - 136 - 208 - 230 = 3 246 €

(3) Créances diverses + VMP + Charges constatées d'avance

N = 141 + 60 + 230 = 431 €

N-1 = 270 + 136 + 230 = 636 €

(4) Disponibilités

(5) Capitaux propres + Amortissements + Provisions

N = 8 560 + 4 117 = 12 677 €

N-1 = 7 500 + 2 968 = 10 468 €

(6) Dettes auprès établissements de crédit - CBC + Dettes financières diverses

N = 1 516 - 160 +352 = 1 708 €

N-1 = 1 040 - 340 + 216 = 916 €

(7) Dettes fournisseurs + Dettes fiscales et sociales + Autres dettes + Provisions pour charges

N = 1 864 + 382 + 90 + 150 = 2 486 €

N-1 = 1 804 + 540 + 141 + 100 = 2 585 €

(8) Dettes sur immobilisations + Produits constatés d'avance

N = 546 + 150 = 696 €

N-1 = 220 + 137 = 357 €

(9) Concours Bancaires Courants

2-CALCULS FRNG BFR ET TN

ELEMENTS	N	N-1	Variations
Ressources stables	14 385	11 384	
Emplois stables	13 404	10 576	
FRNG	**981**	**808**	**173**
Actif circulant d'exploitation	3 642	3 246	
Passif circulant d'exploitation	2 486	2 585	
BFRE	**1 156**	**661**	**495**
Actif circulant hors exploitation	431	636	
Passif circulant hors exploitation	696	357	
BFRHE	**-265**	**279**	**-544**
Trésorerie active	250	208	
Trésorerie passive	160	340	
Trasorerie Nette	**90**	**-132**	**222**
Vérifications : **BFRE + BFRHE + TN = FRNG**	**981**	**808**	**173**

3-COMMENTAIRES

- Augmentation du FRNG => Augmentation des ressources nettes.

- Augmentation du BFRE => Augmentation des stocks et des créances.

- Diminution du BFRHE => Dégagement de ressources (augmentation des dettes sur immobilisations).

- Augmentation de la trésorerie nette => Augmentation de la trésorerie active et Diminution de la trésorerie passive.

CONCLUSION :

- Amélioration de la situation financières en N.

Section 4. Éléments de correction Ô Burger Gourmet

DOSSIER 1 GESTION DES RELATIONS AVEC UN FOURNISSEUR

A -DOCUMENTS COMMERCIAUX

1. Comptabiliser la facture n °251 reçue par la société O'Burger Gourmet.

	02/03/2019		
615	Entretien et réparation	1 520,00	
44566	Etat – TVA déductible sur autres biens & services	304,00	
401	Fournisseurs		1 824,00
	Facture n°251 de Garage Emile		

2. Présenter le corps et le bas de la facture. d'avoir n °A32 que la société O'Burger Gourmet va recevoir pour le retour des buns briochés de la facture de doit n°984

Désignation	Quantité	Prix unitaire brut hors taxes	Remise	Prix unitaire net hors taxes	Prix net hors taxes
Buns briochés	100	0,80	5,00%	0,76	76,00
				Net hors taxes	76,00
				TVA à 5,5 %	4,18
				Net à déduire en euros	80,18

3. Comptabiliser la facture d'avoir n °A32 reçue par la société O'Burger Gourmet le 19 mars 2019.

	19/03/2019		
401002	Fournisseur DélisseAuthentic	80,18	
601	Achats stockés - matières premières		76,00
44566	Etat - TVA déductible sur autres biens & services		4,18
	Avoir n°A32		

4. Calculer le montant dû au fournisseur Délisse Authentic.

424,95 - 80, 18 = 344,77 ne pas pénaliser le candidat qui aurait indiqué le montant dû au 19 mars (après le retour) : 1022, 72, cf. annexe A

5. Enregistrer le règlement au fournisseur Délisse Authentic par chèque N ° 1257131 le 30 mars 2019.

		19/03/2019			
401002		Fournisseur DélisseAuthentic		344,77	
	512	Banque			344,77
		Chèque N°1257131			

B - COMPTE FOURNISSEUR

6. Calculer le solde du compte 401002 - Fournisseur Délisse Authentic au 30 mars 2019 et compléter l'ANNEXE A (à rendre avec la copie).

1 102,90 - 80,18 - 344,77 = 677,95

7. Expliquer le solde du compte 401002 - Fournisseur Délisse Authentic au 30 mars 2019.

Au 30 mars 2019, O'Burger Gourmet avait une dette de 677,95 euros envers ce fournisseur. Ce qui correspond à la facture du 10 mars 2019 qui n'a pas été payée.

DOSSIER 2 - ANALYSE FINANCIÈRE ET FINANCEMENT D'UN INVESTISSEMENT

A - ANALYSE DE LA PROFITABILITÉ

1. Justifier, par le calcul, le taux de variation du chiffre d'affaires (CA).

Taux de variation du CA= (149 750 - 155 256) / 155 256 = - 0,03546 soit - 3,55 %.

2. Donner une explication possible à l'évolution des ventes de 2017 à 2018.

Le chiffre d'affaires est en diminution. Cela peut s'expliquer par les pannes du camion restaurant Le camion étant immobilisé pour les réparations, l'activité est de ce fait arrêtée pendant ces périodes entraînant une baisse des ventes (CA).

3. Commenter l'évolution de 2017 à 2018 de la valeur ajoutée (VA) et de l'excédent brut d'exploitation (EBE) de la société O'Burger Gourmet.

La valeur ajoutée, qui représente la richesse créée par l'entreprise, diminue également mais plus modestement (-1, 12 %) que le CA en raison d'une maîtrise des consommations en provenance des tiers (politique d'achat). L'EBE, indicateur de la performance économique de l'entreprise, est en légère augmentation (+0.09 %) grâce à une maîtrise des charges de personnel.

B - ANALYSE DE L'ÉQUILIBRE FINANCIER ET CHOIX DE FINANCEMENT

1. Présenter le bilan fonctionnel condensé de la société O'Burger Gourmet au 31 décembre 2018. Justifier tous vos calculs.

ACTIF	Montants	PASSIF	Montants
EMPLOIS STABLES	64 127	**RESSOURCES STABLES**	84 513
ACTIF CIRCULANT	1 054	**PASSIF CIRCULANT**	11 235
TRÉSORERIE ACTIVE	30 567	**TRÉSORERIE PASSIVE**	0
TOTAL	95 748	**TOTAL**	95 748

Justification des calculs

RESSOURCES STABLES :	Montants	ACTIF CIRCULANT :	Montants
Capitaux propres	51 465	**Stocks**	990
Provisions	0	**Clients**	64
		TOTAL	1 054
Emprunt	8 167	**PASSIF CIRCULANT :**	
Amortissements & dépréciations	24 881	**Dettes fournisseurs**	1 273
TOTAL	84 513	**Dettes fiscales et sociales**	3 875
		Autres dettes	6 087
		TOTAL	**11 235**

2.Calculer le fonds de roulement net global (FRNG), le besoin en fonds de roulement (BFR) et la trésorerie nette (TN) pour 2018.

INDICATEURS	JUSTIFICATION DES CALCULS DE 2018	2018
Fonds de Roulement Net Global (FRNG)	**Ressources stables - Emplois stables** **84 513 - 64 127**	**20 386**
Besoin / Ressource de Fonds de Roulement (BFR/ RFR)	**Actif circulant - Passif circulant** **1 054 -11 235**	**-10 181**
Trésorerie Nette (TN))	**Trésorerie active - Trésorerie passive** **30 567-0 30 567** **Ou bien FRNG - BFR** **20 386 - (-10 181)**	**30 567**

3. Rédiger un commentaire sur l'équilibre financier au 31 décembre 2018 de la société O'Burger Gourmet.

Le FRNG s'élève à 20 386 €. Il est donc positif. Les ressources à long terme couvrent les investissements (emplois à long terme), elles dégagent même un surplus pour financer les besoins courants de l'entreprise (liés à l'exploitation).

Le besoin en fonds de roulement (BFR) est négatif à hauteur de 10 181 €. C'est donc une ressource en fonds de roulement (RFR). Ceci est lié à l'activité : l'entreprise paie ses fournisseurs à crédit et dispose de peu de stock, alors que ses clients paient au comptant.

L'entreprise n'a pas de besoin d'exploitation à financer, puisque le passif circulant excède les besoins de financement de son actif d'exploitation ; elle n'a donc pas besoin d'utiliser ses excédents de ressources à long terme (FRNG) pour financer d'éventuels besoins à court terme.

Le FRNG et BFR génère donc une trésorerie positive de 30 567 €. L'équilibre financier est donc respecté. Il y a donc un excédent de FRNG.

DOSSIER 3 – TRAITEMENT COMPTABLE D'UN INVESTISSEMENT

A – ACQUISITION D'UNE IMMOBILISATION

1. Enregistrer l'acquisition du nouveau camion-restaurant.

		01/06/2019		
21821		Matériel de transport - Structure du camion restaurant	50 000,00	
21822		Matériel de transport - Aménagement du camion restaurant	20 000,00	
44562		Etat - TVA déductible sur immobilisations	14 000,00	
	404	Fournisseurs d'immobilisations		84 000,00
		Concept Truck - Facture n°519		

2. Présenter les plans d'amortissement du camion-restaurant et de son aménagement au titre des exercices 2019 et 2020. Justifier vos calculs.

Extrait du plan d'amortissement de la structure du camion-restaurant

Années	Base amortissable	Annuité d'amortissement	Amortissements cumulés	Valeur nette comptable
2019	50 000,00	50 000*(16 000 km/180 000 km) = 4 444,44	4 444,44	50 000,00 -4 444,44 = 45 555,55
2020	50 000,00	50 000*(26 000 km/180 000 km) = 7 222,22	4 444,44 +7 222,22 = 11 666,66	50 000,00 -11 666,66 = 38 333,34

Des éléments de correction

Extrait du plan d'amortissement de l'aménagement du camion-restaurant

Taux d'amortissement de l'aménagement du camion-restaurant : 100/4 =25 %

Années	Base amortissable	Annuité d'amortissement	Amortissements cumulés	Valeur nette comptable
2019	20 000,00	20 000*25 % *(7 mois/12 mois) = 2 916,67	2 916,67	20 000,00 -2 916,67 = 17 083,33
2020	20 000,00	20 000*25 % = 5 000,00	2 916,67+5 000,00 = 7 916,67	20 000,00 -7 916,67 = 12 083,33

3.Présenter les écritures de dotations aux amortissements du camion-restaurant et de son aménagement relatives à l'exercice 2019.

		31/12/2019		
681		Dotations aux amortissements, dépréciations et provisions – charges d'exploitation	7 361,11	
	281821	Amortissement du matériel de transport – structure du camion restaurant		4 444,44
	281822	Amortissement du matériel de transport – aménagement du camion restaurant		2 916,67
		Dotations aux amort du camion-restaurant – Exercice 2019		

Section 5. Éléments de correction Les jus de fruits Innocent

1-Comment sont organisées les différentes pages du site web ?

Les pages de ce site web sont organisés de façon à ce que chaque onglet regroupe une catégorie exemple « nos boissons, notre blog, notre éthique ».

2-Que pensez-vous de la page d'accueil ?

La page d'accueil est simple et fluide cependant nous ne voyons, dans un premier temps, que le fait que l'entreprise est B Corp. De plus si on clique sur ce premier bloc nous serons redirigés sur l'onglet « notre blog ».

3- Quid (de quoi il s'agit) de la ligne de flottaison et de la pyramide inversée ?

Le site L'innocent utilise la pyramide inversée, le site internet est clair et précis et les informations données sont précises également. La ligne de flottaison s'arrête juste en dessous de la présentation des nouveaux produits. Pour toutes les pages la pyramide inversée est respectée elle commence par la conclusion et finit par l'explication. C'est une lecture en Z, le regard est le même que à la lecture d'un livre sauf que là c'est plus une image. C'est une lecture headline.

4- Quelle est la charte graphique utilisée ?

La charte graphique est un cahier des normes graphiques. C'est un guide comprenant les recommandations d'utilisation et les caractéristiques des différents éléments graphiques (logos, couleurs, police, typographies, symboles etc.). C'est un support fondamental de toute sa communication. Sur ce site web, l'écriture est noire et de bonne taille pour qu'on puisse la lire. La police est bien choisie et ainsi avoir une lecture facile pour toute la population. Différentes polices sont utilisées ce qui apporte une originalité. Les couleurs permettent de faire ressortir le texte ainsi que le logo ou les photos. Les encadrés arrondis des différentes sections permettent d'avoir un décor moins linéaire et carré et donc plus fluide et décontracte. Le logo est placé à un endroit pour qu'on puisse bien le voir et l'identifier.

5-Y'a-t-il des outils de séduction qui sont utilisés si oui lesquels ?

Oui il y'a un outil de séduction en particulier, celui de l'humanité. Quand L'innocent explique son engagement pour la nature et le recyclage. Leur but est de vendre des produits plus sains que jamais. Il y a également des jeux concours via les réseaux sociaux.

6-Comment se fait la navigation du site point d'interrogation ? Comment est le menu ? le sous-menu ?

La navigation sur le site internet est simple et précise sur l'ordinateur, cependant sur téléphone la navigation est compliquée et mal organisée. Le menu et sous menu sont simple et nous redirige directement faire l'onglet demandé.

7-Le menu propose plusieurs onglets : nos boissons - notre blog - nous- notre éthique- innocent et le recyclage - curieux ? - petit bonnet bonne action

8-Quelle est la petite histoire d'innocent ? Qu'apporte-t-elle à l'internaute ?

L'innocent c'est un projet de 3 copains d'université en 1998 il voit le jour. L'idée est venue pendant leur vacances au ski suite à la création d'un smoothie.

Tout a commencé en 1999 lors d'un festival de musique. 3 garçons les cheveux au vent, fraîchement diplômés, achètent 100 kg de fruits frais. Ils élaborent leurs 1er smoothies avec un panneau : « Devons-nous quitter nos jobs pour lancer des boissons saines ? » et installent 2 poubelles : OUI et NON. Les visiteurs devaient jeter leurs gobelets dans une des 2 poubelles. A la fin du festival, la poubelle OUI était pleine. Le lendemain était le premier jour du reste de notre vie…

9- Y'a-t-il une page d'atterrissage ou une Landing page ?
Oui il Ya une Landing page liant les réseaux sociaux de la marque.

10- Y'a-t-il des produits mis en avant ?
Oui il y a les jus, les smoothies, le gaspachos et l'eau de coco.

11- Y'a-t-il des liens vers les réseaux sociaux ?
Oui il y a des liens pour Facebook, Instagram, Twitter ou bien encore YouTube.

12-Y'a-t-il Accès à un blog ? A un forum de discussion ? À une FAQ ?
Il y a un blog disponible à partir des onglets en haut du site web, Il y a également un numéro mis à disposition du consommateur.

13-Peut-on s'abonner à une newsletter ?
Non, aucune Newsletter est proposée

14- Y'a-t-il un formulaire de contact ?
Le formulaire de contact n'est pas présent sur le site mais un onglet « nous contacter » se trouve sur la page d'accueil. A l'intérieur de celui-ci, se trouve les réseaux sociaux, leur numéro de téléphone ainsi que leur emplacements.

15- L'intégration d'un plan Google Map ?
Non il y a simplement une adresse mise à disposition du consommateur.

16- Le site est-il actualisé ? Comment pouvez-vous le savoir ?

Le site est bien actualisé car nous pouvons voir sur la page d'accueil les nouveautés que présente l'entreprise. Il est aussi inscrit « 2021 innocent » sur la page d'accueil ce qu'il montre que le site a au moins été inspecté depuis le début de l'année. Plus simplement nous pouvons inspecter nous-même via un clic droit sur une page du site puis « inspecter le site »

16- - Quelles sont les mentions légales du site ? À quoi servent-elles ?

Les mentions légales sont des informations qui doivent obligatoirement figurer sur un site internet, dans le cas d'une société comme innocent on doit trouver : Dénomination sociale ou raison sociale, l'adresse du siège social, Numéro de téléphone et adresse de courrier électronique, Forme juridique de la société (SA, SARL, SNC, SAS, etc.), Montant du capital social, le numéros d'inscription au registre du commerce et des sociétés, les conditions générales de ventes. On doit aussi trouver des mentions relatives à l'utilisation des cookies et des données personnelles. Ici les informations écrites en bleu se retrouvent sur le site. Ces mentions permettent à l'utilisateur du site internet d'avoir toutes les informations nécessaires pour comprendre à qui/quoi il s'adresse, elles ont pour but d'assurer une confiance et un contrôle de la diffusion des informations.

Des éléments de correction

Section 6.   Éléments de correction Le marché de l'alimentation infantile, comment se démarquer ?

Question : Après avoir choisi une marque qui propose de l'alimentation infantile, en vous aidant de votre cours, de l'article proposé en annexe et par une recherche complémentaire sur Internet vous réaliserez en binôme une double analyse SWOT et PESTEL

Matrice SWOT de BLÉDINA

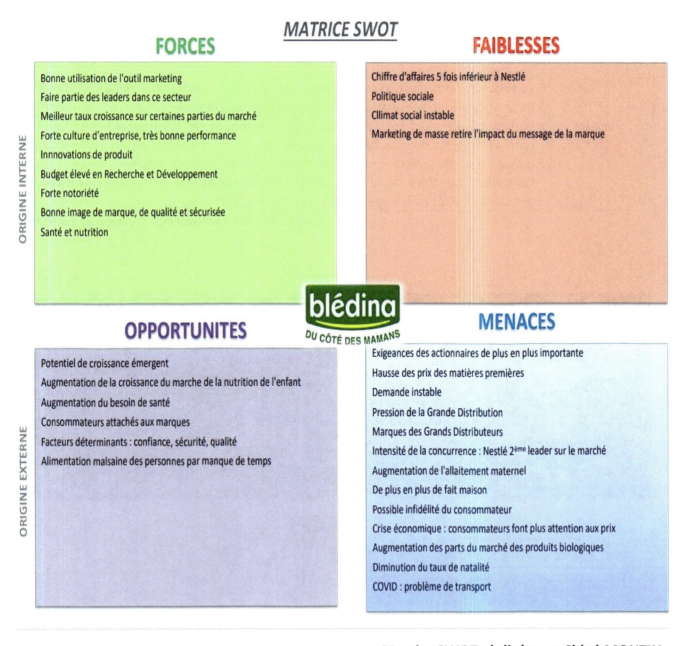

MATRICE SWOT

FORCES
(ORIGINE INTERNE)
- Bonne utilisation de l'outil marketing
- Faire partie des leaders dans ce secteur
- Meilleur taux croissance sur certaines parties du marché
- Forte culture d'entreprise, très bonne performance
- Innnovations de produit
- Budget élevé en Recherche et Développement
- Forte notoriété
- Bonne image de marque, de qualité et sécurisée
- Santé et nutrition

FAIBLESSES
- Chiffre d'affaires 5 fois inférieur à Nestlé
- Politique sociale
- Cllimat social instable
- Marketing de masse retire l'impact du message de la marque

OPPORTUNITES
(ORIGINE EXTERNE)
- Potentiel de croissance émergent
- Augmentation de la croissance du marche de la nutrition de l'enfant
- Augmentation du besoin de santé
- Consommateurs attachés aux marques
- Facteurs déterminants : confiance, sécurité, qualité
- Alimentation malsaine des personnes par manque de temps

MENACES
- Exigeances des actionnaires de plus en plus importante
- Hausse des prix des matières premières
- Demande instable
- Pression de la Grande Distribution
- Marques des Grands Distributeurs
- Intensité de la concurrence : Nestlé 2ème leader sur le marché
- Augmentation de l'allaitement maternel
- De plus en plus de fait maison
- Possible infidélité du consommateur
- Crise économique : consommateurs font plus attention aux prix
- Augmentation des parts du marché des produits biologiques
- Diminution du taux de natalité
- COVID : problème de transport

Matrice SWOT réalisée par Chloé MONTIN

ANALYSE PESTEL DE BLÉDINA

Politique	Il est interdit de faire des rabais sur les laits de substitutions et de le promouvoir car il faut favoriser l'allaitement. Lobbying avec l'Union européenne.
Economique	Les laits infantiles ne sont pas atteints par la crise. Cependant les parents font attention au pouvoir d'achat et certains préfère allaiter ce qui est un coût en moins
Sociologique	Les mères allaitent de moins en moins car elles sont dans la vie active et ne pas prennent ou bien n'ont pas le temps d'allaiter leur enfant. Il y a une baisse de la natalité mais une augmentation de l'immigration donc une augmentation de la consommation de lait infantile.
Technologique	Des nouvelles technologies marketing comme le commerce électronique sont mis en place. Le numérique permet une optimisation des services. Une plus grande production due au développement de la robotisation des usines. La production bio est mise en avant comme les produits laitiers Bio. Ils sont également engagés dans le recyclage (emballage).
Légal	Soumise à des lois sur la santé, l'environnement, le commerce, le travail qui varient toutes selon les pays concernés. Il s'agit d'un des marcher les plus règlementé et très surveiller. Certaines mentions sont obligatoires comme la composition avec la liste des produits utilisés et le type de lait (1er, 2ème, 3ème âge).

Analyse PESTEL réalisée par Amandine BARDELLI

Habeat est un projet labellisé par la société VITAGORA qui est une association professionnelle adressée au secteur de l'agroalimentaire.

Matrice SWOT

S : FORCES	W : FAIBLESSES
- Collaboration de chercheurs de 11 groupes, répartis dans 6 pays européens - Approche multidisciplinaire - Etude des habitudes alimentaires précises - Guide pour les parents de jeunes enfants - Bonne connaissance des besoins des enfants	- Ne propose pas de produits
O : OPPORTUNITES	T : MENACES
- Marché en croissance - Consommateurs souhaitent mieux s'alimenter - Le marché de l'alimentation infantile représentait, en France en 2018, un chiffre d'affaire de 803 millions d'euros - Labellisé par Vitagora - Concevoir des produits type « goûter » à base de légumes pour l'industrie agro-alimentaire	- Pandémie de Covid-19 liée au coronavirus - Marché tendance, qui peut être choisi par des concurrents - Baisse des ventes de produits d'alimentation infantile en volume et en valeur : recul de la natalité et baisse de confiance des consommateurs

Matrice SWOT réalisée par Clémence BLANQUART

ANALYSE PESTEL DE HAB EAT

Politique	Volonté du gouvernement de proposer des produits sains et de qualité pour toute la population. Volonté de manger équilibré
Économique	Ils ont reçu 2,9 millions d'euros en financement Le projet dit que l'IAA devrait proposer des goûters sains, composés de fruits et légumes
Sociologique	Le projet se base dans des études sur des enfants de jusqu'à 6 ans Il étudie le comportement de ces enfants envers les fruits et légumes au moment de la diversification alimentaire Ce projet cherche à comprendre le processus de formation des coutumes alimentaires et aider les parents à en créer des bonnes coutumes pour ses enfants
Technologique	Différents Réseaux Sociaux Applications mobiles Environnementales Manger des fruits et légumes est meilleur pour l'environnement que manger des produits industriels L'étude en France a été menée par L'INRA (Institut National de la Recherche Agronomique) et par L'INSERM (Institut National de la Santé et de la Recherche Médicale)
Légal	Différentes lois de l'alimentation de l'enfant

Analyse PESTEL réalisée par Olivia GENOT ALLENDES

Matrice SWOT de GOOD GOÛT

Forces : S	Faiblesses : W
Produits 100 % bio Produits sans huile de palme, sans colorants, sans additifs, sans OGM, sans conservateurs, sans texturants Plats préparés par un chef étoilé Produits de qualité Formation du personnel pour améliorer la productivité Recettes adaptées aux besoins nutritionnels des enfants/bébés Première marque baby food à lancer une gourde d'origine végétale. Good goût est présent sur les réseaux sociaux (Instagram, Facebook) La marque s'adapte aux besoins des clients.	Délai de livraison pour les produits, il faut penser à commander les produits à l'avance pour ne pas en manquer. Prix de la livraison assez cher
Opportunités : O	**Menaces : T**
En 2021, 100 % de la gamme KIDZ proviendra de France En 2024, 100 % des emballages seront recyclables De nos jours, les parents sont soucieux d'une bonne alimentation pour leur enfants.	Marque peu connue par rapport à Nestlé, Blédina d'où concurrence forte Certains parents peuvent préparer eux même, des compotes de fruits ou purées de légumes maison, ce qui revient moins cher.

Matrice SWOT réalisée par Léa FREZZA

PESTEL de GOOD GOÛT

P	Politique	Politique de confidentialité (protection des données personnelles) Volonté du gouvernement de proposer des produits sains et de qualité (BIO...).
E	Économique	Crise économique actuelle. Crise sanitaire Diminution des revenus disponibles de la population
S	Sociologique	**Clients :** Produit 100 % bio Large gamme de produits Sans huile de palme, sans conservateurs, sans additifs, sans OGM, sans texturant, sans colorant Plats préparés par un chef étoilé au guide Michelin et étoilé en gastronomie durable **Collaborateurs :** Favorise les activités physiques pendant la semaine de travail pour contribuer au bien-être des collaborateurs Télétravail plusieurs fois par semaine Accès à des formations
T	Technologique	Télétravail plusieurs fois par semaine Site internet bien développé Réseaux sociaux
E	Écologique	Depuis 2020 good goût est une société neutre en carbone Octobre 2020, 1ère marque baby-food en France à lancer une gourde d'origine végétale En 2024, 100 % des emballages seront recyclables Good goût est transparent sur ses emballages Cherche des solutions pour remplacer le plastique En 2022, 80 % des produits seront fabriqués en France En 2021, 100 % des innovations de leur gamme "KIDZ" seront fabriqués en France Encouragement à chacun des collaborateurs à utiliser un moyen de transport plus écologique via des subventions
L	Légal	Conditions générales de ventes Edité par la société BBB -> capital de 125 000€ Propriété intellectuelle

PESTEL réalisé par Maud CARON

Matrice SWOT de NESSLÉ

Forces : S	Faiblesses : W
Leader marché Nombreux clients Bio meilleur alimentation pour les enfants Entreprise très diversifiée opérant sur plusieurs secteurs et marchés différents Variété de marques afin de faire face à l'économie Entretien de bonnes relations avec les autres grandes marques Possède des marques fiables et reconnue (GERBER n°1 aliment pour bébé aux USA) Possède grandes capacités de recherches et développement Fabrication locale	Ventes dépendent de quelques marques reconnues, = vulnérabilité au changement soudain de comportements des consommateurs Certains des grands supermarchés ont l'intention de compléter les produits de marque de nom avec des marques maison plus rentables = forte réduction des prix Coût marketing élevé pour inciter le consommateur à acheter via publicités Coût élevé pour lancer de nouvelles marques, anciens produits et/ou nouveaux produits
Opportunités : O	**Menaces : T**
Bio à la mode Attente clients Croissance demande alimentation saine Collaboration avec entreprises protections de la nature Croissance vente en ligne Changement de mode de vie consommateur Intérêt accru pour la santé et nutrition	Concurrence Marques maison sont de plus en plus rentables La pression de grands supermarchés pour faire réduire les prix Inefficacité croissante de la publicité traditionnelle avec l'arrivée des nouvelles technologies Augmentation vente d'aliments frais et naturels

Matrice SWOT réalisée par Alexis CAUSSIN

PESTEL de NESSLÉ

Facteurs Politiques	Relation commerciale entre les pays Surveillance du gouvernement (incidence sur la performance de l'entreprise) Activités exposées aux différentes forces politiques Activités multinationales américaines en Chine affectés par des tensions Instabilité gouvernementale Terrorisme
Facteurs Économiques	Baisse du PIB de 13,8 % Hausse des impôts Fluctuations économiques dues à la crise sanitaire (COVID19) Inflation des prix faibles
Facteurs Socioculturels	Sensibilisation à la santé du nourrisson Taux de natalité qui a diminué Augmentation de la consommation de produits Bio 9/10 français déclarent consommer Bio Nouvelles tendances du consommer Bio
Facteurs Technologiques	Communication, nouveaux moyens comme Facebook, Instagram Amélioration des sites internet, blog Publicités Utilisation croissante d'internet Achats en ligne
Facteurs Écologiques	Lois de protection de l'environnement et développement durable Évolution de la consommation d'énergie Mesures pour le recyclage Sensibilisation à l'environnement impact environnemental élevé.
Facteurs Légaux	Régulation des échanges et du commerce Normes de sécurité. Réseau juridique renforcée et surveillance Augmentation des prix des amendes en cas de non-respect des lois

PESTEL réalisé par Laurette LE NEVE

Matrice SWOT de YOOJI

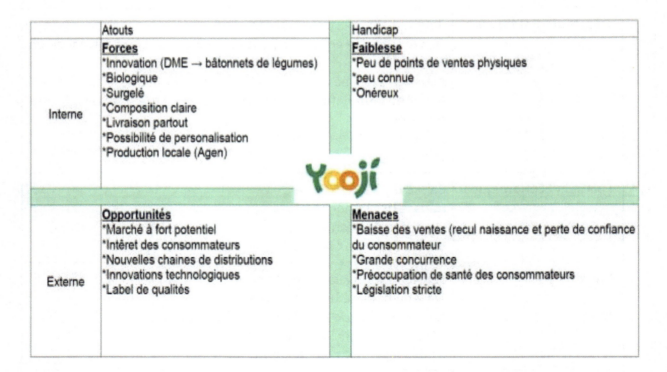

	Atouts	Handicap
Interne	**Forces** *Innovation (DME → bâtonnets de légumes) *Biologique *Surgelé *Composition claire *Livraison partout *Possibilité de personalisation *Production locale (Agen)	**Faiblesse** *Peu de points de ventes physiques *peu connue *Onéreux
Externe	**Opportunités** *Marché à fort potentiel *Intérêt des consommateurs *Nouvelles chaines de distributions *Innovations technologiques *Label de qualités	**Menaces** *Baisse des ventes (recul naissance et perte de confiance du consommateur *Grande concurrence *Préoccupation de santé des consommateurs *Législation stricte

Matrice SWOT réalisée par Émilie MAUPLOT

PESTEL Marque YOOJI

Politique	Politiques de santé publique : PNNS
Économique	Marché de l'alimentation infantile en baisse Chute du pouvoir d'achat des Français (0,5% en 2020) source le parisien Subvention accordées
Socioculturel	Baisse de la natalité, Femmes qui travaillent : moins de temps pour la préparation des repas Crise sanitaire des laits infantiles= moins de confiance accordée Tendance à la DME (diversification alimentaire menée par l'enfant) Accroissement de la prévalence de l'obésité (les individus privilégient les produits sain pour leur enfants)
Technologique	Progrès techniques et informatiques : meilleurs techniques de conservations(surgélations), nouveaux packaging Développement d'internet : permet le développement de sites web, blog etc. meilleur communication
Écologique	Les consommateurs privilégient les produits labellisés, sans pesticides (BIO), Pollution liée au plastique : les gens se tournent vers le « zéro déchets » On revient vers une production locale (produit en France) Condition météorologique favorisent ou non les récoltes
Légal	Réglementation strict de l'alimentation infantiles assure sécurité alimentaire (protection de la santé des consommateurs)

PESTEL réalisé par Anastasia GABRIEL

Des éléments de correction

Matrice SWOT de DANONE

Danone est un groupe agroalimentaire français qui a centré son activité autour de quatre pôles : produits laitiers frais, eaux en bouteille, nutrition médicale et nutrition infantile. Le groupe figure parmi les leaders mondiaux dans ces quatre secteurs. Ses produits sont vendus dans le monde entier. Il possède plus de 180 sites de production et emploie 101 885 personnes. La marque Danone a été créée en 1919 en Espagne par un homme d'affaires espagnol, Isaac CARASSO et son siège social se trouve à Paris. Il décide d'introduire les premiers yaourts en Espagne et de les commercialiser en pharmacie. Il les baptise d'après le surnom de son fils, Danon.

Forces : S	Faiblesses : W
Leader sur le marché des produits laitiers frais Rentabilité en croissance (+14,2%) Présent sur 4 sous marchés : eaux minérales, nutrition infantile, produits laitiers, nutrition médicale Prévention des risques en sécurité alimentaire Présence renforcée dans les marchés émergents Innovations nombreuses Existence d'une image de marque	Recrutements complexes où Danone n'est pas leader Baisse des ventes par rapport aux concurrents Présence dans des marchés actuellement en crise Coûts de structures importants Groupe qui peut être soumis à une offre publique d'achat (OPA) Décentralisation (perte de contrôle)
Opportunités : O	**Menaces : T**
Besoin de facteurs déterminants (santé, confiance, sécurité alimentaire) Marché émergents porteurs Nouveau marché de la nutrition infantile Evolution rapide sur le sol Chinois Accès à l'eau potable dans les pays émergents Sensibilisation sur l'obésité Hausse du pouvoir d'achat des classes moyennes dans de nombreux pays - Forte croissance sur les secteurs sélectionnés Croissance mondiale de l'importance de l'alimentation fonctionnelle Précurseur développement durable	Volatilité du consommateur Nécessité d'innovation Échecs lors de lancements si le consommateur se retrouve perdu Coûts des matières premières en hausse Législation sur la traçabilité des produits Concurrence forte des marques distributeurs Reprise en Europe estimée à 2014 Contrefaçon, produits low-cost

Matrice SWOT réalisée par Ambre LOPEZ

Rationalisation mondiale de l'offre faite au consommateur

Des éléments de correction

Politique	Danone, société multinationale doit s'appuyer sur une politique locale stable. En effet, pour les exportations, il est important que les états soient les plus stables possible. Intervient dans le domaine de la nutrition et de l'hygiène alimentaire, d'exportations, les lois sont différentes dans chaque pays. Doit respecter les différentes lois en vigueur et faire attention également aux aliments qui pourraient être interdits dans un pays ou un autre. Doit être autorisée par les gouvernements à entrer dans le segment cible, doit appliquer leurs réglementations et être conforme à leur politique de santé. Les domaines politiques et économiques sont très liés, ils ne peuvent subsister l'un sans l'autre. En effet, la politique est très attachée à l'économie d'un pays et tout ce qui peut l'améliorer.
Économique	Danone fait incontestablement partie des leaders du marché de l'agroalimentaire. Ce marché est immense. C'est la raison pour laquelle ils ne craignent pas l'arrivée de nouveau entrant économique ni la menace de potentiel produit de substitution. Il y a une forte concurrence mais Danone assoit sa situation de leader partout dans le monde
Socioculturel	Danone doit tenir compte de la culture, du style de vie, des normes, des coutumes, des valeurs de chaque population pour livrer un produit adapté. Pour être à la hauteur de ses ambitions, Danone produit localement. Les populations sont de plus en plus sensibles à un style de vie sain et hygiénique car elles ont évolué avec le temps en ce qui concerne leurs habitudes de consommation. Le secteur alimentaire des produits laitiers reste bien vu puisqu'il est important de consommer ce type de produits. Cela fait donc partie des points forts de l'entreprise, qui peut s'appuyer ainsi sur le soutien des organisations de santé et autres associations qui prônent le fait de mieux manger. Les réseaux sociaux possèdent une importance, puisque Danone est très présent sur ces sites. Cela permet au groupe de se familiariser encore plus avec les attentes des internautes, qui sont tous à plus ou moins grande échelle des consommateurs potentiels.
Technologique	Les clients attendent des nouveautés, que ce soit dans les saveurs ou encore dans les conditionnements.
Écologique	Conscient que la notion de développement durable est très importante pour les consommateurs d'aujourd'hui, Danone possède comme un grand nombre d'entreprises des objectifs zéro carbone d'ici une vingtaine d'années. Danone se montre sensible à la production bio. Également engagée dans le domaine du recyclage et des problèmes liés à l'emballage. Les nouveaux plans marketing prennent en compte entre autres la notion écologique et la réduction des émissions de CO_2. Il devient primordial pour les nouveaux consommateurs de la nouvelle génération notamment de consommer des produits attentifs au bien-être de la planète. Savoir rester concurrentiel et garder sa position de leader passe également par des actions concrètes en faveur du développement durable.
Légal	De multiples lois définissent la traçabilité des produits ainsi que leur chaîne de production. Les normes d'hygiène doivent être respectées et elles ont été elles aussi rendues plus strictes avec une législation sur la santé qui prend en compte beaucoup plus de facteurs qu'avant

PESTEL réalisé par Chloé MARTY

Des éléments de correction

Matrice SWOT de GUIGOZ

Forces
Marque reconnue
Plusieurs lieux d'achats (pharmacie, supermarché.)
Bon site internet
Bonne traçabilité, transparence
Bonne technologie avec application
Diversification de lait (bio, en fonction âge)
responsable écologique (1 bébé 1 arbre)
Exportation produits avec internet
Composition du lait infantile se rapproche de celui du lait maternel

Faiblesses
Difficulté pour faire de la publicité
Packaging pas écologique
Service indifférencié par rapport aux concurrents

Opportunités
Développement du marché
Ouverture sur un marché avec un prix plus attractif
Demande internationale de poudre en lait
Alimentation infantile pas atteint par la crise financière

Menaces
Forte compétition
Marché du lait infantile l'un des plus règlementé
L'acheteur n'est pas le consommateur
La société préconise plus l'allaitement que le lait de substitution

Matrice SWOT réalisée par Emma ROUJAS

PESTEL de GUIGOZ

Politique	Autorisation d'exportation internationale Non autorisation de publicité à la télé Ne pas promouvoir l'utilisation de lait infantile de substitution
Economique	Marché pas atteint par la crise Prix variable en fonction des pays d'exportation
Social	Croissance démographique Croissance de la consommation de lait infantile d'année en année Prescription médicale influençant l'avis des parents
Technologie	Commande via internet Davantage de machines de production Relation avec le client via internet Facilité de création d'un site internet
Environnement	De plus en plus de lait biologique Charte environnementale possible
Légal	Règlementation de fabrication très stricte et obligation d'information sur les composants Doit assurer les besoins nutritionnels des bébés avec obligation de mention des différentes classes d'âge Chaque nutriment est encadré par des seuils maximum et minimum à ne pas dépasser

PESTEL réalisé par Shanez HAMED BEY

Section 7. Éléments de correction Esprit AYURVEDA

1- Budget des encaissements des ventes

Colonne1	Colonne2	Colonne3	Colonne4	Colonne5
	année N+1			
Eléments	1er trimestre	2e trimestre	3e trimestre	4e trimestre
Créances clients au 31.12. N				
Ventes du 1er trimestre	568 000	312 000		
Ventes du 2ème trimestre		180 000	270 000	
Ventes du 3ème trimestre			232 000	348 000
Ventes du 4ème trimestre				252 000
Emprunt				
total des encaissements	568 000	492 000	502 000	600 000

Ventes du 1er trimestre :
- Au 1er trimestre, on a 60 % des ventes du 4ème trimestre de l'année N + 40 % des ventes du 1er trimestre de l'année N+1.
- Au 2ème trimestre, on a 60 % des ventes du 1er trimestre de l'année N+1.

Ventes du 2ème trimestre :
- Au 2ème trimestre, on a 40 % des ventes du 2ème trimestre
- Au 3ème trimestre, on a 60 % des ventes du 2ème trimestre

Ventes du 3ème trimestre :
- Au 3ème trimestre, on a 40 % des ventes du 3ème trimestre
- Au 4ème trimestre, on a 60 % des ventes du 3ème trimestre

Ventes du 4ème trimestre :
- Au 4ème trimestre, on a 40 % des ventes du 4ème trimestre

2- Budget des encaissements des achats

Colonne1	Colonne2	Colonne3	Colonne4	Colonne5
	année N+1			
Eléments	1er trimestre	2e trimestre	3e trimestre	4e trimestre
Achats du 1er trimestre	208 000	64 000		
Achats du 2ème trimestre		126 000	84 000	
Achats du 3ème trimestre			210 000	140 000
Achats du 4ème trimestre				228 000
total des décaissements	208 000	190 000	294 000	368 000

Achats du 1er trimestre :

- Au 1er trimestre, on a 40 % des achats du 4ème trimestre de l'année N + 60 % des achats du 1er trimestre de l'année N+1.
- Au 2ème trimestre, on a 40 % des achats du 1er trimestre de l'année N+1.

Achats du 2ème trimestre :

- Au 2ème trimestre, on a 60 % des achats du 2ème trimestre
- Au 3ème trimestre, on a 40 % des achats du 2ème trimestre

Achats du 3ème trimestre :

- Au 3ème trimestre, on a 60 % des achats du 3ème trimestre
- Au 4ème trimestre, on a 40 % des achats du 3ème trimestre

Achats du 4ème trimestre :

- Au 4ème trimestre, on a 60 % des achats du 4ème trimestre

3- Budget des décaissements

2- Budget des encaissements des achats

Colonne1	Colonne2	Colonne3	Colonne4	Colonne5
	année N+1			
Eléments	1er trimestre	2e trimestre	3e trimestre	4e trimestre
Achats du 1er trimestre	208 000	64 000		
Achats du 2ème trimestre		126 000	84 000	
Achats du 3ème trimestre			210 000	140 000
Achats du 4ème trimestre				228 000
Charges de production	105000	85000	120 000	190 000
Comission des agents	56800	49 200	50 200	60 000
Frais d'assurance sur vente				21 800
Autres charges	32500	32 500	32 500	32 500
Location annuelle	45000	45 000	45 000	45 000
total des décaissements	447 300	401 700	541 700	717 300

Charges de production

A payer chaque mois, on se réfère au tableau des budgets prévisionnels.

Commission des agents : on fait 10 % du total des ventes de chaque trimestre que l'on reporte dans le tableau sans décaler car c'est payé au moment de la vente.

Frais d'assurance sur les ventes : en utilisant le tableau des budgets prévisionnels, on fait le total des ventes sur l'année N+1 et on calcule 1 % de ces ventes que l'on reporte au 4ème trimestre : la fin de l'année N+1.

Autres charges : ces charges sont indiquées dans la partie « informations complémentaires », on nous dit que le montant s'élève à 130 000 euros pour l'année N+1, à payer à la fin de chaque trimestre.

Location annuelle : cette location est mentionnée dans la partie « informations complémentaires », elle s'élève à 180 000 euros, que l'on divise par 4 car c'est payé en tranches à la fin de chaque mois.

4- Budget de trésorerie

Eléments	1er trimestre n+1	2e trimestre n+1	3e trimestre n+1	4e trimestre n+1
Trésorerie initiale	100000	220 700	311 000	271 300
Total encaissements	568 000	492 000	502 000	600 000
Total décaissements	447 300	401 700	541 700	717 300
solde du mois	120 700	90 300	-39 700	-117 300
Trésorerie finale	**220 700**	**311 000**	**271 300**	**154 000**

Trésorerie initiale : pour le 1er trimestre, on reporte le solde au 31/12/N donné dans « les informations complémentaires »

Pour les trimestres suivants, il suffit de reporter le montant trouvé en trésorerie finale du trimestre précédent.

Encaissements : on reporte les encaissements calculés dans le tableau de budget des encaissements.

Décaissements : on reporte les décaissements calculés dans le tableau de budget des décaissements.

Solde du mois : il s'agit ici, pour chaque trimestre de faire la différence entre le total des encaissements et le total des décaissements

Trésorerie finale : Trésorerie initiale + Total des encaissements - Total des décaissements

En conclusion, pour cette association, la trésorerie finale est positive à la fin de l'année N+1, c'est une bonne chose, cela signifie qu'elle n'a pas de souci de financement à court terme. Il sera possible de placer cet argent pour financer des investissements par la suite.

Section 8. Éléments de correction Au bon Pain Toulousain

Dossier 1 Investissement et financement

A – Investissement

1. Justifier par le calcul le montant du coût d'acquisition du nouveau véhicule utilitaire.

Le véhicule a un prix unitaire HT de 18 200 euros

L'espace utilitaires fait une remise de 5 % à son client Le Pain Toulousain ce qui donne : 18 200 X 5 % = 910 euros de remise. On obtient le Net commercial. A ce dernier s'ajoute des frais supplémentaires qui sont des frais de préparation forfaitaire de 250 euros.

Le montant Net commercial s'élève alors à 18 200 – 910 + 250 = 17 540 euros.

La TVA est ici de 20 % (taux normal) soit : 17 540 X 20 %= 3 508 euros

Le montant net à payer est donc de 17 540 + 3 508 = 21 048 euros.

Comme l'entreprise pourra déduire la TVA (TVA déductible sur Immobilisation ici de 3 508 euros) le coût d'acquisition final du véhicule utilitaire sera le mont HT soit 17 540 euros.

2. Calculer la dotation aux amortissements du nouveau véhicule que le comptable devra enregistrer au 31 décembre 2020.

Taux d'amortissement = 20 % soit par le calcul (100/5) %

La date de mise en service du véhicule correspond à la date de la facture soit le 1er juillet 2020. C'est donc le point de départ du calcul de l'amortissement du véhicule qui est ici linéaire. Il y a un prorata temporis pour la première année et la dernière année (6 mois sur 12) Le calcul porte sur le HT car l'entreprise ne supporte pas la TVA.

Montant de l'amortissement de la 1ère année : 17 540 X 20 % X 1/2 = 1 754 euros

Pour la 2ème année : 17 540 X 20 % = 3 508 euros

Pour la 3ème année : 17 540 X 20 % = 3 508 euros

Pour la 4ème année : 17 540 X 20 % = 3 508 euros

Pour la 5ème année : 17 540 X 20 % = 3 508 euros

Pour la 6ème année : 17 540 X 20% X ½ = 1 754 euros le complément en prorata temporis

B – Financement de l'investissement

1. Vérifier les montants soulignés figurant sur la première ligne du tableau d'amortissement de l'emprunt.

Le taux d'intérêt est de 1,5 % soit : 17 000 X 1,5 %= 255 euros

L'amortissement (remboursement de la partie du capital) est sur 5 ans en linéaire donc son taux est de 20 % : 17 000 X 20 % = 3 400 euros

L'annuité = intérêt + amortissement : 255 euros + 3 400 euros = 3 655 euros

Le capital restant dû en fin de période : 17 000 – amortissement du capital

= 17 000 – 3 400 = 13 600

2. Déterminer le coût total de l'emprunt pour Au Pain Toulousain.

Le coût de l'emprunt correspond à la cumul des intérêts.

Soit : 765 euros

La vente de leur ancien camion leur apporte 500 euros, 17 765 (total des annuités) – 500 = 17 265

Le coût total de l'emprunt est de 17 265 euros.

Dossier 2 Analyse financière

1- **Établir le bilan fonctionnel du Pain Toulousain pour 2019 à partir de la structure fournie en ANNEXE 4.**

Emplois stables		Ressources stables	
Immobilisations incorporelles	54 310	**Capitaux propres**	91 590
Immobilisations corporelles	439 570	**Amortissements et dépréciations**	372 940
Immobilisations financières	1 360	**Dettes financières stables**	57 285
TOTAL	*495 240*	**TOTAL**	*521 815*
Actif circulant		**Dettes circulantes**	
Stocks	11 560	**Dettes fournisseurs**	20 405
Créances clients	8 380	**Dettes fiscales et sociales**	16 450
		Autres dettes	
TOTAL	19 940	**TOTAL**	36 855
Trésorerie active	43 490	**Trésorerie passive**	*0*
Total général	*558 670*	*Total général*	*558 670*

Immobilisations corporelles : 297 240 + 142 330
Actif circulant stock : 8760 + 2800
Trésorerie active : Disponibilités

2. **Calculer le fonds de roulement net global (FRNG), le besoin en fonds de roulement (BFR) et la trésorerie nette en détaillant les calculs.**

FRNG : Ressources stables - Emplois stables = 521 815 – 495 240 = **26 575**

BFR : Actif circulant – Dettes circulantes = 19 940 – 36 855 = **- 16 915**

Trésorerie nette : FRNG – BFR = 26 575 – (-16 915) = **43 490**

Trésorerie nette : Trésorerie active – Trésorerie passive = 43 490 – 0 = **43 490**

3- Analyser la situation financière de l'entreprise Au Pain Toulousain.

Le fonds de roulement net global est positif, cela signifie que les emplois stables sont financés par les ressources stables, il est de 26 575 euros.

Le besoin en fonds de roulement est négatif, cela signifie qu'il n'y a pas de besoin en fonds de roulement. il n'y aura pas besoin de financement à court terme pour financer ses activités d'exploitation de l'entreprise, il reste des fonds disponibles sur la période étudiée. L'entreprise paye ses charges d'exploitation avec les dettes de court terme

La trésorerie nette est positive, cela signifie qu'après avoir financé l'activité de l'entreprise, il reste de l'argent en disponibilités. Tout va bien pour l'entreprise. Il n'y pas non plus de concours bancaires ni de trésorerie passive.

Au vu de l'annexe 5, l'entreprise « Au pain toulousain » a un taux d'endettement légèrement supérieur à celui du secteur qui est lui-même supérieur à 50 % donc il convient de limiter à l'avenir les emprunts. Par contre sa capacité de remboursement est meilleure que ses concurrents. Elle peut si elle désire réduire ses délais clients qui sont bien supérieurs à ceux du secteur (7 jours au lieu de 3), ce qui lui laisse une possibilité d'améliorer sa trésorerie si nécessaire. Actuellement elle n'en n'a pas besoin et cela constitue un avantage commercial pour ses clients. La durée du crédit fournisseur est sensiblement identique à ceux du secteur (légèrement supérieure) avec 29 jours ce qui permet de financer les charges de court terme.

Quant à la rotation des stocks, celle-ci est correcte, ce qui est normal dans une boulangerie.

4- *Discuter de la pertinence du projet de développement de l'entreprise Au Pain Toulousain.*

Ce projet est très pertinent, il s'inscrit dans une volonté de développement de l'entreprise. La trésorerie est saine. Le financement de l'utilitaire par emprunt est intéressant car il fait jouer l'effet de levier (le taux d'intérêt de l'emprunt étant inférieur (1.5 %) au taux de rentabilité du projet).

Dossier 3 Communication digitale

1.   Établir l'architecture du site avec les différentes rubriques proposées.
Exemple de présentation proposé par Clémence

L'architecture du site de « Au Pain Toulousain » pourrait être la suivante :

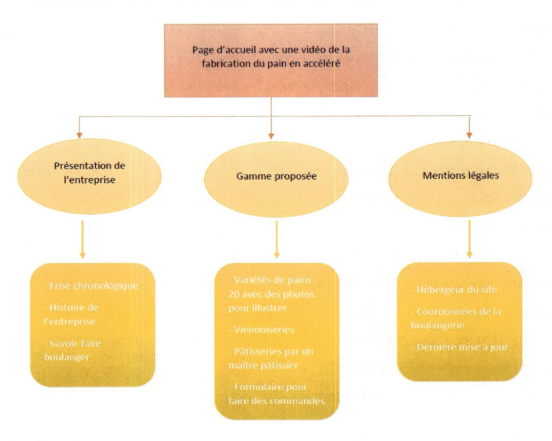

Sur la page d'accueil on peut proposer la présentation de l'entreprise avec son histoire, ses valeurs, ses produits proposés et en fin de page les mentions légales.

2.   Représenter les éléments composants la page d'accueil et expliquez le positionnement du texte et des images

Le site pourrait présenter les rubriques suivantes :
- Contact
- Lien vers Blog et présentation de recettes
- Produits proposés (notre gamme) et les services de livraison ou autres
- Présentation entreprise, son histoire, ses valeurs, le savoir-faire de l'artisanat
- Sa localisation avec une carte de situation
- Partenariats
- Une inscription à une newsletter

Il faut faire attention où placer les différents éléments en tenant compte de la lecture en Z ou en F et de la ligne de flottaison

Les rubriques seront proposées de manière linéaire et apparaitront au milieu de la page. Des images accompagneront celle-ci avec un flux sur l'actualité.

Exemple de présentation proposé par Clémence

La page d'accueil pourrait ressembler à cela :

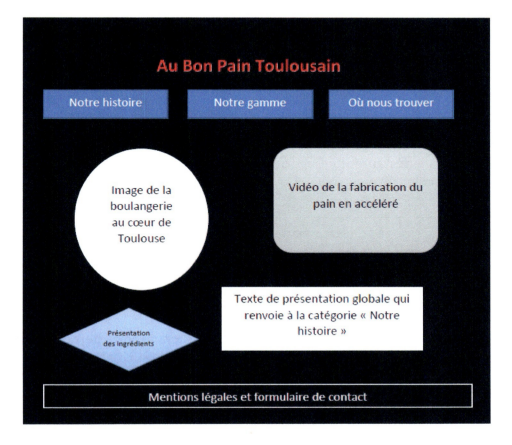

3. Prodiguez des conseils pour dynamiser le site internet

Pour dynamiser un site internet il suffit de le rendre plus attractif et pour cela il faut actualiser le site aussi souvent que possible, mais aussi créer un lien avec les utilisateurs à travers les réseaux sociaux. Les rubriques du site web doivent être claires et représentatives.

Il est possible aussi de faire des vidéos explicatives, de présentation, des idées de recettes. Le tout c'est d'attirer l'attention du client, et qu'il se sente proche de l'entreprise.

On pourrait aussi créer une galerie photo pour poster les différentes pâtisseries, réaliser un agenda des événements ou des promotions sur les pains, mettre aussi en place un système de partenariat avec des applications comme « Too Good To Go » qui permettent de racheter des invendus à moindre coût et ainsi éviter le gaspillage alimentaire.

4. Que peut-on dire de la charte Graphique ?

La charte graphique est le document qui accueille les différents éléments de l'identité visuelle. Elle est un élément indispensable de l'image de marque de l'entreprise. La charte graphique contient l'ADN visuel de la marque. La charte graphique représente les choix de couleurs, de typographie (signes visuels), de logo etc. tout ce qui définit l'entreprise. Ici des couleurs chaudes comme le jaune ou orange pour rappeler la couleur du pain bio bien chaud et bien doré.

Des éléments de correction

5. **Discuter de la pertinence de pouvoir créer un compte pour pouvoir effectuer des commandes et obtenir des réductions**

Créer un compte permet de montrer à l'entreprise qu'en tant que clients vous apportez un intérêt particulier à l'entreprise. L'entreprise met donc des dispositions pour ses clients fidèles. Des concours sur site peuvent être organisés afin de gagner des lots de produits et faire connaitre un peu plus l'entreprise. De nos jours le « clic and collect » est de plus en plus présent sur les sites web, il serait alors intéressant de proposer cette démarche au sein du site web. De plus s'inscrire sur le site permet de recevoir des notifications concernant toutes les nouveautés de la SARL et donc être en permanence à jour. On peut aussi envisager la possibilité de commander via un panier avec des promotions du jour ou de la semaine. Il faut aussi penser à sécuriser le paiement en ligne.

6. **Quels types de liens conseillez-vous ?**

On peut conseiller des liens se dirigeant vers les partenariats écologiques, des faits d'actualité. Où trouver le magasin de vente, les sources d'approvisionnements des ressources, des idées recettes simples. Un lien vers le restaurant « Gastro Tolosan » qui vend la baguette serait aussi un plus. Et bien sûr des liens vers les réseaux sociaux et pourquoi pas une chaîne YouTube.

Dossier 4 : Introduction au droit et droit des contrats

La correction qui est proposée ici pour le droit a été réalisée par Sahia CHERCHARI docteur en droit et enseignant au CPES de Toulouse.

1. **Au vu du contexte sanitaire, une loi est en préparation, et cette dernière pourrait entraîner des conséquences sur le secteur de la boulangerie. Désireux de suivre l'avancée de ce texte, Serge Muscat vous demande de lui décrire, le plus clairement possible, la procédure d'élaboration des lois.**

La loi est au sens strict une règle de droit écrite, générale et permanente adoptée par le Parlement. La première phrase de la procédure législative est **l'initiative.** Cette dernière appartient concurremment au Premier ministre et aux parlementaires. Lorsque l'initiative vient du gouvernement, on parle de projet de loi ; lorsque l'initiative vient du Parlement on dit qu'il s'agit d'une proposition de loi.
La 2e étape est celle de **l'examen, discussion et vote** sachant, que les 2 chambres (Assemblée nationale et Sénat) doivent se mettre d'accord sur un texte identique.
Le texte va être examiné par une assemblée puis par l'autre (selon une procédure assez complexe). Une fois que le texte est adopté par l'une des assemblées, il est transmis à la 2nde. Si cette dernière adopte le texte en termes identiques, on passe à la phase 3 : **la promulgation** par le président de la République dans les 15 jours.
Si les 2 chambres ne sont pas d'accord en première lecture, on procède à une 2e lecture par ces dernières. Si au terme celles-ci aucun accord n'est trouvé, il n'y a pas de 3e lecture mais on peut mettre en place une commission mixte paritaire dont le rôle va être de proposer un compromis sur les dispositions du texte restant en discussion.
Si un compromis n'est pas trouvé, le gouvernement peut après une nouvelle lecture demander à l'Assemblée nationale de statuer définitivement.
Si un compromis est trouvé, on peut soumettre ce compromis aux 2 assemblées. Dans l'hypothèse où les 2 assemblées ne s'accorderaient pas sur ce compromis, on se trouve ramené au cas précédent (l'Assemblée nationale a le dernier mot).

Des éléments de correction

2. **Il est par ailleurs un peu inquiet. Sa fille, Mone, commence des études de droit et elle lui a expliqué que les ventes de ses produits de boulangerie ne sont juridiquement pas valides car il faut un écrit, un certain formalisme. Faites-lui le point sur cette question, et dites-lui, au passage, s'il pourra vendre un de ses fonds de commerce sans formalités écrites.**

Le formalisme permet la validité des actes qui vont être observer à l'aide de formalités ou d'un écrit.

En droit français des contrats dominent **le principe du consensualisme**, autrement dit et sauf exception, la validité des contrats n'est subordonnée à l'observation d'aucune forme. Le principe est qu'un contrat est valable par le seul échange des consentements ; la volonté seule suffit à engager, sans respect d'aucune forme. La vente des produits de boulangerie semble donc valide.

Mais nous l'avons dit, quelques exceptions existent, c'est à dire que dans ces cas, des formalités vont être nécessaires à la validité du contrat qui sinon sera nul. Il s'agit des contrats réels, c'est à dire des contrats qui exigent la remise de la chose objet du contrat (principalement pour des gages ou des dépôts). e n'est pas le cas ici.

Autre exception où des formalités sont exigées, les contrats solennels ; mais la vente des produits de boulangerie n'est ici aussi pas concernée puisqu'il s'agit généralement d'actes d'une certaine importance comme des donations, des conventions d'hypothèques ou des contrats de mariage.

On notera cependant et on précisera à monsieur Muscat que **la vente d'un fonds de commerce** obéit à un certain formalisme puisqu'il est aujourd'hui exigé **un acte sous signature privée** pour que cette dernière soit valide (L 141-1 Code du Commerce)

3. **Vous sachant juriste, il en profite pour vous questionner sur deux points :**

- il y a deux mois, il a mis en vente sa voiture sur un site d'annonces, sans fixer de délai. Il voudrait savoir s'il peut retirer son offre. Dites-lui aussi ce qu'il aurait risqué s'il avait fixé un délai qu'il n'aurait pas respecté.

- son cousin, Dean, s'était engagé envers Mone. Un pacte de préférence a été conclu entre son cousin et sa fille pour la vente d'un appartement situé Toulouse. Or, il vient d'apprendre que son cousin a vendu l'appartement à un tiers. Que peut-il faire ?

- En mettant en vente sa voiture sur un site d'annonces monsieur Muscat a fait une **offre** expresse au public. Cette dernière n'étant pas assortie d'un délai, ne peut être rétractée qu'à « l'issue d'un **délai raisonnable »** (1116 alinéa 1er du Code civil) ; délai apprécié en fonction des circonstances et des usages (quelques jours en général et 2 mois sans hésitation).

- S'il avait fixé un délai et qu'il ne l'avait pas respecté, il aurait commis une **faute**. Cette faute ne l'aurait pas obligé conclure le contrat mais aurait pu engager sa « **responsabilité extracontractuelle**, sans toutefois compenser la perte des avantages attendus du contrat ».

- **Le pacte de préférence** conclu entre Dean et Mone et un véritable contrat ; contrat par lequel Dean s'est juridiquement engagé à proposer prioritairement à Mone de traiter avec elle s'il décidait de contracter, de vendre son immeuble. Il a vendu l'appartement à un tiers. La règle est simple : si un contrat est conclu avec un tiers **en violation d'un pacte de préférence,** le bénéficiaire (Mone) peut obtenir **réparation** (dommages et intérêts) du préjudice subi. Par ailleurs, si Mone arrive à prouver que le tiers acheteur connaissait l'existence du pacte et sa volonté de s'en prévaloir, elle pourra agir **en nullité de la vente** réalisée voire demander au juge de **la substituer au tiers dans le contrat conclu.**

Des éléments de correction

Section 9. Éléments de correction Délicates Saveurs

Dossier 1 La communication digitale chez Délicates saveurs

La communication digitale est une nouvelle discipline de communication qui désigne l'ensemble des échanges et des informations transmises via tous les supports que proposent l'écosystème numérique.

Dans le domaine professionnel, la communication digitale définit alors les stratégies et actions de communication qui sont menées sur le web dans le but de transmettre des messages, des valeurs ou encore des résultats qui vont attirer l'attention des internautes cibles et améliorer la visibilité d'une entreprise.

Apparue depuis le développement d'internet, la communication digitale est et a toujours été en constante évolution, suivant les différentes mutations d'usages et les avancées technologiques dans le domaine du numérique. Actuellement, la communication digitale utilise beaucoup l'animation de réseau ou encore la modération d'une communauté pour faire passer des messages.

Souvent confondue avec le marketing digital, et même si les frontières se diluent de plus en plus entre la communication digitale et le marketing digital, ils restent deux termes à ne pas confondre. En effet, alors que le marketing digital se penche sur des questions d'offres et d'expériences utilisateur sur le web, la communication digitale, elle, se concentre sur l'interaction entre les internautes et les entreprises.

Parce que la communication digitale est affaire d'objectifs à atteindre et alors de stratégies à mettre en œuvre, en fonction de cela, on peut décider de partager des messages à un cercle restreint de personnes ou bien faire en sorte que l'information arrive au plus grand nombre possible. En fonction des objectifs, les canaux en communication digitale appropriés ne seront pas les mêmes, et peuvent être :

- Les réseaux sociaux (principal canal de communication digitale),
- Le site web,
- Le blog,
- L'application mobile,
- L'emailing.

1.1 Architecture du site Internet Délicates saveurs

Voici un exemple d'architecture possible

	Page d'accueil			
Présentation de l'entreprise	Gamme de produits proposés		Contacts Où nous trouver ?	
Son histoire / Ses valeurs / Son équipe	Plats proposés / Ventes directes / actualités	Notre blog	Inscription newsletter	Liens vers les réseaux sociaux
Les mentions légales				

Attention pour la 1ère page du site à la lecture en Z ou F, au positionnement des éléments importants en fonction de la pyramide inversée. Faire une page colorée qui attire le regard, proposer des images dynamiques et des liens vers les réseaux sociaux

Des éléments de correction   174

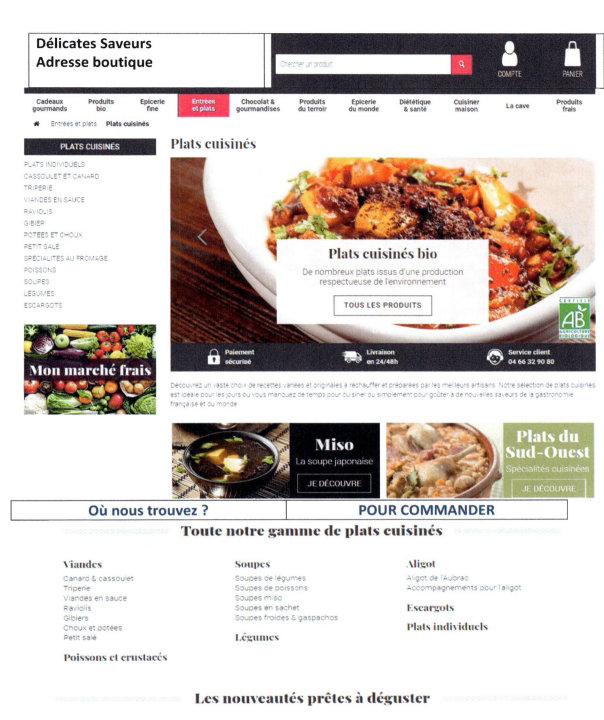

1.2. La charte graphique

Une charte graphique regroupe et traduit graphiquement tout l'univers et toutes les valeurs de l'entreprise (dynamisme, innovation, élégance, ...), c'est le support fondamental de toute sa communication (interne et externe). L'élément central d'une charte graphique est le logo (les logos symboles, les logos typographiques, et les logos mixtes), on le retrouve sur tous les supports de communication de l'entreprise, c'est à partir du logotype que l'on bâti une identité visuelle.

Le logotype doit refléter l'image de l'entreprise et ses activités, il doit également renforcer son image et rassurer ses clients. Le logo doit pouvoir s'adapter et se décliner (différentes couleur) sur l'ensemble des supports de communication de l'entreprise. On le retrouvera par exemple sur le papier à en-tête, les devis et factures, les affiches, les plaquettes commerciales, les flyers, le site internet et les véhicules de l'entreprise.
Le logotype à lui seul ne constitue pas pour autant une charte graphique, la charte définit également les polices de caractères et les attributs typographiques à utiliser, en règle générale une police de titre et une police de contenu. La typographie est une des composantes essentielles de l'univers graphique d'une entreprise.

La charte fige aussi les choix de couleurs au travers de jeux de couleurs adaptés aux exigences des différents supports de communication et des différents fonds disponibles (fond de couleur ou fond blanc). Le nombre de jeux de couleurs doit rester limité pour simplifier la mémorisation de l'identité visuelle et sa différenciation par rapport à la concurrence (4 ou 5 couleurs étant un compromis idéal entre mémorisation et différenciation).

L'un des objectifs d'une charte graphique est de conserver une cohérence graphique dans toutes les réalisations graphiques d'une entreprise. Sa mise en place garantie une identité visuelle homogène que pourront s'approprier les clients ainsi que tous les partenaires *(fournisseurs, graphistes, presse,)* d'une entreprise. La charte graphique permet donc de communiquer « d'une seule voix » avec comme conséquence positive une maîtrise de l'image de l'entreprise. Les anglophones parlent de corporate design *(littéralement : dessin de l'entreprise).*

L'autre objectif de la charte graphique est de permettre au récepteur d'identifier facilement l'émetteur par la cohérence associée à la récurrence des différentes réalisations graphiques. Autre intérêt non négligeable, une charte graphique complète permet d'accélérer et de faciliter la production de nouveaux supports de communication, les fondamentaux étant déjà existants.

Pour conclure, disposer d'une charte graphique est indispensable pour communiquer efficacement.

Exemple de charte graphique

1.3. Comment mettre en avant les nouveaux produits proposés ?

- On peut créer un blog avec les produits, les recettes, les astuces de cuisine et de présentation de menus, les avis des clients etc.

- on peut proposer une newsletter toutes les semaines avec l'actualité du moment, les produits de saison, des menus, des articles de presse, des blagues, des jeux

- on doit mettre à jour le site Internet et créer une rubrique pour les nouveaux produits comme « les nouveautés prêtes à déguster » (voir page d'accueil proposés)

- On peut créer une application mobile pour les clients avec des alertes pour les produits nouveaux

- On peut utiliser les réseaux sociaux pour communiquer sur ces nouveaux produits et même créer une chaine YouTube avec un cuisinier qui présenterait la création de menus.

Dossier 2 Le marché des séniors

2.1. Diagnostic interne et diagnostic externe de par la matrice SWOT

	FORCES	FAIBESSES
Diagnostic interne	- Camille BERGILLON diplômée en diététique - Plats cuisinés maison - Trois lignes de produits - Composition des plats adaptée au public visé - Commercialisation des produits dans la grande distribution et quelques magasin niveau local - Equipe de travail diversifiée - Création en 2015 de son réseau de distribution - Développement de son propre réseau de commerces franchisés - Premier points de vente en 2015 à La Rochelle - Elargissement de son offre commerciale	- Ne possède pas de site internet - Ne possède pas de blog - Ne distribue pas de newsletter - Gamme de produits peu profonde - Produits spécifiques - Peu de points de ventes malgré la franchise
	OPPORTUNITÉS	**MENACES**
Diagnostic externe	- Salon de la franchise à Paris - Babyboomers (vieillement de la population) ce qui augmente la demande de produits cuisinés - Recherche de produits du terroir	- Crise sanitaire COVID 19 - Concurrence forte sur le marché des produits cuisinés et diététiques - Séniors peu fidèles aux marques et n'hésitent pas à changer de marques et de produits - Hôpitaux et maisons de retraite sont peu enclins à acheter les plats cuisinés pour les personnes âgés dépendantes

2.2. Attentes respectives de chaque segment des seniors en matière alimentaire.

Les consommateurs séniors sont à la recherche de produits out prêts déjà cuisinés, de qualité qui apportent des qualités nutritives et ayant des saveurs agréables issus de nos terroirs. Ils veulent consommer des produits identiques aux actifs. Le lieu d'approvisionnement doit être accessible.

Les baby-boomers nés après la seconde guerre mondiale ont entre 55 et 75 ans, certaines personnes plus âgées ont connus les privations et les dégâts causés par la guerre. Ils sont nostalgiques et recherche l'authenticité des produits.

Les grands seniors sont sujets à la dénutrition, il faut leur donner envie d'acheter et de consommer des plats savoureux.

Les âgées dépendants ne sont pas décisionnaires concernant l'achats des produits alimentaires et il est difficile de vendre ces produits aux hôpitaux et maisons de retraites car les prix ne sont pas attractifs comparés aux grands distributeurs.

Les grands séniors ont besoins d'une alimentation adaptées spécifiquement et il faut décliner les plats aux différentes textures pour s'adapter aux goûts des patients ainsi qu'à leurs pathologie. Le packaging est également important avec une lisibilité de composition des ingrédients utilisés.

2.3. Présentation de 4 moyens de communication adaptés aux séniors.

Entre 2000 et 2050, le nombre de personnes âgées de plus de 60 ans devrait passer de 605 millions à deux milliards. Ils représentent une grande partie de la population. Ils sont plus nombreux en termes démographique et deviennent de facto des acteurs actifs de la consommation. En effet, consuméristes, ils représentent 54 % des consommateurs Français.

En 2060, 1 Français sur 2 aura plus de 50 ans et 1 Français sur 3 aura plus de 60 ans. Les seniors sont donc devenus une cible importante sur le marché pour les annonceurs, qui doivent apprendre à bien communiquer en matière de publicité s'ils veulent les conquérir et gagner leur fidélité. Mais quelles sont les meilleures pratiques pour communiquer auprès des seniors ?

En marketing on va segmenter les personnes âgées pour mieux étudier les besoins.

D'après des études de marchés réalisés en France on peut découper la population en :
- **Les "masters" entre 50 et 59 ans**, consommateurs exigeants à la recherche du plaisir immédiat, de l'expérimentation plutôt hédoniste ;
- **Les "libérés" entre 60 et 74 ans**, consommateurs prudents qui demandent à être convaincus ;
- **Les "aînés" de 75 à 84 ans**, consommateurs peu dépensiers avec une préférence pour les grandes marques connues et réputées ;
- **Les "grands aînés" de 85 ans et plus**, qui font des achats de nécessité et non plus de plaisir.

Les médias à utiliser de préférence :
- **La télévision, ce média de masse** est très regardé par les personnes âgées et une publicité pour faire découvrir de nouveaux produits et de nouvelles marques peut être le média à utiliser.
- **La radio**, ce média est une compagnie très utilisé par les personnes âgées et des spots publicitaires sont les bienvenus pour des plats régionaux.
- **Les magazines spécialisés** comme « notre temps » ou « 60 millions de consommateurs » ou « santé magazine » ou encore les journaux gratuits distribués dans les grandes villes sont aussi très utilisés pour faire de la publicité.
- **Le courrier** est un média qui est très efficace, il va permettre d'adresser de manière très personnalisée un message avec une offre et qui va amener la personne qui le lie à interagir : renvoyer un coupon de réponse, ou se rendre en magasin par exemple. Contrairement aux autres médias non-papier, ils peuvent le conserver et le consulter ultérieurement. C'est en cela qu'il est adapté particulièrement à la cible des seniors. C'est un des grands médias à privilégier dans une démarche de marketing direct. Dans une logique de marketing cross-canal, le courrier peut précéder de manière efficace une campagne sur un média de masse comme la télévision.

La révolution numérique a bien eu lieu chez nos aînés puisqu'ils sont aujourd'hui 17,2 millions à surfer sur Internet et représentent 39 % de l'audience totale. S'ils passent du temps sur Internet, c'est parce qu'au-delà de l'effet anti-âge qui est immédiat, Internet permet aux seniors de maintenir le lien social, familial, de suivre l'actualité, de s'instruire, de se divertir, d'acheter, et même de rencontrer Ils adorent consulter plusieurs sources d'informations avant d'acheter, avec un panier moyen annuel de 1 644 €. **Le web** est parfaitement complémentaire du média roi chez les seniors : la télévision.

Dossier 3 L'analyse prévisionnelle de trésorerie

3.1. Intérêt pour Camille BERGILLON d'assurer un suivi régulier de sa trésorerie.

Beaucoup trop de dirigeants pensent que si l'entreprise est globalement rentable, le pilotage des comptes bancaires de l'entreprise au fil du temps est suffisant pour assurer une bonne gestion à court terme. C'est une erreur qui peut se révéler au mieux très coûteuse, au pire fatale. Cette démarche, qui peut fonctionner un certain temps grâce à la bonne connaissance des flux financiers, ne permet pas d'analyser de manière précise le cycle financier de l'entreprise.

En cas de tension de sa trésorerie, le dirigeant ne disposera pas d'éléments qui lui permettront de comprendre la nature et la cause de la difficulté qu'il traverse. Il ne disposera pas non plus d'une vision des mesures correctrices possibles, ni des implications et des conséquences des décisions qu'il prendra.

La trésorerie est trop souvent perçue comme le total des sommes d'argent disponibles en caisse ou en banque. Or, la trésorerie d'une entreprise correspond à la ressource financière globale disponible. Elle intervient de manière fondamentale dans le fonctionnement général de l'entreprise. Pour un financier, la trésorerie est composée de plusieurs éléments et se calcule par la différence entre deux éléments :

- Le surplus du financement à long terme
- Les besoins pour financer le cycle d'exploitation de l'entreprise.

Une trésorerie positive signifie que l'entreprise a un cycle d'exploitation (ou des engagements financiers à court terme) qui nécessite moins de trésorerie que les réserves financières dont elle dispose sur le long terme. Connaître et maîtriser ces notions financières de base et mettre en place un suivi régulier de sa trésorerie et des indicateurs pertinents permet d'anticiper les difficultés et de mieux adapter les actions correctives.

Le suivi de la trésorerie, c'est la maîtrise des mécanismes économiques et financiers propres à l'entreprise et l'historique des indicateurs. Ainsi, en cas de besoin de financement, la bonne connaissance des indicateurs financiers contribue fortement à rassurer les partenaires potentiels. Tout ceci montre qu'il est important pour Camille BERGILLON de suivre sa trésorerie régulièrement de préférence tous les mois.

3.2. BUDGET DE TVA ET BUDGET DE TRÉSORERIE COMPLÉTÉ

BUDGET DE TVA

ÉLÉMENTS	JUILLET	AOUT	SEPTEMBRE
TVA COLLECTÉE	8 800	8 800	8 800
TVA DÉDUCTIBLE SUR ABS 5.5 %	4 400	4 400	3 850
TVA DÉDUCTIBLE SUR abs 20 %			6 000
TVA DÉDUCTIBLE SUR IMMOBILISATION			
CRÉDIT DE TVA REPORTÉ			1 050
TVA NETTE DUE OU CRÉDIT DE TVA	4 400	4 400	

BUDGET DE TRESORERIE

ÉLÉMENTS	JUILLET	AOUT	SEPTEMBRE
ENCAISSEMENTS			
Créances Clients (BILAN)	60 000	60 000	
Ventes de juillet TTC	84 400	42 200	42 200
Ventes d'août TTC		84 400	42 200
Vente de septembre TTC			84 400
TOTAL ENCAISSEMENTS	**144 400**	**186 600**	**168 800**
DÉCAISSEMENTS			
Dettes Fournisseurs (BILAN)	46 000	23 000	
Dettes fiscales et sociales (Bilan)	(15 000) *		
Achats de juillet TTC	33 760	25 320	25 320
Achats d'août TTC		33 760	25 320
Achats de septembre TTC			29 540
Frais de communication			36 000
Salaires	22 400	22 400	22 400
Charges sociales	11 000*	17 360	17 360
Autres charges courantes	40 000	40 000	40 000
TVA à décaisser	4 000*	4 400	4 400
TOTAL DÉCAISSEMENTS	**157 160**	**166 240**	**200 340**
Trésorerie initiale	18 500	5 740	26 100
Solde du mois	- 12 760	20 360	- 31 540
Trésorerie finale	**5 740**	**26 100**	**- 5 440**

3.3. Commentaire de la situation de trésorerie de l'entreprise DELICATES SAVEURS

La trésorerie de la société est positive et saine. Les solde du mois de juillet est négatif mais comme la trésorerie de début de mois est positive, cela compense et donne une trésorerie de fin de mois de 5 740 €. Par contre la trésorerie de la fin du mois de septembre est négative de 5 440 euros, ceci est dû aux frais de communication de 36 000 euros qui impactent la trésorerie. Il faudrait négocier par exemple avec le fournisseur un délai de paiement de quelques jours ou un paiement en deux fois sans frais.

3.4 : Proposition de solutions adaptées à la situation de l'entreprise DELICATES SAVEURS

Toute entreprise ne peut fonctionner que si elle dispose de manière régulière des ressources financières suffisantes pour régler ses dépenses. (Fournisseurs, salaires, charges sociales et fiscales, etc.). A défaut, elle serait déclarée en cessation des paiements et serait éventuellement liquidée.

C'est une mésaventure qui arrive trop souvent aux entreprises qui ont mal suivi ce domaine pourtant primordial. La trésorerie est un aspect de la gestion d'entreprise qu'il faut suivre quotidiennement. Et ce, avec une vision stratégique à moyen terme, et une connaissance de la situation présente grâce à des outils adaptés.

Gérer la trésorerie de l'entreprise, c'est être en permanence en prise directe avec les flux financiers réels et prévisionnels, entrants et sortants. C'est aussi avoir une attention toute particulière pour ses partenaires financiers (banques, autres organismes financiers, etc.).

Cela permet d'effectuer rapidement les ajustements nécessaires. C'est donc, avant toute chose, savoir suivre et anticiper les mouvements financiers.

De nombreux chefs d'entreprise ou directeurs financiers s'interdisent de prendre des risques avec l'argent de l'entreprise dont ils sont responsables. Leur prudence est parfaitement légitime : réaliser des pertes financières à cause d'un mauvais placement est un scénario que toute entreprise souhaite naturellement éviter. Pour autant, ne pas investir ses réserves implique de les laisser se déprécier face au retour de l'inflation. Il est donc important de se poser les bonnes questions sur la gestion de sa trésorerie d'entreprise pour trouver la solution la plus adéquate.

Il existe différentes possibilités de placement, tant des supports financiers que des supports immobiliers. Selon les critères d'investissement et en fonction de la situation de la société, certains placements seront plus pertinents que d'autres pour les chefs d'entreprise.

Avant de choisir son support de placement, il convient de déterminer l'horizon de placement défini, envisager le risque possible mais également le montant à placer. Une fois ces indicateurs arrêtés, il faudra choisir quels types de placement privilégiés : des titres négociables, un fonds monétaire, un titre de créance etc.

Comme pour les particuliers, les solutions immobilières peuvent être opportunes et offrir un rendement plus important que des placements financiers.

4.1 : Camille BERGILLON a appris il y a peu qu'une loi réformant les contrats de franchise était en préparation. Désireuse de suivre l'avancée de ce texte, elle vous demande de lui décrire, le plus clairement possible, la procédure d'élaboration des lois.

Pour répondre à cette question on peut reprendre les explications de Philippe BOLO député d'Angers qui explique la procédure d'élaboration des lois : « la fabrique de la loi s'échelonne sur plusieurs mois, voire parfois plusieurs années. Les 7 étapes du processus de production d'une loi sont les suivantes :

- **L'initiative de la loi.** Elle peut provenir du gouvernement, d'un ministre, ou de n'importe quel parlementaire (député ou sénateur). On parle de projet de loi lorsque l'initiative provient du gouvernement, et de proposition de loi lorsque qu'elle provient d'un député ou d'un groupe de députés.
- **Le dépôt de la loi.** Les projets ou propositions de loi doivent être examinés par les deux chambres parlementaires (Assemblée Nationale et Sénat), qui exercent le pouvoir législatif, c'est-à-dire l'adoption des lois et le contrôle du pouvoir exécutif. Le dépôt d'un projet de loi peut s'effectuer au Bureau de l'Assemblée nationale ou du Sénat. Une proposition de loi doit être obligatoirement déposée sur le Bureau de l'assemblée du parlementaire auteur de la proposition. Le gouvernement peut s'opposer à une proposition de loi qui réduirait des ressources publiques, ou qui créerait ou aggraverait une charge publique.
- **L'examen en commission.** Le texte est ensuite examiné par la commission parlementaire compétente dans le domaine concerné (ou par une commission spéciale mise en place pour réunir les commissaires de plusieurs commissions compétentes sur le domaine). La commission concernée par l'examen d'un projet ou d'une proposition de loi désigne un rapporteur chargé d'étudié le texte, de rédiger un rapport et d'émettre des avis sur les amendements proposés par les députés. Le rapporteur peut également amender le texte de la loi. La commission saisie sur le fond pour examiner le projet ou la proposition de loi auditionne généralement des experts afin d'entendre leurs avis et opinions sur les lois examinées.
- **Le vote en première lecture.** Après inscription à l'ordre du jour, au moins six semaines après le dépôt, le projet ou la proposition de loi est examiné, par l'Assemblée où il aura été déposé. Avant de voter les articles de loi, les députés ou sénateurs peuvent déposer des amendements. Le texte amendé et voté est ensuite examiné par la seconde assemblée ; c'est ce qu'on appelle la navette parlementaire.
- **La navette parlementaire.** Au moins quatre semaines après la transmission de la loi entre Sénat et Palais Bourbon, ou l'inverse, les articles sont à nouveau modifiables par le biais d'amendements déposés, et seuls les articles modifiés sont mis à l'étude.
- **L'adoption de la loi.** Le projet ou la proposition de loi est adopté(e) lorsqu'il est voté dans les mêmes termes par les deux assemblées. En cas de désaccord, une commission paritaire est convoquée (appelée CMP pour Commission Mixte Paritaire). Elle est composée de 7 députés et 7 sénateurs, qui cherchent un compromis pour proposer un texte faisant consensus. En cas d'échec, une nouvelle lecture du texte est engagée. Le dernier mot revient à l'Assemblée nationale ».

Une fois la loi votée, le Président de la République la promeut dans les 15 jours. Entre temps, le Conseil Constitutionnel peut être saisi pour vérifier la constitutionnalité de la loi. La loi entre en vigueur après adoption au Journal Officiel.

4.2 : Elle sait aussi que la récente réforme des contrats a simplifié et facilité la vie des agents économiques sur certains points. Précisez-lui quelles mesures ont été introduites, sans évoquer les mesures concernant le contentieux.

Pour répondre à cette question nous reprendrons les propos de Mathilde GUYBON, juriste dans son article du 1er juin 2018 paru sur le site de JuriTravail (https://www.juritravail.com/) :

« Le 16 février 2015, le Parlement adopte une Loi d'habilitation afin d'autoriser le Gouvernement à élaborer la réforme du droit des contrats. Celle-ci poursuit plusieurs objectifs : **simplifier et clarifier ce droit mais surtout moderniser notre code civil et l'harmoniser avec le droit européen.** Pour ce faire, elle supprime des notions obsolètes comme la cause, consacre des jurisprudences constantes et des pratiques. Enfin, elle apporte quelques nouveautés. Le Gouvernement achève son œuvre par l'Ordonnance du 10 février 2016 pour une entrée en vigueur de la réforme au 1er octobre 2016. Celle-ci ne touche pas au régime de la preuve issu de l'Ordonnance. Elle modifie le droit des contrats et le régime général des obligations. Certaines dispositions n'entreront en vigueur qu'à compter du 1er octobre 2018 et d'autres font partie intégrante de l'Ordonnance, elles s'appliquent donc depuis le 1er octobre 2016.
La réforme du droit des contrats, visant tous types de contrats est à destination de l'ensemble des acteurs économiques. Elle concerne tant les particuliers que les entreprises. Ici, seront envisagées uniquement les dispositions à destination des particuliers.

Voyons tout d'abord l'Innovation dans le droit des contrats :

- **La bonne foi,** une notion essentielle consacrée : elle s'apprécie des négociations à l'exécution du contrat. Une innovation dans le cadre de l'exception à l'exécution forcée en nature, celle de « la disproportion manifeste entre son coût pour le débiteur et son intérêt pour le créancier ». Pour éviter un abus de la part du débiteur, la Loi introduit la condition de bonne foi à cette exécution forcée ;
définition du contrat de gré à gré et distinction du contrat d'adhésion. La Loi de 2018, applicable au 1er octobre, clarifie et étend le champ d'application du contrat d'adhésion en parlant de clauses au lieu de conditions générales ;
- **La lutte contre les clauses abusives dans les contrats d'adhésion :** une clause qui crée un **déséquilibre significatif** entre les droits et obligations des parties est abusive. La sanction de ces clauses n'est plus limitée aux contrats conclus entre professionnel/consommateur. A partir du 1er octobre 2018, le champ d'application des clauses abusives est restreint aux « clauses non négociables » ;
- **La caducité de l'offre** de contracter en cas de décès de l'émetteur ou du destinataire. Le décès du destinataire n'est pas envisagé par l'Ordonnance. La Loi y remédie à compter du 1er octobre en consacrant la jurisprudence antérieure ;
- **La réticence dolosive** : la Loi de 2018 restreint son domaine en excluant la dissimulation sur la valeur à compter d'octobre 2018 ;
- **La sanction de l'inexécution contractuelle** : pour la réduction du prix, distinction, avec la Loi de ratification, selon que le prix a déjà été payé ou non. La saisine du juge n'est pas obligatoire si la prestation n'a pas été payée. Dans le cas contraire, à partir du 1er octobre, il faudra saisir le juge afin d'obtenir une réduction du prix ;

- **La consécration de la sanction de « l'abus de l'état de dépendance »** : l'objectif est de protéger la partie la plus faible. Cet état de dépendance est à apprécier au regard de l'autre partie. Celle-ci doit tirer un « avantage manifestement excessif » de cet abus ;
- **L'introduction et encadrement de la notion de contrat de prestation de service** : le prix peut être fixé unilatéralement par le créancier, en cas d'abus l'autre partie est protégée. Elle peut obtenir des dommages et intérêts et la résolution du contrat.

Voyons ensuite les nouveautés au sein du régime général des obligations :
- La réforme consacre **le droit de renoncer à une condition du contrat**, pour la partie qui a intérêt à sa réalisation. Cela n'est possible que si la renonciation intervient avant la défaillance de la condition. Issue de la jurisprudence, cette règle vise notamment les conditions suspensives ;
- **L'introduction de l'action interrogatoire** pour éviter toute incertitude entre les parties ;
- **L'inopposabilité de la déchéance du terme** aux débiteurs solidaires et à la caution permet de protéger ces derniers. La caution et le débiteur solidaire sont protégés contre une défaillance qui provoque la déchéance du terme, en cas de non-remboursement de mensualité de prêt par exemple
- **Pour réduire une dette**, la caution ou le débiteur solidaire, peuvent se prévaloir de **la compensation** intervenue entre le créancier et un des débiteurs ;
- Pour les **mineurs** non émancipés et les **majeurs protégés** des dispositions sur les restitutions sont intégrées. Pour préserver leur intérêt, il est prévu que la restitution dont ils seraient redevables, soit réduite à proportion du profit qu'ils ont retiré de l'acte annulé ».

4.3 : Sa fille Albane, qui débute ses études de droit, lui a par ailleurs expliqué que le contrat de franchise conclut avec Dominique Ledoux pourrait être annulé car le consentement de ce dernier a été vicié. Elle lui a, plus ou moins clairement, expliqué qu'il y avait « violence » et plus précisément « abus de dépendance ». Dites-lui si Albane a raison en lui précisant les formes et les caractères de la violence.

Dans un contrat de franchise, de multiples clauses sont présentes. Selon Xavier HENRY et André BRICORGNE, avocats au Barreau de Paris et spécialistes de droit des affaires, dans un article des Echos du 11 avril 2019 ils écrivent :
« **L'abus de dépendance économique** est sanctionné par l'article L. 420-2 al. 2 du code commerce qui dispose qu'est prohibée « dès lors qu'elle est susceptible d'affecter le fonctionnement ou la structure de la concurrence, l'exploitation abusive par une entreprise ou un groupe d'entreprises de l'état de dépendance économique dans lequel se trouve à son égard une entreprise cliente ou fournisseur. Ces abus peuvent notamment consister en refus de vente, en ventes liées, en pratiques discriminatoires [...] ou en accords de gamme ».
Cette infraction est difficile à caractériser car doivent être démontrés l'existence d'une situation de dépendance économique, un abus et, comme toute infraction anticoncurrentielle, un effet à tout le moins potentiel sur le marché. En l'absence de définition légale de l'état de dépendance économique, la Cour de cassation énonce que « pour un distributeur, [il] se définit comme la situation d'une entreprise qui ne dispose pas de la possibilité de substituer à son ou ses fournisseurs un ou plusieurs autres fournisseurs répondant à sa demande d'approvisionnement dans des conditions techniques et économiques comparables » (Cass. com. 3 mars 2004, n° 02-14.529).
Pour caractériser la dépendance économique d'un distributeur à l'égard d'un fournisseur, la jurisprudence a posé plusieurs critères cumulatifs : l'importance de la part du fournisseur dans le chiffre d'affaires du distributeur à condition toutefois que cette part ne résulte pas d'un choix délibéré de politique commerciale du distributeur, la notoriété de la marque du fournisseur, l'importance de la part de marché du fournisseur et la difficulté pour le distributeur d'obtenir d'autres fournisseurs.

Ces critères qui conduisent à considérer qu'un distributeur faisant 100 % de son chiffre d'affaires avec un fournisseur n'est pas en situation de dépendance économique s'il dispose de solutions alternatives expliquent le faible nombre de décisions caractérisant une situation de dépendance économique au regard de l'article L. 420-2 al. 2. C'est la raison pour laquelle d'ailleurs, il est question de le réformer.

Aux termes de deux arrêts récents des 3 octobre 2018 (n° 16/05817) et 9 janvier 2019 (n° 16/21425), la cour d'appel de Paris, sans remettre en cause la jurisprudence antérieure, a caractérisé de manière originale la dépendance économique. Selon la Cour, « La mise en évidence d'une situation de dépendance économique de franchisés à l'égard d'un franchiseur pourrait […] résulter du jeu cumulé d'un ensemble de clauses contractuelles imposées par ce dernier, dont la finalité serait de limiter la possibilité des franchisés de quitter le réseau et de restreindre leur liberté contractuelle dans des proportions dépassant les objectifs inhérents à la franchise, sans que la circonstance que ces clauses aient été volontairement souscrites puisse être opposée aux franchisés ».
Ainsi, selon l'arrêt du 3 octobre 2018, le contrat de franchise contenait les clauses suivantes :
Une clause selon laquelle le franchisé s'obligeait à s'approvisionner auprès des centrales du franchiseur, des autres franchisés, des fournisseurs référencés par le franchiseur ou encore devait soumettre les fournisseurs de son choix à la procédure d'agrément du franchiseur.
Une clause de non-concurrence pendant la durée du contrat, puis pendant encore un an à compter de son expiration interdisant au franchisé « d'exploiter ou de participer d'une quelconque manière, directement ou par personne interposée, à l'exploitation, la gestion, l'administration, le contrôle d'un fonds de commerce ou d'une entreprise ayant une activité identique ou similaire à l'unité en franchise et de s'affilier, d'adhérer ou de participer de quelque manière que ce soit, à une chaîne concurrente du franchiseur ou d'en créer une lui-même, et plus généralement de se lier à tout groupement, organisme ou entreprise concurrente du franchiseur […] et ce dans un rayon de 30 km du magasin exploité dans le cas d'une zone dite rurale et dans un rayon de 10 km dans une zone urbaine. La violation de cette clause […] entraînera le versement par le franchisé d'une somme de 160'000 euros […] ».

La Cour, après avoir relevé la réelle notoriété du franchiseur, sa part de marché « sinon dominante, du moins prépondérante » ou encore la part élevée du chiffre d'affaires des produits du franchiseur dans le chiffre d'affaires du franchisé considère que la privation « de toute solution alternative à la distribution des produits [du franchiseur] ou de ses fournisseurs agréés » résultait des clauses contractuelles susvisées car le franchisé effectuait « la totalité de son activité auprès [du franchiseur], sans aucune possibilité de diversification ou de sortie du réseau ». Le franchisé était ainsi en situation de dépendance économique à l'égard du franchiseur. La Cour ajoute que le choix de conclure un contrat de franchise contenant ces clauses ne privait pas le franchisé du droit d'invoquer l'article L. 420-2 al. 2.

Ces arrêts impliquent que beaucoup de franchisés pourraient se trouver en dépendance économique à l'égard de leurs franchiseurs car nombre de contrats de franchise contiennent les clauses susvisées. Néanmoins, il doit être rappelé que l'existence d'une situation de dépendance économique n'est pas suffisante. Encore faut-il pour condamner le franchiseur qu'il ait abusé de cette dépendance et que cet abus soit « susceptible d'affecter le fonctionnement ou la structure de la concurrence » (article L. 420-2 al. 2). Même si l'effet sur le marché peut n'être que potentiel, cette condition accroît la difficulté de mise en œuvre le texte. D'ailleurs, en l'occurrence, dans les deux arrêts précités de la cour d'appel de Paris, le franchisé a finalement été débouté au motif que le franchiseur n'avait pas commis d'abus.

Compte tenu des difficultés pour obtenir la sanction d'une pratique sur le fondement de l'abus de dépendance économique de l'article L 420-2 du code de commerce, quand bien même la cour d'appel de Paris assouplirait la caractérisation de la dépendance économique, la sanction des abus doit sans doute être recherchée sur d'autres fondements aux conditions moins restrictives. Il en va ainsi de l'abus de droit [article 1104 (nouveau) du code civil] ou de l'article L. 442-6, I, 2° du code de commerce qui permet de sanctionner les clauses contractuelles ou pratiques significativement déséquilibrées ou encore de l'article 1143 (nouveau) du code civil qui dispose qu'il y a « violence lorsqu'une partie, abusant de l'état de dépendance dans lequel se trouve son cocontractant à son égard, obtient de lui un engagement qu'il n'aurait pas souscrit en l'absence d'une telle contrainte et en tire un avantage manifestement excessif ».

A travers ces explications nous voyons qu'Albane a raison d'attirer l'attention de Dominique LEDOUX.

4.4 : Albane lui a également expliqué que le contrat de franchise pourrait de toute façon être annulé, même si la violence n'est pas retenue, car il est déséquilibré à son profit. Il y a selon elle lésion et cela peut entraîner l'annulation du contrat. Albane a-t-elle juridiquement raison ?

La lésion représente le préjudice subi par une partie dans un partage, dans un contrat.
Régulièrement invoquée par des franchisés malheureux, rarement accordée en pratique, la nullité d'un contrat de franchise pour erreur sur la rentabilité pourrait connaître une vigueur nouvelle avec l'ordonnance du 10 février 2016 réformant le droit des obligations.
Précisons tout de suite que l'erreur se différencie du dol en ce que ce dernier constitue une erreur provoquée : le dol suppose des manœuvres, actives ou passives, de la part du cocontractant, alors que l'erreur ne suppose rien d'autre qu'un constat objectif : le franchisé croyait obtenir tel ou tel avantage en signant, il ne les a pas obtenus. Il est donc beaucoup plus facile de démontrer une erreur qu'un dol. On le sait, le seul défaut d'information à ce titre n'emporte pas annulation automatique du contrat : le franchisé doit prouver que ce défaut d'information préalable a entraîné pour lui un vice du consentement ; en d'autres termes, s'il avait obtenu l'information manquante, il n'aurait pas signé. Outre la responsabilité de celui qui en était tenu, le manquement à ce devoir d'information peut entraîner l'annulation du contrat dans les conditions prévues aux articles 1130 et suivants.
Albane a encore raison sur ce point.

Section 10. Éléments de correction Le Vestiaire

1-Rédiger une synthèse présentant les caractéristiques de la cible masculine pouvant aider à la validation du projet

La cible masculine est demandeuse de temps et d'attention. Elle est soucieuse de son apparence, de l'image qu'elle va renvoyer aux autres. Il n'est plus question de tabou mais d'apparence et de soin de leur corps, on parle d'une évolution dans les mentalités. Une autre donnée est importante à exploiter, la cible masculine est prête à dépenser plus d'argent que les femmes pour l'achat de cosmétiques et produits de soin.

La priorité pour ces hommes est le bien-être en santé. De plus, le rasage représente un danger pour leur peau, d'où le soin à lui apporter.

2- Présenter les opportunités de se lancer dans une telle activité Se lancer dans une telle activité est stratégique au vu du marché aujourd'hui.

Les opportunités sont grandes avec une nette amélioration des produits de beauté et d'hygiène, avec le développement des produits éco-responsables, le budget des hommes pour ce marché qui grandit est deux fois supérieur à celui des femmes. En plus d'ouvrir cet institut, il sera possible de développer une gamme plus grande de produits, les besoins évoluent avec les mentalités. Leur peau est demandeuse de soins, les hommes sont en demande de soins adaptés spécifiquement pour eux. Ils souhaitent paraître plus jeunes et plus dynamiques.

Des grandes marques s'emparent aussi du marché en créant une nouvelle ligne masculine.

L'enjeu est de démocratiser le soin pour hommes, avec un endroit qui leur ressemble et qui soit conçu pour eux, à leur image. Les produits seront hauts de gamme et d'excellente qualité, il faut accrocher le client dès la première visite, et c'est une clientèle plus exigeante encore que la clientèle féminine.

On peut également ajouter que ce marché connaît une nette évolution positive avec l'augmentation des ventes et du chiffre d'affaires dans ce domaine entre 2012 et 2014. L'alimentation équilibrée sera aussi un atout à mettre en avant pour Mme Bouillet, c'est en effet primordial pour se sentir bien, et avoir envie de prendre soin de soi. L'idée de faire appel à des professionnels de la diététique va rassurer les futurs clients.

Le fonds de commerce proposé est bien équipé et bien placé sur un axe important. Il est situé dans une commune en pleine expansion. La clientèle est fidèle à l'année et agréable d'après l'annonce. En outre, les opportunités sont grandes, et c'est une activité qui ne demande qu'à être finalisée et développée.

3- Établir le tableau de bord et analyser les données afin d'aider Mme Bouillet à valider son choix (en utilisant l'Annexe 6)

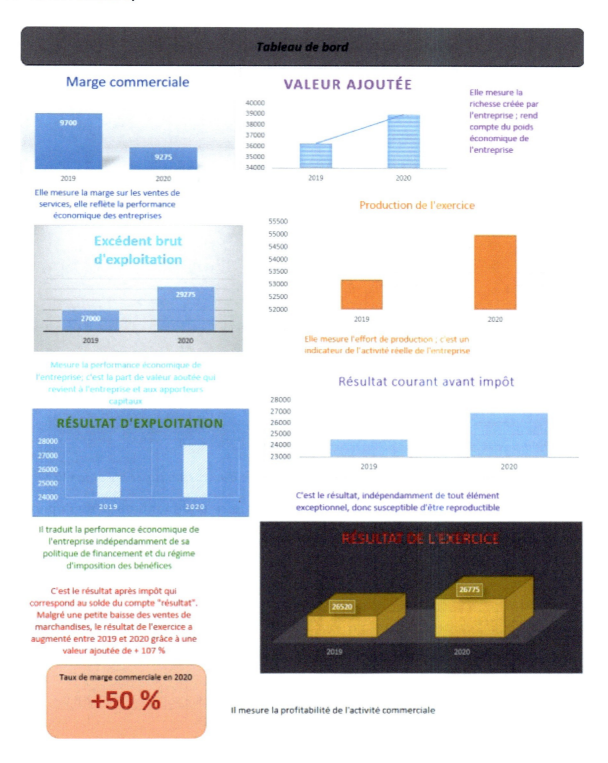

Tableau de bord réalisé par Clémence BLANQUART

D'après cette analyse, l'institut de Mme Jaboulet semble avoir une situation financière stable et en évolution positive, Mme Bouillet pourrait investir, il y a une réelle opportunité.

4- Présenter, sous la forme d'un croquis annoté, votre proposition d'organisation schématique des différents éléments constitutifs du prospectus

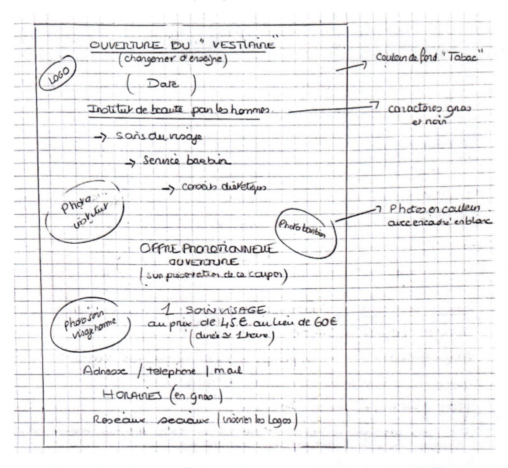

Croquis de la proposition schématique du prospectus réalisé par Valérie FOLINI

5- Etablir le compte de résultat différentiel et calculer le seuil de rentabilité de l'opération (en utilisant l'Annexe 8). Conclure quant à sa rentabilité.

COMPTE DE RÉSULTAT DIFFÉRENTIEL

Eléments	Montant	%
Chiffre d'affaires HT	3 600 €	100 %
- Charges variables	1 925 €	53,5 %
= Marge sur coûts variables	1 675 €	46,5 %
- Charges fixes	821 €	22,8 %
= Résultat	854 €	23,7 %

800 exemplaires avec un taux de retour à 10 % → 80 clients potentiels
Chiffre d'affaires HT = quantité vendue de produit ou de service * prix unitaire : 80*45

Charges variables :
- Produits : 3,75 euros par soin
- Main d'œuvre : 18 euros de l'heure, or un soin dure 60 minutes → 18 euros par soin
- Autres charges : 20 % de 11,58*80

Charges fixes :
- Coût du prospectus : 800*0,10
- Autres charges : 80 % de 11,58*80
Seuil de rentabilité de l'opération : charges fixes/taux de marge sur coûts variables
SR = 821/0,465 = 1765,6 euros.

Mme Bouillet devra donc réaliser un chiffre d'affaires d'au moins 1 765,6 euros pour avoir un résultat nul et ne pas perdre d'argent.

On peut ainsi calculer 1 765,6/45 (le prix unitaire du service) = 40.

Mme Bouillet pourra voir son opération rentable à partir de 41 soins effectués grâce à cette opération.

En conclusion, l'opération semble intéressante, et rentable pour son entreprise.

Section 11. Éléments de correction Maison FERBER

DOSSIER 1 Maison Ferber, une organisation adaptée à la production de produits d'exception

1.1 Identifier les forces et les faiblesses de l'entreprise Maison Ferber

Forces	Faiblesses
• Production artisanale • Remporte la coupe de France des pâtissiers • Produits d'exception • Diversification en de nouveaux produits : chocolaterie et traiteur • Clientèle diversifiée • Personnel formé • 1 400 variétés de confitures • Chiffre d'affaires en hausse • 80 % de ventes au Japon • 250 revendeurs en France • Boutiques en Alsace • Nouveau laboratoire • Nouvelles gammes de produits • Ventes à distance avec le e-commerce • Site internet développé	• Produits haut de gamme et chers qui ne s'adressent pas à tout type de clientèle • Ne participe pas à des foires commerciales • Ne participe pas à des salons en rapport avec l'épicerie fine • N'est pas présent sur les réseaux sociaux • N'a pas d'attaché de presse

1.2 Présenter les modalités du contrôle qualité mises en place par l'entreprise Maison Ferber et en démontrer l'intérêt.

La maison Ferber met en place 17 points de contrôle qualité pour la fabrication de ses confitures, le dernier étant le contrôle visuel du pot.

Dans le contrôle qualité, elle prête particulièrement attention aux points suivants :
- la sélection des matières premières (fruits, sucre), produites par des fournisseurs locaux de qualité, dont certains fournissent des produits biologiques ;
- le processus de production manuel et contrôlé, en particulier le respect du temps de chaque étape ;
- le contrôle des températures, des conditions d'hygiène et des préparations (quantité de fruits dans chaque pot) ;
- le contrôle des conditions de stockage ;
- l'aspect visuel du produit final, pour mettre en valeur de l'offre de produit.

L'intérêt, pour l'organisation Maison Ferber, de contrôler sa production est de maintenir une exigence de qualité, et ainsi proposer des produits haut de gamme. Cela lui permet de se différencier de la concurrence, de répondre à une demande haut de gamme et de maintenir l'image de la Maison Ferber.

1.3 En une quinzaine de lignes, montrer que le mode de production choisi par l'entreprise Maison Ferber lui permet d'être flexible tout en garantissant la grande qualité de ses produits.

Le mode de production de Maison Ferber se caractérise par une fabrication artisanale en petite série et en discontinu. Elle se caractérise également par un mode de production en flux poussés.
La fabrication artisanale, en petite série, permet à l'entreprise de s'adapter en fonction des flux d'approvisionnement (quantité de fruits disponibles, variation suivant les saisons, aléas touchant les fournisseurs partenaires). L'entreprise dispose d'une main d'œuvre polyvalente, très compétente, qui adapte ainsi sa production aux contraintes de l'environnement et lui permet d'être flexible. La fabrication en petite série permet, en même temps, un contrôle qualité très strict et la fabrication de produits de grande qualité.

La flexibilité de l'entreprise est renforcée par le mode de production en flux poussés : l'entreprise fabrique ses produits en fonction de ses propres contraintes et non pas en fonction de la demande. Cela lui permet d'être la plus réactive possible aux aléas de l'environnement par exemple. Ce mode de production entraîne en revanche l'existence de stocks, qui peut engendrer des coûts supplémentaires. Dans le cas de Maison Ferber, comme la demande est supérieure à l'offre, les stocks sont très faibles, et cette méthode de production paraît tout à fait adaptée. L'entreprise ne dépend pas de ses clients, et peut ainsi produire à son rythme, avec un niveau de qualité très élevé. Le mode de production de Maison Ferber lui permet bien de concilier flexibilité et grande qualité de ses produits.

1.4 Identifier les styles de direction mis en œuvre dans l'entreprise Maison Ferber. Justifier votre réponse.

Les styles de direction de la Maison Ferber sont :

- Un style paternaliste pour le service de production
Anne-Catherine Ferber, lors de son entretien, explique que « Christine Ferber est une dirigeante très charismatique qui dispose d'une autorité incontestée, entretient des relations de proximité avec ses subordonnés et contrôle les résultats du service de production ». Le mélange d'autorité et de proximité caractérise le style paternaliste.

- Un style participatif pour les autres services.
Dans le même entretien, Anne-Catherine Ferber explique que Maison Ferber cherche à développer « une approche plus participative dans les autres services »

DOSSIER 2 Maison Ferber, un acteur unique sur le marché de la confiture

2.1 Calculer le coût de revient unitaire d'un pot de confiture Maison Ferber pour le comparer au coût moyen d'un pot de confiture du secteur

Calcul du coût de revient unitaire

Éléments	Quantité	Coût unitaire	Montant
Charges directes pour la production d'un pot de confiture			
Fruits	2	0,60	1,20
Sucre en poudre			0.18
Jus de citron			0,12
Beurre			0,01
sous-total MP	1	1,51	1,51
MOD de production	6/60	16	1,60
sous-total MOD	0,10	1,60	1,60
Pot en verre avec toile de coton et ruban	1	0,25	0,25
Étiquette	1	0,05	0,05
sous-total Autres charges	1	0,30	0,30
sous-total Charges directes	1	3,41	3,41
Charges indirectes pour la production d'un pot de confiture			
Approvisionnement	2	0,3	0,60
Production	6/60	17	1,70
Conditionnement et distribution	1	0,09	0,09
sous-total Charges indirectes	1	2,39	2,39
Coût de revient	1	5,80	5,80

Le coût de revient unitaire d'un pot de confiture Maison Ferber est de 5,80 €, bien supérieur au coût moyen sur le marché qui s'élève à 2,97 € HT.

2.2 Justifier le positionnement haut de gamme des confitures Maison Ferber en vous appuyant notamment sur les taux de marge d'un pot de confiture.

Les prix appliqués par l'entreprise sont bien plus élevés que les prix moyens pratiqués par la concurrence (9,00 € HT contre 3,50 € HT*), ce qui s'explique également par un coût de production de l'entreprise élevé.

* Prix moyen du marché : 2,97 * 1.18 = 3,50 €
Le taux de marge sur un pot de confiture de l'entreprise Maison Ferber s'élève à 55,17 %, bien supérieur également à celui du secteur.
Le prix pratiqué et le taux de marge appliqué sur ses confitures, bien supérieurs à ceux du secteur, justifient le positionnement haut de gamme de l'entreprise. Ce positionnement semble cohérent au regard de la grande qualité des produits fabriqués.

2.3 Analyser les avantages et les inconvénients de la mise en place d'un site de vente en ligne pour Maison Ferber. Conclure en proposant des améliorations pour permettre à l'entreprise de poursuivre sa transformation digitale.

La création d'un site marchand a plusieurs avantages pour Maison Ferber. Elle lui permettrait :
- d'augmenter ses ventes ;
- d'accroître sa visibilité ;
- de recueillir des informations sur ses clients ;
- de mesurer la satisfaction clientèle ;
- d'élargir son champ d'action à l'international à moindre coût.

Cependant, la création d'un site marchand présente des inconvénients :
- le coût de la création et de la gestion du site marchand (par exemple le recrutement d'une personne dédiée pourrait être nécessaire) ;
- les compétences linguistiques nécessaires pour accéder à l'international ;
- le coût du référencement et de la publicité sur les moteurs de recherche ;
- une nécessaire réorganisation de l'entreprise pour la prise en compte de cette activité (gestion des stocks, des acheminements) ;
- les capacités de production insuffisantes face à une hausse de la demande. Une trop forte croissance de la production pourrait avoir un impact sur les processus de production en termes de qualité ;
- la volonté de ne pas s'éloigner de son identité artisanale.

La transformation digitale de Maison Ferber est déjà en cours. En effet, l'entreprise propose une activité de vente à distance. Toutefois, elle ne va pas jusqu'au bout de la digitalisation de la relation client, car il n'est pas possible de commander en ligne. Le site doit être transformé pour devenir un site de vente en ligne avec une automatisation de la prise de commande, notamment grâce au paiement en ligne. Il s'agit de transformer Maison Ferber pour lui permettre de s'intégrer dans une dynamique de commerce en ligne (e-commerce). Une première étape serait d'inscrire Maison Ferber sur des places de marché, avec le risque de perdre une partie de son identité.

L'entreprise pourrait également être présente sur les réseaux sociaux pour accroître sa notoriété, notamment à l'international. Cela permettrait d'évoluer vers une digitalisation de sa relation client encore plus importante.

Enfin, l'utilisation d'un PGI permettrait d'automatiser l'ensemble des processus de l'entreprise. En particulier, les processus de prise de commande et de gestion des stocks sont encore manuels dans l'entreprise, ce qui prend énormément de temps, est source d'erreur éventuelle, et finalement engendre des coûts supplémentaires.

2.4 Montrer que l'offre de l'entreprise Maison Ferber répond aux nouveaux modes de consommation sur le marché de la confiture.

La demande sur le marché de la consommation évolue et les consommateurs souhaitent :
- manger équilibré et acheter des aliments de qualité (souhait de 70 % des Français). Ces derniers affirment préférer acheter des produits plus chers et plus qualitatifs ;
- une alimentation saine et équilibrée, notamment des produits biologiques ;
- une alimentation avec moins de sucre.

Des éléments de correction

Par ailleurs, les nouveaux modes de consommation, non spécifiques au marché des confitures, montrent une augmentation de la consommation de produits locaux (*locavorisme*).

L'entreprise Maison Ferber propose des produits de qualité, riches en fruits, avec un ajout de sucre raisonnable, dont certains répondent à la certification des produits biologiques. Elle travaille avec des fournisseurs locaux.

Si la qualité de ses produits justifie un prix plus élevé que le prix moyen du marché, l'offre de l'entreprise Maison Ferber répond donc aux attentes du marché.

DOSSIER 3 Maison Ferber, une stratégie à conforter ?

3.1 Analyser les choix stratégiques actuels de l'entreprise Maison Ferber.

La première stratégie actuelle de Maison Ferber est une **stratégie de diversification**. En effet, elle a développé plusieurs activités (la boulangerie-pâtisserie, la confiturerie, la chocolaterie et l'activité traiteur) qui s'adressent à des cibles différentes.

On remarque également que le positionnement haut de gamme découle d'**une stratégie de différenciation**. Christine Ferber innove régulièrement afin de se démarquer des marques industrielles et concurrentes. Ses produits sont considérés comme des références d'excellence.

Pour finir, on remarque la volonté de répondre à une demande internationale. D'où la mise en place d'une **stratégie d'internationalisation** qui se traduit par des exportations de produits dans de nombreux pays, notamment vers le Japon.

3.2 Calculer le résultat et le taux de profitabilité pour les activités confiturerie et chocolaterie. Commenter les résultats obtenus.

	Boulangerie-pâtisserie	Traiteur	Confiturerie	Chocolaterie
CA	603 000	693 000	1 250 000	226 000
CV	160 000	240 000	340 000	72 000
MSCV	443 000	453 000	910 000	154 000
CF	450 000	400 000	710 000	123 000
Résultat	- 7 000	53 000	200 000	31 000
Taux de profitabilité	-1 %	8 %	16 %	14 %

On constate que l'activité de l'entreprise est globalement bénéficiaire (bénéfice 277 000 euros, calcul non exigé). Toutefois, il y a compensation entre les activités puisque l'on constate que le bénéfice de l'activité confiturerie permet de combler les performances moindres des autres activités, traiteur et chocolaterie, et surtout l'activité boulangerie-pâtisserie, qui génère quant à elle une perte.

3.3 Conclure sur la nécessité de faire évoluer la stratégie de l'entreprise.

L'analyse de la profitabilité des activités montre notamment que l'activité de la boulangerie-pâtisserie n'est pas rentable, et qu'il conviendrait peut-être de l'abandonner.

La démultiplication de l'offre, pour toujours répondre à la demande, rend ainsi plus complexe le processus de production, et est à l'origine de tensions internes entre les membres de la famille, dont certains voudraient un recentrage.

Des éléments de correction

La stratégie de diversification est ainsi interrogée et le recentrage sur une ou deux activités (la confiturerie et la chocolaterie par exemple) est à envisager.

Néanmoins, la suppression d'une activité est toujours dangereuse. L'activité boulangerie-pâtisserie représente à la fois la valorisation d'un savoir-faire de l'entreprise, mais aussi un appel pour les autres activités : un client qui vient pour acheter une baguette de pain peut en même temps acquérir de la chocolaterie. Le choix d'abandonner la boulangerie pourrait en fait entraîner une baisse du chiffre d'affaires, même limitée.

3.4 Montrer que l'importance accordée aux ressources humaines est une force pour l'entreprise Ferber.

L'entreprise Maison Ferber accorde beaucoup d'importance à la valeur travail en adoptant parfois un style participatif.

Soucieuse du bien-être au travail de ses 30 salariés, elle a décidé d'améliorer leurs conditions de travail en investissant dans un laboratoire plus moderne et lumineux, ainsi qu'en réalisant des aménagements ergonomiques dans ces nouveaux locaux. La qualité de vie au travail favorise l'implication et la motivation des salariés, ce qui contribue à améliorer leur productivité et constitue un avantage pour l'entreprise.

La production, notamment de confitures, se fait en fonction des récoltes et des saisons et requiert une main d'œuvre importante, ce qui nécessite une grande flexibilité au niveau de l'organisation du travail. Il a été instauré une très grande polyvalence au sein des équipes afin de répondre aux périodes de surcharge d'activité. Cette flexibilité, permise par la polyvalence des salariés, permet à l'entreprise de s'adapter et constitue une force.

La formation a aussi été développée afin de fidéliser les employés. Certains recrutements viennent ajuster l'effectif et compléter les besoins en compétences de l'entreprise Maison Ferber. Plus largement, l'entreprise dispose d'un savoir-faire et de compétences uniques, à la base de la grande qualité des produits fabriqués, et qui constitue un avantage concurrentiel pour Maison Ferber.

Dossier 4 – Maison Ferber et le contenu des contrats.

La correction qui est proposée ici pour le droit a été réalisée par Sahia CHERCHARI docteur en droit et enseignant au CPES de Toulouse.

4.1- Expliquez lui ce que signifie le fait qu'il doit y avoir conformité du contrat à l'ordre public.

Ce n'est pas très compliqué, pour qu'un contrat soit valide, une des premières conditions et que son **contenu** soit **licite**. Ainsi la prestation que le débiteur a promis de réaliser doit être conforme à **l'ordre public** c'est à dire à « l'ensemble des lois et des principes auxquels la volonté privée ne peut déroger » (1162 c. civ.).

Le contrat ne peut déroger à l'ordre public **ni par ses stipulations (clauses) ni par son but**. Ainsi serait licite une prestation consistant à commettre un crime ou portant sur la vente d'un élément du corps humain.

4.2- Précisez lui ensuite la notion de lésion dans le droit des contrats, ainsi que le domaine et la sanction de la lésion.

Strictement entendu, la lésion est dans un **contrat synallagmatique**, un **déséquilibre** existant au moment de la formation du contrat, **entre les prestations de chacune des parties.** Ainsi, dans un contrat de vente, il y aura lésion au détriment de l'acquéreur si le prix est supérieur à la valeur de la chose.

On comprendra facilement que **l'équivalence des prestations n'est pas une condition de validité des contrats synallagmatiques dramatiques sauf si la loi prévoit expressément le contraire** : autrement dit en principe la lésion n'entraine pas systématiquement l'annulation du contrat mais peut exceptionnellement être sanctionnée.

Il convient donc de voir dans quels cas (rares) la loi sanctionne la lésion. Il peut y avoir sanction en matière de vente immobilière si le vendeur est lésé de plus de 7/12ème dans le prix de l'immeuble on retrouve la règle du 7/12ème en matière de contrat de cession de droits d'exploitation d'une œuvre littéraire où artistique ; en matière de vente d'engrais de semences le déséquilibre doit être supérieur au 1/4 au détriment de l'acheteur.

On notera enfin que quel que soit le contrat et l'importance du déséquilibre les mineurs, les majeurs sous sauvegarde de justice et ce sous curatelle pourront invoquer la lésion.

La sanction de la lésion est en principe la nullité du contrat

Section 12. Éléments de correction BREIZH'FORME

Dossier 1 Analyse du contexte

1- Proposez, à partir d'un outil de votre choix, les éléments essentiels du diagnostic stratégique externe de l'entreprise BREIZH'FORME

Afin de répondre au mieux à cette question, on va utiliser l'analyse PESTEL qui est un outil d'analyse recensant les risques et opportunités que l'entreprise peut voir surgir dans son environnement au travers de quelques grandes forces structurales : le Politique, l'Economique, le Social, le Technologique, l'Environnemental et le Légal.

Analyse PESTEL

POLITIQUE	Plan National Nutrition Santé, mangerbouger.fr
ÉCONOMIQUE	Les clients restreignent leur budget loisirs à cause de la crise
SOCIAL OU SOCIOCULTUREL	Clients de plus en plus exigeants Recherche de qualité et de professionnalisme
TECHNOLOGIQUE	Possibilité de créer une application mobile, création d'un site internet
ENVIRONNEMENTAL	Normes environnementales concernant le recyclage des déchets
LÉGAL	Dans une salle de sport, il faut avoir des normes de sécurité strictes, d'autant plus à l'heure actuelle avec la pandémie de la Covid19, les normes d'hygiène doivent être connues de tous pour être appliquées à la lettre. Les consommateurs de la salle de sport doivent être protégés.

2- Identifiez et présentez, en prenant appui sur l'analyse de Porter, la stratégie de domaine actuelle de l'entreprise BREIZH FORME

La stratégie de domaine actuelle de l'entreprise BREIZH FORME est une stratégie de croissance interne appelée aussi croissance organique, l'entreprise se développe par ses propres moyens avec l'apparition de franchises, et continue sur sa lancée tout en scrutant les nombreux concurrents sur ce marché. Cette stratégie fait appel aux propres ressources de l'entreprise, il s'agit d'utiliser ses connaissances et ce qu'elle possède pour grandir. L'entreprise Breizh 'forme est partie d'un constant sur la société, et regroupe aujourd'hui « plus de 150 000 adhérents » sur toute la France.

3- Montrez en quoi les évolutions du marché peuvent remettre en question la stratégie de domaine de BREIZH'FORME

Certaines évolutions du marché peuvent remettre en question la stratégie de domaine de BREIZH'FORME, notamment les gros du secteur, comme Moving ou l'Orange Bleue, de plus sur le secteur plus spécifique des salles de fitness low-cost, certains arrivent à faire moins cher encore que ce qui est proposé par Breizh-forme. On parle aussi dans l'annexe 2 du fait que l'emplacement de la salle est aujourd'hui primordial pour le client, une salle située en plein centre-ville sera avantagée par rapport aux salles plus excentrées, les clients veulent beaucoup de choses à portée de mains, et moins cher. L'économie est recherchée dans chaque secteur, et notamment pour un loisir où la concurrence est rude.

4.Proposez une évolution de la stratégie de domaine en justifiant votre choix

En considérant tous les aspects du commerce dans les salles de fitness aujourd'hui, je proposerais une évolution de domaine pour Breizh-forme qui d'après moi, devrait matérialiser sa différence par rapport aux concurrents en élaborant une stratégie de sophistication, qui portera sur une proposition en plus, les clients viendront pour cette proposition qui n'existe pas chez les concurrents. Par exemple, il pourrait créer une application connectée avec la salle de sport, le client viendrait, pourrait voir son parcours, on pourrait aussi imaginer le coach virtuel mais personnel, et non en boucle avec des cours collectifs sur écran. Avec cette stratégie, M. Garrec pourrait continuer à faire grandir son entreprise mais aurait davantage de facilité à fidéliser sa clientèle, et attirer de nouveaux clients.

5.Expliquez les risques encourus par l'évolution de cette stratégie

La stratégie de différenciation présente comme principaux risques le fait d'éloigner une partie de sa clientèle déjà présente qui n'adhérerait pas aux nouvelles propositions, le risque que des concurrents copient les innovations développées par Breizh-forme, ou encore le risque de banalisation des nouveaux moyens mis en œuvre pour se différencier de la concurrence.

6.Présentez les compétences fondamentales que doit à l'avenir valoriser BREIZH'FORME pour assurer sa pérennité

Afin que Breizh 'forme assure sa pérennité, l'entreprise doit valoriser ses franchises, notamment par des formations du personnel pour imprégner les acteurs essentiels de la marque, des valeurs de l'entreprise. Le choix du lieu est essentiel aujourd'hui, il serait nécessaire de trouver des emplacements stratégiques, aux abords des transports en commun, des commerces, des grandes routes qui sont empruntées tous les jours par des automobilistes et donc de potentiels clients, l'avantage aujourd'hui est la diffusion possible et peu onéreuse sur internet, il est facile de lancer des évènements sur les réseaux sociaux, de lancer des défis, de faire parler de soi, de son entreprise, de ce qui nous différencie de la concurrence. Pour assurer sa pérennité, l'entreprise Breizh 'forme pourrait également décider d'abandonner le marché du low-cost, et se lancer sur la recherche d'une autre clientèle, entre autres, se spécialiser, proposer des activités innovantes.

Section 13. Éléments de correction LEGOMO

1- Expliquer pour quelle raison l'entreprise Legomo ne décaisse pas de TVA au mois de février 2022

L'entreprise Legomo ne décaisse pas de TVA au mois de février 2022 car le décaissement est reconduit le mois d'après. L'état doit de l'argent à l'entreprise, et non l'inverse.

2- Compléter le budget des décaissements présents en Annexe A pour le premier trimestre 2022.

Budget des décaissements	Janvier	Février	Mars	Dettes au 31 Mars
Dettes fournisseurs au 31/12	234 692,14			
Achats de janvier	386 448,25	257 632,16		
Achats de février		425 093,08	283 395,38	
Achats de mars			467 602,38	311 734,92
TVA à décaisser	8 310,00	0,00	8 412,44	23 861,45
Salaires	118 600,00	118 600,00	118 600,00	
Cotisations sociales	36 640,00	37 980,00	37 980,00	37 980,00
Autres charges	115 320,00	119 410,00	119 410,00	
Impôt sur les bénéfices			55 000,00	
Acquisition du nouveau matériel	132 000,00	66 000,00		
Mensualités d'emprunts		1 128,00	1 128,00	
TOTAUX	1 032 010,39	1 025 843,23	1 091 528,20	

Achats de janvier : les fournisseurs sont réglés pour 60 % au comptant, et pour 40 % à 30 jours
644 080,41*60/100 pour janvier et 644 080,41*40/100 pour février

Achats de février : même méthode que pour janvier : 708 488,46*60/100 pour février, et
708 488,46*40/100 pour mars

Achats de Mars : même méthode que pour janvier et février : 779 337,30*60/100 pour mars
et 779 337,30*40/100 pour les dettes au 31 Mars

3- Compléter le budget de trésorerie du premier trimestre 2022 présent en Annexe A

Budget de trésorerie	Janvier	Février	Mars
Trésorerie initiale	177 622	78 021,61	140 528,24
Encaissements	932 410,00	1 088 349,86	1 124 584,85
Décaissements	1 032 010,39	1 025 843,23	1 091 528,20
Trésorerie finale	78 021,61	140 528,24	173 584,89

La trésorerie initiale de janvier est indiquée dans l'énoncé, à 177 622 euros. De cette trésorerie, on reprend les totaux que l'on a calculé par l'intermédiaire du tableau du budget des décaissements et du budget des encaissements fourni dans l'annexe 1, et on fait le calcul suivant pour chaque mois :

Trésorerie finale = (Trésorerie Initiale + Encaissements) – Décaissements

4- Expliquer l'évolution de la trésorerie de l'entreprise Legomo pour le premier trimestre 2022

Pour le premier trimestre 2022, la trésorerie de l'entreprise Legomo est positive. L'entreprise Legomo n'a pas de problème de financement à court terme. V. Bertugo peut être rassuré, son investissement n'a pas d'impact négatif sur la trésorerie de l'entreprise.

Elle débute avec une trésorerie positive suite aux disponibilités acquises lors du mois de décembre 2021, et cette trésorerie finale augmente de mois en mois jusqu'en mars pour atteindre 173 584,89 euros.

L'entreprise LEGOMO pourra sans doute satisfaire les attentes des actionnaires en distribuant un minimum de 200 000 euros de dividendes avant le mois de septembre, si leur situation financière continue à évoluer dans ce sens. V. Bertugo pourra éventuellement aussi placer cet argent pour d'autres investissements et financements à plus long terme.

Section 14. Éléments de correction Yaourts CITO

Dossier 1 – Optimisation des flux de trésorerie

1.1 Établissement du budget prévisionnel de trésorerie en terminant le travail amorcé par Jacques SOURCEL.

budget des achats	octobre	novembre	décembre
Quantités prévisionnelles de production	600 000	700 000	750 000
Montant des achats qtés prév.*0,20€ HT	120 000	140 000	150 000
TVA déductible	2 520	2 940	3 150
achats mensuels TTC	**122 520**	**142 940**	**153 150**

budget des Décaissements	octobre	novembre	décembre	à reporter (2)
-Paiement 30 jours		122 520	142 940	153 150
Dettes fournisseurs du bilan	140 886			
Achat matériel de production:	36 950			
charges de personnel	19 000	19 000	19 000	
charges sociales	5340	(1) 3 610	3 610	3 610
remboursement emprunt (2)	0	0	0	5 459
TVA à décaisser du bilan	9 353	2 195	2 561	2 744
autres dépenses diverses	(3) 2 539	2 962	3 174	
Total des décaissements	**214 068**	**150 287**	**171 285**	**164 963**

budget de trésorerie	octobre	novembre	décembre
total des encaissements	206 815	248 869	283 710
total des décaissements	214 068	150 287	171 285
solde de la période (2)	-7 253	98 582	112 425
trésorerie initiale	**176 018**	**168 765**	**267 347**
trésorerie de fin de période	**168 765**	**267 347**	**379 772**

(1) 19 000 x 0.19
(2) facultatif
(3) 234 000 x 1% x 1.085 = 2 538.9 arrondi à 2 539 (accepter les décimales)

N.B. Le budget de trésorerie sera élaboré selon une approche de décaissements et d'encaissements. Le cas échéant ne pas oublier de tenir compte des dettes qui figurent dans le bilan de clôture et dont l'échéance aura lieu dans la période d'élaboration du budget.

Les budgets opérationnels (achats et ventes) sont élaborés en H.T. alors que les budgets encaissements décaissements en TTC.

Lorsque les budgets opérationnels contiennent des charges non décaissables (amortissement) ne pas en tenir compte dans le budget de trésorerie.

Le budget de trésorerie a une périodicité

1.2 Présentation au dirigeant des conclusions sur l'impact de la hausse d'activité sur la trésorerie et sur les décisions à prendre pour la gestion de la trésorerie.

De : Assistant(e) de gestion
A : Monsieur Germanicus
Date
Objet : impact de la hausse d'activité et de l'acquisition de la nouvelle machine sur la trésorerie de l'entreprise

Les soldes dégagés par le budget de trésorerie font apparaitre des soldes excédentaires les trois premiers mois de l'activité. La hausse d'activité a un effet très bénéfique sur la trésorerie. Le mois qui supporte le décaissement de l'acquisition de la machine est excédentaire, compte tenu de la trésorerie initiale importante. Il n'est pas nécessaire de recourir à un financement externe de cette acquisition.

Les excédents vont croissant de mois en mois je vous propose de tirer un bénéfice financier de cette situation. En effet, vous avez plusieurs possibilités pour placer ces excédents de trésorerie. Le placement bancaire, le placement financier ou la réutilisation de ses fonds pour les besoins de l'exploitation.

Le placement bancaire vous permettra de choisir un produit financier de courte durée sans risque de perte en capital. Ils ne sont pas actuellement très attractifs. Le placement financier, achats d'actions ou obligations est d'autant plus risqué car la bourse peut connaitre des variations très importantes dans des délais très courts.

L'utilisation d'excédents de trésorerie peut être utilisée pour rembourser un crédit à court terme ou pour payer plus rapidement un fournisseur afin de bénéficier d'un escompte de règlement.

Les excédents de trésorerie peuvent également être employés pour financer de nouveaux investissements pour développer l'entreprise, à condition que les perspectives de celle-ci justifient ce choix.

Dossier 2 : Stratégie de développement

2.1 Proposition d'un double diagnostic interne et externe de la société

La matrice SWOT (Forces, Faiblesses, Opportunités, Menaces) est une méthode d'analyse souvent utilisée pour faire des diagnostics sur une entreprise ou une stratégie d'entreprise.

Cette méthode d'analyse permet de déterminer les options offertes dans un domaine d'activité stratégique.

"Il faut un diagnostic très précis pour connaître les forces de l'entreprise et avoir un point dominant sur la concurrence. Le diagnostic consiste en une analyse très pointue des forces et des faiblesses de l'entreprise. Suite à ce diagnostic, on peut établir une façon d'agir, appelée "stratégie". La matrice SWOT (strengths, weaknesses, opportunistes, threats – forces et faiblesses de l'entreprise, opportunités et menaces du marché) est la méthode d'analyse la plus célèbre et la plus souvent utilisée". (Bruno Joly, 2009)

Le modèle PESTEL pour effectuer une analyse stratégique de l'entreprise en se basant sur 7 composantes : Politique, Economique, Sociologique, Technologique, Ecologique, Légal.

Matrice SWOT	DIAGNOSTIC INTERNE	
	Forces	**Faiblesses**
Diagnostic interne	Production semi-artisanale Excellente réputation 19 parfums Qualité des produits grâce à la méthode HACCP Produit phare celui à la vanille Investissement dans nouvelle machine Rotation du personnel 13 salariés Entreprise familiale Marque reconnue Clients fidèles, sûrs et diversifiés (maisons de retraites, écoles, distributeurs) Fournisseurs locaux, circuit court Visites de l'usine possible Magasin sur place Producteurs locaux Logo récent	Pas de nouveaux produits, produits proposés toujours les mêmes Production en petites séries, ne peut répondre à une demande qui se développe Stocks insuffisants Taux de rotation du personnel élevé Réapprovisionnement pas assez rapide et donc détournement des clients vers des produits concurrents Budget de communication restreint Pas de GPEC ce qui perturbe le fonctionnement Pas assez de communication notamment digitale Site Web non assez attractif et mis à jour Peu présents sur les réseaux sociaux
	DIAGNOSTIC EXTERNE	
	Opportunités	**Menaces**
Diagnostic externe	Développement de nouveaux marchés Communication institutionnelle en plein développement Possibilité aux personnes extérieures de visiter l'entreprise Forte demande des clients adultes et enfants Goût des clients pour l'authentique et le local	Forte concurrence avec nouveaux produits substituables sur le marché plus à la mode et plus diversifiés. Sur une île la concurrence est plus vive Crise sanitaire COVID 19

1.2 Présentation au dirigeant de conseils en matière de stratégies pour être le mieux positionné par rapport à la concurrence. Vous vous appuierez pour cela sur les apports théoriques d'auteurs de management d'entreprise.

Les stratégies génériques sont les différentes stratégies concurrentielles (business strategies) qu'une entreprise peut déployer sur chacun de ses **Domaines d'Activité Stratégique (DAS)** afin d'y obtenir un avantage concurrentiel.

Elles ont été proposées par **Michael Porter**, professeur de stratégie d'entreprise à l'Université Harvard en 1980.

Selon lui, un avantage concurrentiel doit être décisif, durable et défendable : cet avantage ne doit pas pouvoir être ni copié, ni substitué, ni érodé par l'action des concurrents, ni rendu obsolète par les évolutions technologiques, réglementaires ou économiques de l'environnement.

D'après Porter, une entreprise, pour chacun de ses Domaines d'Activité Stratégique (DAS), peut opter pour l'une des 3 stratégies suivantes issues d'une matrice 2 x 2

		Avantage stratégique	
		La situation de la firme se caractérise par des coûts faibles	Caractère unique du produit perçu par la clientèle
Cible	Secteur tout entier (Front large)	Domination par les coûts	différentiation
	Un segment particulier (Front étroit)	Concentration / Focalisation	

Source : matrice de Michael PORTER

La stratégie de **domination par les coûts** consiste à proposer une offre dont le coût est inférieur à celui des concurrents, ce qui permet de réduire les prix et donc d'accroître la part de marché.

Il est important de noter que si la méthode de réduction des coûts utilisée est imitable par les concurrents, elle ne procure pas de véritable avantage.

La réduction de coût s'obtient par exemple en optimisant les différentes étapes de la **chaîne de valeur**, en s'appuyant sur l'effet d'expérience (baisse du coût unitaire marginal avec l'augmentation du volume cumulé de production, obtenue notamment par les économies d'échelle ou l'effet d'apprentissage) ou en jouant sur la taille afin de mieux négocier auprès des fournisseurs, sur une innovation de rupture, un nouveau modèle économique, etc.

Lorsqu'elle s'appuie sur **l'effet d'expérience**, la stratégie de domination par les coûts est appelée **stratégie de volume.**

Pour la **stratégie de différenciation**, il s'agit ici de proposer une offre ayant des caractéristiques différentes de celle de la concurrence. Il existe deux types de différenciations :

-	**la différenciation vers le haut ou sophistication**, qui consiste à proposer une offre plus élaborée que l'offre de référence, mais à la vendre à un prix plus élevé. L'idéal consiste à augmenter le prix plus que le coût, afin de générer un profit supérieur.
-	**la différenciation vers le bas ou épuration**, qui consiste au contraire à proposer une offre moins élaborée que l'offre de référence, mais à la vendre à un prix moins élevé. L'idéal consiste alors à réduire le coût plus que le prix, afin de générer un profit supérieur.

La stratégie de focalisation consiste à centrer l'essentiel de ses efforts sur un segment de marché de petite taille, afin d'éviter l'affrontement avec les plus puissants concurrents. On parle alors également de **"stratégie de niche".** Cela conduit à choisir sur ce créneau une stratégie de domination par les coûts ou de différenciation

Parmi les différentes stratégies proposées par Michael PORTER, l'entreprise CITO doit continuer de se développer en accentuant sa stratégie de différentiation

Dossier 3 : Communication institutionnelle et digitale

Source : http://image.slidesharecdn.com/communicationinstitutionnelle

La communication institutionnelle se distingue de la communication commerciale, puisqu'elle n'a pas le même rôle.

La communication commerciale a pour but de vendre un produit, à l'inverse, **la communication institutionnelle** est la communication de l'entreprise.

La communication institutionnelle a pour but de promouvoir l'image de l'entreprise. Ainsi cette communication doit montrer aux consommateurs et aux prospects les valeurs que l'entreprise défend, l'engagement de celle-ci pour une cause précise.

L'objectif de l'entreprise à travers une communication institutionnelle est donc un objectif affectif, de faire aimer et comprendre la marque. Généralement une entreprise établit un plan de communication institutionnelle pour donner les grands axes à suivre afin de conserver les valeurs de l'entreprise tout au long de son existence.

La communication institutionnelle est également appelée **communication corporate**. La cible de la communication institutionnelle est à la fois interne et externe à l'entreprise. A l'interne car la communication est à destination des actionnaires de l'entreprise, mais également des salariés, il est normal que les salariés partagent les valeurs de l'entreprise et pour cela la communication leur est destinée. A l'externe pour le public mais également pour les médias, les fournisseurs, pour partager ces valeurs avec le plus de monde.

Les outils de la communication institutionnelle sont divers et variés, pour partager avec le public l'entreprise peut utiliser les documents, les signes extérieurs, la communication financière, les relations presse ou encore l'évènementiel. Les documents que l'entreprise peut utiliser pour la communication institutionnelle sont les documents de présentation comme la plaquette d'entreprise, les rapports d'activités de l'entreprise, le journal de l'entreprise, le site internet, etc... L'outil le plus efficace s'il est bien manié reste les relations presse qui peuvent permettre d'avoir des retombés presse sans débourser d'argent. Il est possible également de réaliser des publireportages, ou encore de réaliser des annonces presse pour partager les valeurs de l'entreprise.

OBJECTIFS

Objectifs de la communication institutionnelle	Cibles
1. Favoriser les ventes par une meilleure image	Clients, prospects potentiel
2. Convaincre et rassurer ses partenaires	Distributeurs, fournisseurs
3. Favoriser les bienveillances des pouvoirs publics	Instances publiques et para publique
4. Faciliter l'apport au capital	Etablissements financiers, investisseurs et actionnaires
5. Informer, séduire	Association de consommateur, syndicats, media, leader d'opinion
6. Impressionner	Concurrent
7. Interpeller, rassembler	Milieux éducatifs, scientifiques
8. Intégrer, motiver	Employés, cadres de l'entreprise

Source : https://image.slidesharecdn.com/communicationinstitutionnelle

3.1 Conception du document de présentation de la visite de l'entreprise

Ton non commercial mais incitatif à la visite
Document structuré
Style adapté à l'objectif et à la cible

Objectif : présenter les valeurs de l'entreprise, les modalités de déroulement de la visite de l'entreprise et son intérêt pédagogique.
Eléments d'information à faire figurer dans le document

Visite de l'entreprise CITO : déroulement et intérêt pédagogique

L'intérêt de la visite proposée : Cette visite permet aux élèves et étudiants de découvrir une *entreprise familiale* créée 1973 par Germain Germanicus, natif de l'île et transmise à ses enfants en 2016. Les yaourts fabriqués sur place sont réalisés à partir de fruits locaux et d'arômes *authentiques* produits sur l'île.

Un programme pédagogique de la visite : durée adaptée aux différents publics, mise en valeur d'une réussite locale, initiation à la découverte des goûts par la possibilité d'une dégustation, mise en évidence d'une organisation ; d'un processus de production d'un produit (de l'achat des matières premières jusqu'à la distribution) ; sensibilisation à l'hygiène alimentaire ; découverte des risques liés à la santé et à la sécurité au travail.
Un groupe à taille humaine pour favoriser les échanges et la cohésion du groupe.

Sensibilisation à l'hygiène alimentaire : port d'équipements de protection, protection et respect de l'hygiène de la production alimentaire.

Déroulement de la visite :
La visite dure une heure. Elle ne peut avoir lieu que le mardi ou le jeudi à 9 heures, 10 h30 ou 14 h30.
Le groupe est accueilli à l'extérieur de l'entreprise par un responsable de l'entreprise puis, conduit dans la salle de réunion.
L'entreprise et ses activités leur sont présentées. Les valeurs de l'entreprise sont mises en avant : *modernité, authenticité, goûts et saveurs du terroir, savoir-faire artisanal et familial.*
Les règles de sécurité sont exposées au groupe et chaque participant est équipé de vêtements adaptés à la visite.
Les participants visitent l'entreprise et découvrent l'outil de production.
Tout au long de la présentation et de la visite, le responsable répondra aux interrogations des participants.
Les élèves participent à une dégustation de yaourts.
Un jeu-Quizz permet de faire le point sur la visite mais également de recueillir leur avis sur les parfums des yaourts. Les trois premiers gagnants sont récompensés par des objets souvenir.
Puis, éventuellement, une photo du groupe permet de garder le souvenir de la visite.

Consignes de sécurité
Une seule classe peut être accueillie par créneau horaire. Deux groupes de 18 personnes maximum seront constitués, dont deux accompagnateurs par groupe.
Les règles de sécurité devront être scrupuleusement respectées par tous.
Chaque participant sera équipé de vêtements jetables à sa taille. Une charlotte pour la protection de la tête et des sur-chaussures.

Les modalités d'inscription

Le formulaire d'inscription est à compléter directement sur le site.
Après examen de votre demande, une confirmation des dates et des horaires vous sera envoyée par courriel avec le montant de la participation à régler.
Une participation forfaitaire aux frais de 20 euros est demandée par groupe de 18 (élèves et accompagnateurs) soit par chèque à l'ordre de CITO, soit par virement, sous huitaine.

Yaourt CITO

!! VENEZ DÉCOUVRIR NOTRE USINE !!

Un peu d'histoire...

Notre entreprise a été créée en 1973, par Germain GERMANICUS. C'est aujourd'hui son fils qui dirige cette entreprise. Nous aimons garder notre authenticité et proposons 18 parfums pour nos yaourts. Tous les fruits et arômes sont fournis par des producteurs locaux. Tout nos produits ont une forte concentration en lait qui permet une fermeté et une exaltation des arômes incroyables.

NOS GOÛTS DE YAOURTS

- Abricot	- Ananas
- Amande	- Cacahuètes
- Caramel	- Chocolat
- Cerise	- Citron
- Coco	- Fraise
- Framboise	- Goyave
- Litchi	- Noisette
- Pêche	- Poire
- Pruneau	- Vanille

Notre visite :

20 € pour 1 groupe de 18 personnes

Durée : 1 heure

Disponibilité : le mardi et jeudi

Horaires disponibles : 9h, 10h30, 14h30

Le déroulement :

* accueil de la classe devant l'usine puis en salle de réunion.

* distribution de protections jetables (couvre-tête, sur-chaussures).

* visite de l'usine de production

* dégustation de produits

* photos souvenirs

* jeu Quizz

Vous pourrez enfin connaître et savoir d'où vient le yaourt que vous mangez. Vous en apprendrez tant sur la production de nos produits laitiers.

Source : maquette réalisée par Élise PAULY

3.2 Réalisation du document pour l'inscription de la classe.

Formulaire de demande d'inscription
Structuré
Objets adaptés à l'information recueillie (cases à cocher, listes déroulantes, tableaux, calendriers…)
Forme
IHM. On doit retrouver les éléments suivants :
Logo et coordonnées de l'entreprise
Titre : Visite de l'entreprise

Identification de l'établissement :

Nom de l'établissement [   ]   Type d'établissement :
Adresse complète [   ]   ☐ Ecole
Tel, courriel [   ]   ☐ Collège
Classe : [   ]   ☐ Lycée

Nom et qualité du responsable de groupe: [   ]

courriel du responsable : [   ]

Autre accompagnateur Nom : [   ]

[   ]   Nombre d'élèves

[   ]   Nombre d'accompagnateurs

[   ]   Notal payant

(20 euros par groupe de 18 personnes)

Modalités de règlement :
☐ Chèque   ☐ Virement
(Les chèques sont libellés à l'ordre de CITO)

Pour la visite :
Jour :   ☐mardi   ☐jeudi
Date souhaitée de visite : [   ]
Horaire souhaité: ☐9h00   ☐10h30   ☐14h30

Autorisation pour prendre, conserver, et afficher une photographie du groupe.
Je soussigné(e).. *(nom et qualité du responsable de l'établissement)*,
☐ Atteste avoir obtenu des parents l'autorisation de prendre une photographie du groupe afin de l'afficher dans les locaux de la société CITO.

Date :

Signature : nom, qualité du signataire

Validation de la demande (partie réservée à l'entreprise)
☐ Demande validée
☐ Demande à modifier :
Motifs :............................Propositions : ....
Date
Signature

[VALIDER]

3.3 Proposition des rubriques nouvelles pour le site internet et don de conseils pour améliorer la communication digitale de l'entreprise.

Pour actualiser le site internet et donner envie d'y rester l'entreprise CITO pourrait rajouter les rubriques suivantes :

-une présentation de l'île avec des photos pour mettre en valeur les produits locaux utilisés pour la fabrication des yaourts, ce qui renforcerait l'image de l'entreprise, son authenticité, sa marque.

- une possibilité de commander et d'acheter sur le site Web avec une partie marchande avec la possibilité de réaliser un panier pour pouvoir commander en ligne avec un service livraison à domicile

-une séries de photos issus des visites des élèves pour renforcer le lien local et montrer la communication par l'éducation des jeunes et la présentation des métiers au sein de la structure

- des informations santé sur l'importance de la consommation de fruits

- la création d'un blog pour tisser des liens plus étroits avec les clients en présentant des informations utiles, des conseils de consommation, des recettes, des jeux, etc.

- la création d'une newsletter pour les abonnés qui permettrait de communiquer des informations nouvelles et actuelles sur la structure

- créer une rubrique FAQ ou un forum de discussion pour dialoguer avec les internautes

- l'utilisation de réseaux sociaux comme Instagram ou Twitter pour accentuer la communication digitale et proposer des ateliers de fabrication pour les jeunes.

- Travailler davantage sur la charte graphique en utilisant les couleurs locales d'une île (bleu et jaune et couleurs des fruits)

- Créer une chaine YouTube avec des émissions régulières sur les actualités du moment

Section 15.   Éléments de correction Hôtel le 1900

Dossier 1 : L'analyse des charges et des produits

1- Montant du chiffre d'affaires global

Chiffre d'affaires = ventes = 866 360 €

2- Coût matières et autres approvisionnements

Achat de boissons + variation de stocks + achats de nourriture – variation de stocks + achats

de produits d'accueil + services extérieurs = 266 720 €

3- Coût du personnel

Charges de personnel hébergement + charges de personnel restauration = 264 000 €

4- Résultat de l'exercice

Résultat hébergement + résultat restauration = 89 240 € Ici il s'agit d'un bénéfice inscrit du

côté des charges

Dossier 2 : La gestion des stocks

1- Indiquez la méthode de valorisation utilisée

Méthode PEPS : Premier entré – premier sorti

Valorisation des stocks : 255+480 = 735 euros → on ne peut pas mélanger les deux catégories

de stocks car elles ne sont pas au même prix unitaire mais on peut les ajouter.

2- Complétez la ligne relative à l'opération du 28/09 et expliquez la valorisation du stock suite à l'entrée n°52

FICHE DE STOCK avec Méthode PEPS

Article : Eponges
Référence : Eponges 123 L

Stock minimum : 100
Stock maximum : 500
Stock d'alerte : 200

Date	Libellé	Entrées			Sorties			Stocks		
		Q	PU	Valeur	Q	PU	Valeur	Q	PU	Valeur
01/09	Stock initial							100	1,30	130,00
02/09	Entrée n° 51	300	1,50	450				100	1,30	130,00
								300	1,50	450,00
15/09	Sortie n° 81				50	1,30	65,00	50	1,30	65,00
								300	1,50	450,00
24/09	Sortie n° 82				50	1,30	65,00	170	1,50	255,00
					130	1,50	195,00			
28/09	Entrée n° 52	300	1,60	480				170	1,50	255,00
								300	1,60	480,00

FICHE DE STOCK avec Méthode CUP après chaque entrée

Article : Eponges
Référence : Eponges 123 L

Stock minimum : 100
Stock maximum : 500
Stock d'alerte : 200

Date	Libellé	Entrées			Sorties			Stocks		
		Q	PU	Valeur	Q	PU	Valeur	Q	PU	Valeur
01/09	Stock initial							100	1,30	130,00
2/09	Entrée n° 51	300	1,50	450				400	1,45	580,00
15/09	Sortie n° 81				50	1,45	72,50	350	1,45	507,50
24/09	Sortie n° 82				180	1,45	261	170	1,45	246,50
28/09	Entrée n° 52	300	1,60	480				470	1,53	719,10

CUMP = (coût d'achat du stock initial + coût d'achat des entrées) / (quantité en stock initial + quantités achetées).

Remarque : attention dans cet exercice il s'agit du CUMP après chaque entrée. On peut aussi le calculer après une période généralement mensuelle (en fin de mois). Il faut alors attendre la fin du mois pour calculer le CUMP et l'affecter à toutes les sorties du mois.

CUMP (entée 51) = (130+450) / (100+300) =1,45
CUMP (entrée 52) = (130+480) / (100+300) = 1,53

4-Expliquez la différence entre stock d'alerte et stock minimum

Le stock d'alerte c'est le niveau de stock à partir duquel on doit lancer une commande, ceci pour ne pas être en rupture de stock. C'est à cause du délai de réapprovisionnement.

Le stock minimum c'est la quantité de produits nécessaires pour répondre à la demande. On détermine alors la quantité dont on a besoin, et cela évite de toucher au stock de sécurité. Ici, lorsque l'on est en-dessous de 100, on atteint le stock de sécurité.

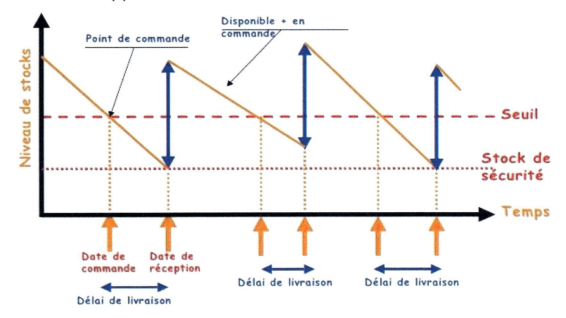

Bon de commande

Hôtel « Le 1900 »
20, Allée Colette
59 000 LILLE
SARL au capital 40 000 €
Siret : Lille B 7894566

Ets LENOIR
Fournisseur des CHR
45, rue des Rosiers
75 0140 PARIS

Date de livraison : 15 avril 2021

Date de paiement : 15 avril 2021

Commande n° : 208

Le : 31 mars 2021

Référence	Désignation	Unité	Quantité	Prix unitaire H.T.	Montant total H.T.
H - 765 JV	Nappe	€	5	42,40	212 ,00
C – 985 DS	Nappe	€	10	52,50	525,00
E – 986 DS	Nappe	€	6	61,20	367,20
F 123	Nappe	€	8	65,30	522,40
G 454	Nappe	€	5	72,40	362,00

Le bon de commande précède la facture qui arrivera en même temps que le livraison des produits. Le paiement se fera ou bien à la livraison ou bien un peu après s'il y a eu une négociation avec délai de paiement à 30 jours ou plus en fonction des contrats signés avec les fournisseurs.

Section 16. Éléments de correction INSTEAK, le steak à base d'insectes

DOSSIER 1 : ANALYSE DE LA FAISABILITÉ DU PROJET « INSTEAK »

1.1 Expliquez les rôles des principaux agents économiques en relation avec l'entreprise Entoma.

Un agent économique est une personne qui a un comportement économique, c'est-à-dire qui prend des décisions qui influencent l'économie d'un pays. Il est défini par ses fonctions, ses ressources et ses dépenses. Ici les principaux agents économiques sont les banques, les entreprises ainsi que les ménages. Les rôles des principaux agents économique sont : pour les entreprises de produire des biens ou des services marchands ici nous parlons du fournisseur d'insectes de l'entreprise Entoma qui sont situés au Pays-Bas mais aussi de Clément Scellier et Bastien Rabastens les associés de l'entreprise Entoma. Il y a aussi les ménages qui eux consomment et épargne et pour finir les banques qui eux fournissent des services financiers marchands.

1.2 Présenter les principaux éléments du diagnostic du macro-environnement de l'entreprise ENTOMA.

Les principaux éléments du diagnostic du macro-environnement de l'entreprise Entoma sont :
- Aujourd'hui plus de 2 milliards de personnes consomment régulièrement des insectes et ce marché porteur devrait croître à un taux annuel de 23,8 % pour atteindre 1,8 million d'euros en 2023
- Le fait de manger des insectes représentent pour beaucoup un frein, 29% des consommateurs sont toujours rebutés.
- La production d'un kilogramme d'insectes engendre dix fois moins de dioxyde de carbone qu'un kilogramme de bœuf, il s'agit d'un faible impact écologique.
- Depuis 2018 la directive Européenne « Novel Food » a autorisé la mise sur le marché des insectes.
- Les insectes peuvent être considérés comme des réservoirs et/ou des vecteurs potentiels d'agents biologiques chimiques et physiques qui pourrait être susceptible d'affecter la santé de l'homme et de l'animal. Mais ce marché est porteur car il représente un faible impact écologique.

Tableau PESTEL

Politique	Des investissements publics (via Bpifrance ou d'autres fonds sont disponibles pour ce type de projet)
Économique	Croissance forte de la population mondiale et des besoins alimentaires Coût élevés des protéines animales Taux d'intérêt faible qui favorise les investissements Marché du travail des ingénieurs en pleine extension
Social	Intérêt croissant de la population pour la consommation d'insectes Demande croissante d'aliments riches en protéines comme les insectes
Technologie	Innovation pour lancer de nouvelles textures Arrivée de nouvelles technologies IA et Data peut constituer des facteurs de différenciation
Environnement	Élevage d'insectes moins nocif pour l'environnement avec un impact réduit sur le réchauffement climatique Manques de ressources pour nourrir toute la planète
Légal	Nouveau règlement européen

1.3 **Analyser l'influence du taux d'intérêt de la Banque Centrale Européenne (BCE) sur l'activité de l'entreprise ENTOMA.**

L'influence du taux d'intérêt de la Banque Centrale Européenne sur l'activité de l'entreprise Entoma les a considérablement aidés puisque la BCE a permis à l'entreprise Entoma d'emprunter à un taux d'intérêt très faible, soit de 1% ce qui est vraiment très faible par rapport aux années précédentes. Cela permet au nouvelles entreprises de pouvoir se lancer sur le marché sans avoir en retour des taux d'intérêt exorbitants à rembourser.
C'est donc une opportunité économique qui s'offre à l'entreprise Entoma.

1.4 **Déterminer, en prenant appui sur un raisonnement juridique, si le nom « Insteak » remplit les conditions pour être déposé en tant que marque.**

D'après le code de la propriété intellectuelle de l'article L. 711-1 « La marque de fabrique, de commerce ou de service est un signe susceptible de représentation graphique servant à distinguer les produits ou services d'une personne physique ou morale. Peuvent notamment constituer un tel signe :
> a) les dénominations sous toutes les formes telles que : mots, assemblages de mots, noms patronymiques et géographiques, pseudonymes, lettres, chiffres, sigles ;
> b) les signes sonores tels que : sons, phrases musicales ;
> c) les signes figuratifs tels que : dessins, étiquettes, cachets, lisières, reliefs, hologrammes, logos,
> images de synthèse ; les formes, notamment celles du produit ou de son conditionnement ou celles caractérisant un service ; les dispositions, combinaisons ou nuances de couleurs. »

En l'espèce, la marque Insteak est une dénomination qui ne désigne pas dans le langage courant ou professionnel le produit vendu par l'entreprise, ni une caractéristique de ce produit. Donc la marque Insteak présente un caractère distinctif de nature à lui conférer le statut de marque protégée.

DOSSIER 2 : MISE EN ŒUVRE DU PROJET INSTEAK ET PRISE EN COMPTE DE LA DIMENSION HUMAINE

2.1 Démontrer que la mise en œuvre du projet « Insteak » par Clément Scellier et Bastien Rabastens s'inscrit dans une logique entrepreneuriale.

La logique entrepreneuriale est fondée sur la recherche d'opportunités et la prise de risques par un entrepreneur. Elle implique une capacité à anticiper, à se projeter et à innover.
Le projet « Insteak » est une innovation majeure selon moi car elle permettra d'introduire progressivement la protéine d'insecte dans notre alimentation afin de réduire notre impact environnemental, de plus ils veulent apporter une alternative à la viande de bœuf qui elle engendre dix fois plus de CO_2 que la production d'un kilogramme d'insectes. L'Insteak sera composé de protéines d'insecte et d'un assemblage de végétaux et d'épices.
En plus de l'innovation Clément Scellier et Bastien Rabastens anticipent les attentes des futurs consommateurs.
Pour conclure nous pouvons affirmer que la mise en œuvre du projet « Insteak » s'inscrit dans une logique entrepreneuriale car ils innovent et renouvellent leurs offres sur le marché.

Des éléments de correction

2.2 Analyser le nouvel organigramme

L'organigramme présente une structure plus flexible avec sur le côté une partie sur le projet en cours qui reste là le temps du projet et qui complète la structure hiérarchique fonctionnelle du départ

2.3 Décrire les principales tendances du marché du travail des ingénieurs.

On observe un déséquilibre quantitatif entre l'offre et la demande. L'offre de travail est supérieure à la demande qui ne suit pas par manque de formation. On constate un sous-effectif structurel de 4 %. De plus ce marché n'est pas attractif pour les jeunes. On note une méconnaissance de ce marché.

2.4 Proposer des leviers de motivation adaptés aux objectifs de recrutement de l'entreprise ENTOMA.

Il faut proposer :
- Une façon de travailler innovante avec plus de responsabilité
- Une meilleure reconnaissance des travailleurs pour éviter le turnover des salariés
- Des salaires plus élevé et une formation adaptée

1.5 Définir la clause de non-concurrence dans un contrat de travail et évaluer la validité de la cause proposé par l'entreprise Entoma.

La clause de non-concurrence est une clause insérée dans le contrat de travail. Elle vise à limiter la liberté d'un salarié d'exercer, après la rupture de son contrat, des fonctions équivalentes chez un concurrent ou à son propre compte. Pour être valable, la clause doit respecter certains critères.

La clause de non-concurrence n'est pas définie par la loi, mais a été précisée par des décisions de justice, c'est-à-dire par la jurisprudence.

Pour qu'elle soit applicable, la clause de non-concurrence doit répondre à certains critères cumulatifs définis qui conditionnent sa validité.

La clause doit être écrite dans le contrat de travail (ou prévue dans la convention collective).

La clause est applicable uniquement si elle veille à protéger les intérêts de l'entreprise (quand le salarié est en contact direct avec la clientèle par exemple).

Elle ne doit pas empêcher le salarié de trouver un emploi ailleurs.

La clause de non-concurrence s'applique :
- Dans le temps (sa durée ne doit pas être excessive)
- Dans l'espace (une zone géographique doit être prévue)
- À une activité spécifiquement visée (coiffeur par exemple)
- Si une contrepartie financière est prévue

La contrepartie financière (ou indemnité compensatrice) est versée par l'employeur au salarié qui s'engage à ne pas faire concurrence à son ancien employeur à le fin de son contrat de travail.

Si le salarié ne respecte plus la clause, l'employeur peut interrompre le versement de la contrepartie.

En cas de non-respect d'un de ces critères, la clause de non-concurrence n'est pas valable et ouvre droit au paiement de dommages et intérêts au bénéfice du salarié.

La clause de non-concurrence s'applique :
- soit à la date effective de la fin du contrat (à l'issue de la période de préavis)
- soit lors du départ du salarié (en cas de dispense de préavis)

Dans le cas de l'entreprise Entoma cette clause se comprend car elle vise à protéger le savoir-faire de l'entreprise.

Des éléments de correction

Chapitre II.   ÉLÉMENTS DE CORRECTION SUJET ANNALE 2021

Section 1.   Les notions du programme concerné

Le sujet proposé en juin 2021 est le premier sujet qui concerne le nouveau référentiel du BTS Diététique. Il comprend 3 dossiers à étudier :

- **Le premier dossier concerne le développement du numérique** avec l'utilisation du Web et des applications mobile pour développer la relation client et la communication externe de l'entreprise. Il permet de s'interroger sur les données personnelles que l'on peut recueillir et celles qui restent du domaine du privé. Le Règlement Général sur les Données personnelles y est étudié.
- **Le second dossier permet d'analyser la situation financière** de l'entreprise en utilisant le bilan fonctionnel et en calculant le fonds de roulement et le besoin en fonds de roulement sans oublier la trésorerie disponible. On étudie aussi le niveau d'endettement de la société avant de voir si elle peut faire un emprunt.
- Le troisième dossier traite du recrutement et de l'intégration d'un nouveau salarié ici d'une diététicienne. Il s'agit d'être capable de rédiger une offre d'emploi avec son mode de diffusion ainsi que rédiger un livret d'accueil pour faciliter l'intégration du salarié.

Section 2.   La correction

DOSSIER 1 Participer au déploiement du numérique de la société LOCALREST

A l'aide de la documentation fournie en annexe 1 ainsi que de vos connaissances, il vous est demandé de :

2.1   Identifier les opportunités et les l'entreprise LOCALREST.

Les opportunités de l'entreprise LOCAREST sont nombreuses. Il s'agit ici d'étudier l'environnement de l'entreprise et de faire un diagnostic externe. On peut citer les éléments suivants :
- 31 % des salariés trouvent la transition numérique essentielle pour l'entreprise car elle fait partie de la stratégie mise en œuvre.
- Les chefs d'entreprise disent qu'elle agit sur le niveau d'exigence des clients et donc sur la façon de se différencier face à la concurrence. C'est pour eux une chance qui s'offre à l'entreprise.
- La transition numérique agit également sur la façon de travailler et renforce le bien-être au travail (50 % d'entre eux le pense)
- C'est un véritable accélérateur de mutations
- Utilisés à tour de doigts par les jeunes et les moins jeunes, les appli cations mobiles, les sites internet, les géolocalisations et autres programmes de discussion instantanée se sont imposés dans le quotidien des Français et les entreprises peuvent s'en servir pour promouvoir leurs produits ou services et adapter la stratégie à la cible visée.

Le numérique n'est pas une fin en soi, c'est un instrument à considérer en tant que tel.

A l'aide de la documentation fournie en annexe 2 ainsi que de vos connaissances, il vous est demandé de :

1.2 Indiquer les freins à l'utilisation de l'application mobile et web pour la clientèle ciblée. Proposer des solutions permettant de lever l'ensemble de ces freins.

Nous allons étudier les freins qui peuvent découler de l'utilisation de l'application mobile et du web et réfléchir aux solutions que l'on peut proposer dans le tableau proposé ci-dessous.

Freins qui peuvent découler de l'utilisation de l'application mobile et du web	Solutions que l'on peut proposer
- Données personnelles recueillies - Faible efficacité des recommandations - Rejet des outils d'auto-suivi perçus comme des moyens de surveillance, sources de stress et de culpabilité - Marchandisation des données personnelles - Piratage possible des données - Manque d'encadrement des produits et des services - Compteur de calories utilisé par les assurances et mutuelle - Traçage des données - Pas d'accompagnement médical	- Le RGPD, entré en application il y a 3 ans, a créé une dynamique remarquable pour les particuliers et les professionnels. La CNIL a reçu un nombre record de plaintes et elle développe de nouveaux outils de conformité pour garantir à tous la protection des données personnelles. - Etre pédagogue et expliquer l'intérêt médical - Rassurer pour expliquer l'efficacité de l'outil pour suivre de façon efficace les besoins des clients

A l'aide de l'annexe 3 et de vos connaissances, il vous est demandé de :

1.3   Décrire le type de données personnelles qu'il est possible de recueillir auprès de la clientèle.

L'entreprise a un certain nombre d'obligations à respecter vis-à-vis des données personnelles de ses clients notamment :

- Vérifier que les données qu'elle recherchent soient réellement nécessaire à l'entreprise pour la satisfaction des besoins des clients
- Les données recueillies ne doivent pas être sensibles comme celles qui concernent la race, l'ethnie, les opinions politiques, la santé, l'orientation sexuelle etc. sauf acceptation écrite de la personne concernée ou pour but médical
- Les données ne doivent être conservées que le temps nécessaire et supprimer ensuite

Le RGPD renforce l'obligation de transparence des données personnelles.

1.4 Analyser la conformité du formulaire en annexe 4 avec la règlementation en vigueur. Argumenter votre réponse.

Dans le formulaire proposé, on conçoit que certaines informations soient demandées et utiles pour l'entreprise à savoir :

- Les informations relatives à l'identité de la personne et comment la joindre : nom, prénoms, adresse, numéro de téléphone, adresse électronique ;
- Sa date d'anniversaire pour lui offrir un cadeau et des remises, cela aide à la fidélisation client.

Concernant l'activité de l'entreprise on comprend également que les informations liées à la santé du patient soient nécessaires comme la taille, le poids et les pathologies 1 et 2.

Par contre les informations relatives au métier et au revenu n'ont pas lieu d'être demandées dans le formulaire proposé.

DOSSIER 2 Analyser la situation financière de l'entreprise LOCALREST

A l'aide de l'annexe 5, il vous est demandé de :

2.1 Présenter le bilan fonctionnel de l'entreprise LOCALREST pour l'année 2020.
2.2 Calculer le F.R.N.G (fonds de roulement net global), le B.F.R. (besoin en fonds de roulement), et la trésorerie de l'entreprise pour l'année 2020.
2.3 Commenter la situation financière de l'entreprise LOCALREST

BILAN FONCTIONNEL CONDENSÉ

Actif stable	5 174 910	Passif stable	5 752 310
Passif circulant	2 385 900	Passif circulant	1 816 500
Trésorerie active	12 300	Trésorerie passive	4000
Totaux	7 573 110	Totaux	7 573 110

L'actif stable reprend le total de l'actif immobilisé brut
L'actif circulant est composé des stocks, des créances clients et des créances diverses
(328 800 + 2 037000 + 20 000)
La trésorerie active est égale aux disponibilités 12 300 €
Les totaux sont les mêmes que ceux du bilan comptable colonne brut soit 7 573 110
Le passif stable comprend : les capitaux propres, les dettes financières sauf les concours bancaires et le total des amortissement et des provisions (total de colonne côté actif) : 2 899 200 + 612 500 + 1 244 610 – 4 000 = 5 752 310
Le passif circulant est composé des dettes fournisseur et dettes diverses : 1 110 900 + 705 900 = 1 816 800

La trésorerie passive est égale aux concours bancaire de 4 000 €.
Fonds de roulement = FR = 5 752 **310 – 5 174 910 = 577 400**
Besoin en fonds de Roulement = BFR = 2 385 900 – 1 816 800 = 569 100
Trésorerie Nette = TN = FR -BFR = trésorerie active – trésorerie passive
= 577 4 00 - 569 100 = 12 300 – 4 000 = 8 300

La situation de l'entreprise est saine. Le Fonds de roulement est supérieur au besoin en fonds de roulement. La trésorerie est positive.

Il vous est demandé de :

2.4 Estimer en tenant compte de l'emprunt existant, la capacité d'emprunt de l'entreprise

La capacité d'emprunt se monte à 60 % des capitaux propres soit :
0.6 x 2 899 200 = 1 739 820 €
Comme l'entreprise est déjà endettée à hauteur de 1 612 500 ; l'entreprise peut encore emprunter :
1 739 820 – 1 612 500 = 127 020
Le forfait pour l'application mobile est de 50 000 € donc il n'y a pas de problème. L'entreprise peut donc accroître son endettement.

Il vous est demandé à l'aide de l'annexe 6 de :

2.5 Calculer le ratio d'indépendance financière après emprunt.

Nouveau ratio d'indépendance financière après emprunt =

emprunts+ concours bancaires courants/ capitaux propres + amortissements, dépréciations et provisions

(1 612 500 + 50 000 + 4 000) / (2 899 200 + 1 244 610) = 1 666 500/4 143 810 = 0.402

2.6 Conclure sur le choix de ce mode de financement

Ce choix est tout à fait pertinent, on reste dans la fourchette d'endettement du secteur et on peut ainsi faire jouer l'effet de levier.

Il vous est demandé de :

3.1 Rédiger l'annonce de recrutement à publier sur le site de l'entreprise LOCALREST.

Annonce de recrutement

- Métiers :
  - **Diététicien (H/F)**

- Expérience min :
  - **1 à 2 ans**

- Secteur :
  - **Restauration Santé (portage de repas à domicile)**

- Diplômes :
  - **DTS Diététique**

- Lieux :
  - **Caen**

- Conditions :
  - **CDI**
  - **Temps Plein**

L'entreprise LOCALREST acteur référent de la restauration d'entreprise à Caen, s'est diversifiée dans le portage de repas à domicile pour les personnes âgées. L'entreprise a été créée en 1992, elle possède actuellement 116 salariés dont 35 cuisiniers et une diététicienne. En pleine croissance de son chiffre d'affaires, elle recrute des diététiciens pour renforcer son équipe. Nos équipes sont à l'écoute des clients pour les accompagner dans une restauration équilibrée qui répond à leur besoins spécifiques en fonction de leurs pathologie et pour les conseiller sur une prise en charge adaptée et ce en toute confidentialité.

Nous coordonnons les interventions à domicile avec les professionnels de santé et prenons, à leurs côtés, le plus grand soin des patients pour assurer un suivi personnalisé de qualité

Description des postes
Nous recherchons des diététiciens(nes) basé(e) à Caen :
Les postes sont à pourvoir à la fin du premier semestre 2021 en CDI.
En tant que diététicien(ne) :
Vous prendrez en charge l'élaboration des menus, vous effectuerez des visites diététiques chez les clients, essentiellement des personnes âgées, avec votre propre véhicule et vous serez l'intermédiaire direct entre ces derniers et le service livraison (documentation, encaissements). Vous participerez aussi au développement commercial de l'entreprise. Les postes sont à pourvoir
Avantages :
37h/semaine incluant des repos compensatoires.
Chèques déjeuner 9,20 euros par mois -> prise en charge employeur 60 %.
Participation & intéressement.
Mutuelle / prévoyance : prise en charge employeur 60 %.

Description du profil

De formation BTS en diététique, vous avez une première expérience significative d'au moins 2 ans. La connaissance du milieu de la prestation à domicile serait un plus.

Au-delà de vos compétences métiers, ce sont votre relationnel, votre capacité d'adaptation et de travail en équipe qui feront la différence.

A votre intégration, vous serez accompagné(e) par l'entreprise dès votre démarrage, mais également tout au long de votre parcours afin de favoriser votre montée en compétences. Dans le cadre de notre politique diversité, toutes nos offres de poste sont ouvertes aux personnes en situation de handicap.

Salaire

à déterminer
Référence : 35DIET072021/M

3.2 Proposer d'autres moyens de diffusion de l'offre de recrutement adaptés à LOCALREST.

Pour diffuser l'offre d'emploi on peut :

Faire paraître une annonce dans le journal de la région
- S'adresser à Pôle emploi
- Envoyer un mail à une école qui forma des diététiciens
- L'afficher en interne sur des panneaux d'affichage
- La diffuser sur des sites en ligne comme le bon coin, jobrapido
- La diffuser sur des réseaux sociaux professionnels

3.3 Présenter le sommaire détaillé de ce livret d'accueil.

L'intégration d'un nouveau salarié représente un véritable enjeu stratégique pour l'entreprise. Le livret d'accueil constitue le premier élément du processus. Il s'agit d'un outil d'accompagnement RH transmis au salarié au premier jour de sa prise de poste dans les locaux. Ce carnet présente l'entreprise dans son contexte et son environnement, met en évidence les méthodes de fonctionnement qui lui sont propres. Il recense toutes les informations nécessaires et éléments pratiques visant à faciliter l'acquisition rapide de repères. Il contient finalement tous les éléments d'orientation utiles pour un collaborateur nouveau.

Sommaire

Concernant son contenu on pourrait y faire figurer :
- *Le mot d'accueil de l'entreprise*
- *La présentation de l'entreprise*
- *Le fonctionnement et les règles dans la société*
- *Les droits et les bénéfices des salariés de l'entreprise*
- *Les informations pratiques*

Concernant sa présentation et sa mise en forme :
- *on peut utiliser un livret papier plutôt qu'un livret d'accueil digital*
- *on peut y rajouter e kit de bienvenue, un plus non négligeable*

3.4 Décrire deux autres actions à mettre en place dans le cadre de l'intégration de ces nouveaux salariés.

L'intégration d'un nouveau salarié est la dernière phase du processus de recrutement. C'est une étape cruciale pour créer du lien et fidéliser la nouvelle recrue à la culture d'entreprise.

Pour aider à l'intégration du nouveau salarié on peut :

- Organiser un parcours d'intégration
- Préparer un espace de travail spécifique

Explode The Code 7

Nancy Hall
Rena Price

Educators Publishing Service, Inc.
Cambridge, Mass. 02138

Cover Design by Hugh Price

Text illustrations by Alan Price, Laura Price, Andrew Mockler, and Meg Rosoff.

Educators Publishing Service, Inc.
31 Smith Place
Cambridge, MA 02138

CONTENTS

Lesson 1

When **c** is followed by **e**, **i**, or **y**, it usually says /s/, as in **ice**.

Circle the word that matches the picture.

1.
miss
(mice)
mince
moss

2.
fast
fact
face
force

3.
circus
circle
curling
cereal

4.
dance
dunce
dice
dunk

5.
dish
disc
decide
dice

6.
coat
sold
cold
cell

7.
slick
slice
splice
sauce

8.
pecan
palace
pencil
peace

9.
trace
twice
track
ties

10.
justice
juice
icicle
bounce

Circle the letters, and write the word that matches the picture.

1.		Spell.			Write.
		ⓓ b	un ⓐⓝ	ⓒⓔ ct	*dance*
2.		j f	o a	ss ce	_____
3.		w m	i e	ce cle	_____
4.		l f	en em	co ce	_____
5.		spl sl	ai i	ce cle	_____
6.		g j	oa ui	ce cs	_____
7.		d p	i a	sh ce	_____

Join the syllables to make a word that fits each meaning. Use your dictionary to help you.

1.

| cir
cle
cus | An animal show _circus_
A round, closed line _circle_ |

2.

| test
con
cert | A race or test of skill _____
Musical entertainment _____ |

3.

| ny
cil
pen | A one cent coin _____
Something to write or draw with _____ |

4.

| sauce
apple
cider | Stewed apples _____
A drink made from apples _____ _____
(two words) |

5.

| force
ful
peace | Quiet and still _____
Full of power _____ |

6.

| cess
place
re | To put back _____
A playtime between classes _____ |

7.

| feat
cide
de | To make up your mind _____
To beat; to destroy _____ |

Yes or no?

		Yes	No
1.	Have you ever seen sixteen dancing mice?	☐	☒
2.	Do you sometimes have relay races during recess?	☐	☐
3.	Can a thin pencil stand by itself in the center of a circle?	☐	☐
4.	Would you like a slice of chocolate pound cake with your ice cream?	☐	☐
5.	Will you dance the tango while you are taking a spelling test?	☐	☐
6.	Would you like to wash your face with cold tomato juice?	☐	☐
7.	Will you be twice as old on your next birthday as you are now?	☐	☐

Pick the best word to finish each sentence.

peaceful	cider	dancing
juicy	center	circle
~~pencil~~	circus	decide

1.

When you do your homework, you need paper and a

pencil .

2.

It is exciting to go to the _____ to see the lions and trapeze acts.

3.

_____ is a great drink made from pressed apples.

4.

Can you draw a _____ with a triangle in the middle?

5.

Someday you will _____ what kind of job you want when you grow up.

6.

Peaches and tomatoes are very _____.

7.

The pitcher stands in the _____ of the baseball diamond.

Put an X after the sentence that matches the picture.

1.
Vance picked up the white mice and put them outside the fence. ☐

The white mice are singing and dancing on the picket fence. ☒

2.
Grace gets a second chance to ride in the bicycle race. ☐

Grace won second place in the important horse race. ☐

3.
Nancy is scooping peaches and cream into the center of the shortcake. ☐

Nancy decides to taste the big bucket of peach ice cream. ☐

4.
Bruce finds white mice racing on his new nightshirt. ☐

Bruce is dressed in a fancy new shirt with lace ruffles. ☐

5.
Ms. Cellars gave the children juice and crackers at recess. ☐

The children found juicy apples and crackers in the cellar. ☐

6.
The split-rail fence kept the snorting bull from charging into the barnyard. ☐

The split-rail fence encircled the barn and silo. ☐

7.
Since Cindy could not go to the fancy dress ball, she decided to go to bed. ☐

Cindy put on her fanciest gown to go dancing at the palace. ☐

6

Ella Cinders

Ella Cinders had a chance to go to a fancy ball at the royal palace. She wore a lovely long, blue, lacy gown with a jewel necklace and a ruby red bracelet. Dressed up so splendidly, she looked like a real princess. The charming prince asked her twice to dance, but she would not. She decided she would rather relax, drink apple cider, and eat ice-cream sandwiches on the cool, breezy terrace. It was too hot to dance, her face felt warm, her glass slippers were too tight, and she hated the slow music. Why didn't they play rock and roll?

Answer the following questions. You may look back at the story.

1. Where did Ella Cinders go? _____

   _____

2. What was her gown made of? _____

3. How many times did the prince ask her to dance? _____

4. What did she eat and drink? _____

   _____

5. Why did her feet hurt? _____

   _____

6. What kind of music did Ella like? _____

Using **c**, write the word that matches the picture. You may look back.

1.		dance
2.		
3.		
4.		
5.		
6.		
7.		

Lesson 2

When **g** is followed by **e**, **i**, or **y**,
it sometimes says /j/, as in **gem** and **age**.

Circle the word that matches the picture.

1.	cringe
	change
	cage
	crag

2.
finger
flipper
fling
fringe

3.
huge
hug
hung
hook

4.
strange
stage
stag
stooge

5.
binge
hanger
hung
hinge

6.
sprang
spangle
sprung
sponge

7.
ladyfinger
lady's slipper
landlady
ladybug

8.
pages
pagan
package
pageant

9.
bandit
bangle
bandage
bondage

10.
gerbil
goodness
garbage
goose

9

Circle the letters, and write the word that matches the picture.

1.		Spell.						Write.
		h	n	oi	u	g	ge	_____
2.		sk	st	a	e	ger	ge	_____
3.		b	p	u	a	ges	get	_____
4.		c	cl	a	o	ge	gle	_____
5.		sp	st	on	or	g	ge	_____
6.		j	g	e	i	n	m	_____
7.		h	n	in	am	g	ge	_____

10

Join the syllables to make a word that fits each meaning. Use your dictionary to help you.

1.

age band pack	A large box or present _____ A piece of cloth that covers a wound or sore _____ _____

2.

gy stin spon	Not wanting to share or to spend money _____ Elastic and soft _____

3.

gen tur tle	Kind; tender; soft _____ A slow, crawling animal with a shell _____

4.

gin bil ger	A spicy seasoning _____ A small, mouselike pet _____

5.

able veget change	A plant that one eats _____ Likely to change _____

6.

teen post age	Stamps put on letters _____ Years between age thirteen and nineteen _____

7.

ble gin mar	A small, glass ball used in games _____ The space along the edge of a page _____

Yes or no?

	Yes	No
1. Can you keep a huge giraffe in a gold bird cage?	☐	☐
2. Would you like to change the way your face looks?	☐	☐
3. If you get a strange package in the mail, do you get excited?	☐	☐
4. Does a small cottage have a stage in the cellar?	☐	☐
5. Will it help to use a big, plastic sponge as a bandage for a sore toe?	☐	☐
6. If the hinge of the door squeaks, will you grease it with ginger ale?	☐	☐
7. Can a gerbil read sixty pages in sixty days?	☐	☐

Pick the best word or phrase to finish each sentence.

luggage	sponge cake	postage
teenager	gerbil	stingy
gentleman	vegetables	changed

1. A _____ is a man with fine manners who is kind and helpful.

2. You must put _____ on all letters you send in the mail.

3. _____ with ice cream and caramel sauce is a wonderful dessert.

4. I have a pet _____ that I keep in a plastic cage.

5. We grow lots of green and yellow _____ in our garden.

6. Ella Cinders _____ her ragged dress before going to the fancy dress ball.

7. When you are a _____, you can learn to drive a car.

Put an X after the sentence that matches the picture.

1.
The kind gentleman is carrying a sponge duck. ☐

A sponge duck is carrying a kind gentleman. ☐

2.
The gerbil is munching a ginger ice-cream cone. ☐

The gerbil is crouching near the ice-cream stand. ☐

3.
My teenage sister is pretending to be a queen on the stage. ☐

Sixteen teenagers threw rotten oranges onto the stage. ☐

4.
George wears a bandage on his forehead. ☐

George fears his baggage was not forwarded. ☐

5.
That certainly is a strange carriage with fringe on top. ☐

The strange little cottage had fringed curtains in the windows. ☐

6.
The hinges on the bird cage were pure gold, inlaid with gems. ☐

Margy balanced a pure gold bird cage on her head. ☐

7.
Rozita is changing into a space suit behind the stage. ☐

Behind the stage is a strange spacecraft that Rozita constructed. ☐

14

Marge unlatched the shutter and lifted up the window. Then, taking a deep breath, she jumped, plunging into space below. As she landed, she scraped her arm raw and ripped her orange shirt. She didn't have a bandage, but she didn't care. It was dark now, and this was her chance. What was Marge going to do? Why did she have to sneak out the window in the dark?

Marge crawled behind the bushes of the cottage, dashed across the road, and hid behind a fence. Slowly she sneaked along the fence and headed for the corner. She could hear the change jingling in her pocket. Suddenly a car turned up the road! Marge barely escaped its headlights. When all was clear, she turned and ran for town. At her age it felt strange to be out alone at midnight.

As she neared the bright lights of town, she stopped and looked carefully. Finally, spotting a neon sign, she dashed toward it. Panting and out of breath, she gasped, "One huge ginger ice-cream cone, please!"

Answer the following questions. You may look back at the story.

1. What color was Marge's shirt? _____

2. What did Marge do about her scraped arm? Why? _____

_____

3. What jingled in her pocket? _____

4. How did it feel to be out alone at midnight? _____

5. Why did she sneak out and go to town? _____

_____

6. What flavor did she order? _____

Using **g**, write the word that matches the picture. You may look back.

1.	_____
2.	_____
3.	_____
4.	_____
5.	_____
6.	_____
7.	_____

Lesson 3

Some words have silent letters.
When a word ends in **–dge**,
the **d** is silent, as in **bridge**.

Circle the word that matches the picture.

1. budge baggy dodge badge	2. college etch edge hedge
3. wedge ledge lodge long	4. ridge doodle dozen dodge
5. brick bridge bride bring	6. head hedge hinge hang
7. fudge fragrant fungus nudge	8. juggle judge jungle grudge
9. badge bright bridge bingo	10. smudge sledge smug snuggle

Circle the letters, and write the word that matches the picture.

	Spell.			Write.
1.	f fr	u o	dge de	_____
2.	t l	o a	g dge	_____
3.	br dr	u i	dg dge	_____
4.	e i	de dge		_____
5.	j g	u o	de dge	_____
6.	d b	e a	dge d	_____
7.	b sm	o u	dge dg	_____

18

Join the syllables to make a word that fits each meaning. Use your dictionary to help you.

1.

| gad bud get | A small useful tool _____ |
| | A plan for spending money _____ |

2.

| mis judge take | An error or blunder _____ |
| | To think or decide unfairly _____ |

3.

| fruit cake fudge | A heavy cake with fruit and nuts _____ |
| | A chocolate cake _____ |

4.

| ger Dod bad | A member of a famous baseball team _____ |
| | A hairy, gray animal _____ |

5.

| hammer sledge ing | Pounding nails into a board _____ |
| | A very large, heavy hammer _____ |

6.

| gage hand bag | A woman's purse for carrying money _____ |
| | The bags of a traveler _____ |

7.

| string bridge draw | A cord used to tighten sweatpants _____ |
| | A bridge that can be raised _____ |

Yes or no?

		Yes	No
1.	Can you wear a name badge on your shirt?	☐	☐
2.	Will you dodge the football if your teammate throws you a pass?	☐	☐
3.	Do you eat walnut fudge with your fingers and toes?	☐	☐
4.	If you were on the edge of a cliff, would you dance and tumble about?	☐	☐
5.	Can you use a bridge to cross the Atlantic Ocean?	☐	☐
6.	Do you hold a grudge if someone calls you a silly name?	☐	☐
7.	Would you use a sledgehammer to tack things onto a bulletin board?	☐	☐

Pick the best word to finish each sentence.

gadget	police badge	judge
dodge	hedge	lodger
edging	smudge	knowledge

1. Don't touch the walls when you clean the chimney; the black soot might leave a _____.

2. Use that _____ to open the bottle easily.

3. The _____ will decide the sentence after the jury gives the verdict.

4. The lovely purple bedspread is quilted and has an _____ of lavender lace.

5. Officer Slattery shows her _____ to prove she is an officer.

6. The soccer players_____ the opponents as they race to the goal.

7. When you clean up the yard, please mow the grass, weed the garden, and trim the tall, overgrown _____.

Put an X after the sentence that matches the picture.

1. The tiny gentleman is stirring up fudge brownies. ☐

   The little brownies danced cheerfully around the campfire. ☐

2. The judge ordered fudge cake and ice cream to go. ☐

   The judge ordered the two teenagers to clean up the garbage. ☐

3. The bridge is carrying the traffic across the Mississippi River. ☐

   The bride is marrying the groom with the big, silver badge. ☐

4. The deep-sea diver is standing on the edge of the rocky ledge. ☐

   The teenager is driving carefully along the edge of the rocky ledge. ☐

5. Jimmy's foot was lodged under the huge fallen goalpost. ☐

   Jamal dodges a tackle and carries the football under the goalpost. ☐

6. The rustic lodge was constructed of huge logs and unfinished lumber. ☐

   A new pick-up truck carries the rustic fence posts to the fortress. ☐

7. Midge practices swimming along the edge of the lake. ☐

   Midge practices her dance steps near the edge of the stage. ☐

22

The Tired Old Jeep

As Tomoko crossed the rickety bridge and started up the steep road over the mountain ridge, her old jeep began to sputter and spit. She drove several miles until the jeep finally stopped and would not budge. Tomoko leaped out and found she was standing on the edge of a rocky ledge. Looking down made her dizzy, but she took no notice. She pulled out her toolbox and crawled under the jeep to see if she could fix it. Then she discovered that one wheel was wedged between some rocks at the edge of the road. She could not get it free, even with four-wheel drive. What should she do now? Tomoko trudged up the road to hunt for a lodge to spend the night. She would have to return tomorrow with a tow truck.

Answer the following questions. You may look back at the story.

1. What did Tomoko drive across? _____

2. What kind of car did she have? _____

3. How did Tomoko feel? _____

4. Where was the wheel of the jeep stuck? _____

   _____

5. What did Tomoko trudge up the road to find? _____

6. When would she return? _____

Using **dge**, write the word that matches the picture. You may look back.

1. _____

2. _____

3. _____

4. _____

5. _____

6. _____

7. _____

Lesson 4

Review Lesson

Circle the word that matches the picture.

1.	city silly cent citrus	**2.**	lace large latch lark
3.	sprinkle priceless princess principal	**4.**	bracelet bracket braces brainless
5.	angel orange arrange organ	**6.**	giraffe grant giant jungle
7.	sandwich string stage strange	**8.**	passage pencil placed palace
9.	rice rash race erase	**10.**	ledge pledge plugs page

Circle the letters, and write the word that matches the picture.

1.		Spell.				Write.
		n r	o a	ce ck		_____
2.						
		c k	i e	ty nt		_____
3.						
		dr pr	i in	ce ck		_____
4.						
		l f	ar or	ge g		_____
5.						
		or ar	an ai	ng ge		_____
6.						
		st str	in an	ge g		_____
7.						
		pl p	e ee	dge ge		_____

Join the syllables to make a word that fits each meaning. Use your dictionary to help you.

1.

em
let
brace

Jewelry worn on the arm _____

To hug or hold in one's arms _____

2.

dan
cer
sau

One who dances _____

A small plate to set a cup on _____

3.

stran
lar
ger

Bigger _____

A person not known before _____

4.

cot
tage
advan

Having the odds in one's favor; having a good chance
of winning _____

A small house or bungalow _____

5.

help
price
less

Very valuable _____

Not being able to help oneself _____

6.

cess
re
prin

The daughter of a king and queen _____

A playtime between classes _____

7.

i
cing
ra

Frosting on a cake _____

Running in a contest _____

Yes or no?

	Yes	No
1. Do you face the American flag when you say the pledge?	☐	☐
2. Could a fairy-tale princess live in a silver palace?	☐	☐
3. If you were a stranger in a city, would you be lonely?	☐	☐
4. Could a raccoon carry its baggage to the marketplace?	☐	☐
5. Is it exciting to have relay races and dodge ball games at recess?	☐	☐
6. Would you give a priceless bracelet to the grocer?	☐	☐
7. Would a prince put on a lacy gown to go to a fancy dance?	☐	☐

Pick the best word to finish each sentence.

cottage	silence	unlace
excellent	grocery	stranger
enforce	passenger	exchange

1. If you wish to take off your sneakers, you must _____ them.

2. When you are baking shortcake and you run out of milk, you can go to the _____ and buy a quart.

3. If you go to a new town where no one knows you, you are a _____.

4. A small house by a lake or pond is sometimes called a _____.

5. If you are traveling to Detroit on a train, you are a _____.

6. This pair of pants would fit a large gorilla! I'll take them back to the store and _____ them for my own size.

7. If you do a nearly perfect job on a paper, your teacher may tell you it is _____.

Put an X after the sentence that matches the picture.

1. Sara did not pay a large price for the fancy orange shirt. ☐

   Sara peeled large pieces of orange to share with her teenage pals. ☐

2. Sue has to exchange the new skirt she got on sale. ☐

   Sue and Jason are exchanging birthday gifts. ☐

3. The large savage beast emerged from the edge of the forest. ☐

   Francie embraced the large, furry Saint Bernard. ☐

4. Princess Lucy accepts the priceless pearl necklace. ☐

   Princess Lucy cares for nothing except her priceless horse, Prince. ☐

5. The brave general offered to help the downcast stranger. ☐

   The helpful general offered some water to the thirsty racer. ☐

6. Mario is in charge of mixing cement for the stone fireplace. ☐

   Mario is changing his socks beside the stone fireplace in the lodge. ☐

7. Everyone except Reggie entered the palace by the drawbridge. ☐

   The judge awarded Reggie first prize for winning the marathon race. ☐

George Genius was very advanced for his age. He was only eleven years old, but he was already smarter than his teachers. He could give advice on all kinds of things, from electricity and solar energy to furnace and refrigerator repair. George was a huge success, except that he was so small that he was not "looked up to." Therefore George decided to invent a new device: a stretching box that would make a small person taller. George worked day and night. At last the final piece was bolted into place, and the stretching device was complete. This gigantic box would change the world: no more *small* children, only tall ones to look down on both parents and teachers!

Find the word or phrase in the story that matches each of the following meanings.

1. Ahead of most others of the same age _____

2. An opinion about what should be done_____

3. Power or force from the sun_____ _____

4. Equipment used to produce heat for a house _____

5. The opposite of failure _____

6. Very large_____

In the crossword puzzle below, read each clue and write the word in the boxes. Remember that some words go across, and some words go down.

ACROSS

1. Peas grow inside this
3. A large town
5. A piece of cloth put on when one gets hurt
6. To shed tears
7. Opposite of west
9. A daughter of a king and queen
11. A place for inside athletic sports
12. A grand house for the ruler of an empire
13. A grain used in cereal
15. A super huge person
16. Soft, creamy candy

DOWN

1. To speak to God in worship
2. What someone does when playing dodgeball
3. Pet birds are kept in these
4. Opposite of no
5. Jewelry worn on the arm
8. A large striped animal of the cat family
9. To jump, dive, or throw oneself into the water
10. Ill; not well
12. Something that grows inside a pod
14. Frozen water

Lesson 5

Some words have silent letters.
When a word ends in **–mb**,
the **b** is silent, as in **comb**.

Look for the silent **b** in the words below.
Circle the word that matches the picture.

1.	cub cob comb camp	2.	limp limb lime list
3.	limb lamb lamp lab	4.	club crank crumb crowd
5.	crime club cling climb	6.	them tumble thumb thump
7.	crumb crook cram crab	8.	comb cob cone climb
9.	bone bomb bob bank	10.	thimble thumbnail dumbbell thumbtack

Circle the letters, and write the word that matches the picture. Remember the silent **b**.

#		Spell.					Write.
1.		m l	i a	b	mb		_____
2.		g c	o a	mb	b		_____
3.		th t	o u	me	mb		_____
4.		n l	e i	mb	mp		_____
5.		cl ch	i u	nb	mb		_____
6.		gr cr	u a	mb	mp		_____
7.		d b	e o	mb	b		_____

34

Join the syllables to make a word that fits each meaning. Use your dictionary to help you.

1.

| trem
ble
crum | To shake with fear _____

To break into small bits _____ |

2.

| comb
honey
ing | Smoothing the hair _____

The place where bees store honey _____ |

3.

| chop
lamb
sticks | A meat to eat for supper _____ _____
(two words)
You might eat Chinese food with

these _____ |

4.

| bell
dumb
blue | A lovely flower _____

A heavy weight used for exercise_____ |

5.

| thumb
tack
nail | The hard covering of one finger_____

A pin used to attach things to a bulletin board

_____ |

6.

| shell
bomb
nut | The outer part of a nut _____

A shattering upset; a surprise_____ |

7.

| cite
ex
re | To stir up feelings_____

To repeat aloud _____ |

Yes or no?

#	Question	Yes	No
1.	Can a curly gray lamb comb its hair?	☐	☐
2.	Can a gigantic tiger climb out on the end of a limb?	☐	☐
3.	When you eat a toasted sandwich, do you sometimes get crumbs on your shirt?	☐	☐
4.	Have you ever stuck your thumb in a coconut whipped-cream pie?	☐	☐
5.	Would it be dumb to lock your keys inside your car?	☐	☐
6.	Does the plumber who comes to fix the kitchen sink bring a basket of plums?	☐	☐
7.	Do you use a lamb chop to chop down a maple tree?	☐	☐

Pick the best word or phrase to finish each sentence.

climbing	lamb chops	combing
thumbnail	plumber	bomber
crumbling	crumb cake	beachcomber

1. The _____ fixes the pipes when they are leaking.

2. The fire fighter is _____ up the ladder to the roof where the fire is burning.

3. The judge has ordered broiled _____ with mashed potatoes for dinner.

4. It is best to use a nail clipper to trim your _____.

5. A _____ walks along the beach picking up seashells.

6. The teenager is _____ the long-haired cat to get the tangles out of its fur.

7. For breakfast we sometimes bake a _____, which is really good to eat when it is still warm.

Put an X after the sentence that matches the picture.

1.
Tess uses all her strength to push the thumbtack into the plaster wall. ☐

Tess stretches the elastic belt between her thumbs. ☐

2.
Margy dipped the lamb chop in bread crumbs. ☐

The lamb chop threw bread crumbs at Margy. ☐

3.
Lizzy painted her thumbnails with light purple nail polish. ☐

The painter held the lizard between his thumbs. ☐

4.
He is a dumbbell to fight the angry tiger. ☐

The fighter is trying to lift the heavy dumbbell. ☐

5.
Rudy is brushing and combing his long dark curls. ☐

Rudy is brushing and combing his lanky polo pony. ☐

6.
Donna crumbled the cookie all over the doll house. ☐

The cookie crumbs made Kate's car seat a mess. ☐

7.
The Red Baron was dumb to hang his rubber boots next to the fire. ☐

The Red Baron's bomber plane zoomed across the sky. ☐

The Lamb and the Plumber

One hot September morning, Lucky Lamb sat with a comb in front of the mirror trying to untangle all that matted hair. Suddenly the doorbell rang. It was Paula, the plumber, who had come to fix the leaky pipes in the bathroom. She was hot and out of breath. She had had to climb all the way up to Lucky's apartment on the tenth floor since the elevator was not working. After she arrived, she discovered that she needed a different tool from her plumber's truck. Annoyed, she stomped out of the apartment. On the way out she slammed her thumb in the door. "What a dumbbell I am!" she muttered. The curly lamb just smiled wisely and said, "Baaaa."

Answer the following questions. You may look back at the story.

1. What was Lucky Lamb holding? _____

2. Who rang the doorbell? _____

3. Why had the plumber come? _____

   _____

4. How had she gotten to the tenth floor? _____

   _____

5. What was slammed in the door? _____

   _____

6. What did the plumber call herself? _____

Using **–mb**, write the word that matches the picture. You may look back.

1.		
2.		
3.		
4.		
5.		
6.		
7.		

Lesson 6

Some words have silent letters.
When a word begins with **kn**,
the **k** is silent, as in **knife**.

Look for the silent **k** in the words below.
Circle the word that matches the picture.

1. knit knight known knockout	2. keep knee knew knead
3. crock knock knack knobby	4. knothole knowledge picnic pickax
5. knew neck knapsack kneel	6. knave knock knot know
7. nickel knuckle nickname knickers	8. knight kite knife kickoff
9. kite kit knit night	10. know ketchup knot knob

41

Circle the letters, and write the word that matches the picture.

1.		Spell.			Write.
		kn k	ee a	l t	_____
2.					
		gn kn	e i	lt t	_____
3.					
		kn sn	o u	ke ck	_____
4.					
		kn k	u o	be b	_____
5.					
		hn kn	i igh	t st	_____
6.					
		kn k	ou o	b t	_____
7.					
		kn gn	ai i	v fe	_____

Join the syllables to make a word that fits each meaning. Use your dictionary to help you.

1.

size knee cap	To turn over; to become overturned _____ The bone that protects the front of the knee _____ _____

2.

knick knack ers	A small object or ornament _____ Baggy knee-length pants _____

3.

jack et knife	A small pocket knife _____ A short coat _____

4.

er out knock	A blow that knocks someone down_____ A handle found on a door and used for knocking _____

5.

knot hole ted	A hole in a board_____ Full of knots_____

6.

knap ful sack	Enough to fill a bag_____ A canvas bag worn on the back_____

7.

knuc sprin kle	Light drops of rain _____ A joint in a finger _____

Yes or no?

	Yes	No
1. Can you knock on a closed door with your knuckles?	☐	☐
2. Does a brave knight know how to fight a dragon?	☐	☐
3. Can a lamb knit purple knee socks?	☐	☐
4. Will a snow bunny put on knickers when it is skating?	☐	☐
5. Would you kneel in the grass to look for a lost nickel?	☐	☐
6. Can a desk have knobs for handles?	☐	☐
7. Does a giraffe know how to untie a knot?	☐	☐

Pick the best word or phrase to finish each sentence.

doorknob	know-how	knee-deep
jackknife	knee socks	knitted
knapsack	slipknots	knuckle

1. Carmen filled her _____ with all the supplies she would need for the camping trip.

2. Valencia wore a blouse, a pleated skirt, and blue _____ with sneakers to the party.

3. Since the door sticks, you must turn the _____ and pull very hard.

4. Shawn has the _____ to fix anything that needs repairing.

5. A passenger on the bus _____ a soft cashmere sweater to help pass the time on the long trip.

6. Tie the boat to the dock with _____ and remember to tighten them.

7. When you go fishing, be sure to take your _____ so you can scale, clean, and cut up the fish you catch.

Put an X after the sentence that matches the picture.

1. The noble knight rode bravely into battle. ☐

   The nearsighted knight will drive into a bottle. ☐

2. The truck driver is kneeling to change the tire. ☐

   The truck driver is knee-deep in the flowers. ☐

3. Noel knew how to sharpen his large carving knife. ☐

   Noel's sharp knife was lost and could not be found. ☐

4. Trish's cat knocked over the empty trash barrels. ☐

   Trish's hat was knocked off by an icy snowball. ☐

5. Cindy knitted new striped knee socks for Yusef. ☐

   Yusef has checkered knee socks that match his new knickers. ☐

6. Joyce's knees begin to quake when she must travel by plane. ☐

   Joyce knows that she needs to take her luggage on the airplane. ☐

7. Randy's knees shake as he rings the doorbell on his first date. ☐

   Randy scraped her knuckles on the rusty hinge of the gate. ☐

46

A Knight with a Problem

Nixon was a brave, bold knight in shining armor who protected a huge palace from dragons. But Nixon was not happy. He was tired of his job and wanted a change. He decided to put on his knapsack, hike out to the edge of a lake, and camp out for a few days.

It turned out to be a long, slow walk since he knew it was not a good idea to stick out your thumb to catch a ride. When Nixon finally got to the lake, he tried to set up camp, but he found the ropes for the tent had too many knots for him to tie. At dinner time as Nixon started to use a knife to peel potatoes, he discovered he could not move his knuckles. As night came and rain fell, Nixon's knees began to squeak and rust, too. Would he be able to lie down to sleep? Poor Nixon! He didn't know that he needed oil.

Answer the following questions. You may look back at the story.

1. What was Nixon's job as a knight? _____

_____

2. What did Nixon put on for his camping trip? _____

3. Why didn't he hitch a ride? _____

_____

4. Why couldn't he tie the ropes for the tent? _____

_____

5. What did Nixon try to use to peel potatoes? _____

6. Was Nixon's trip successful? Why? _____

_____

Using the silent **k**, write the word that matches the picture. You may look back.

1. _____

2. _____

3. _____

4. _____

5. _____

6. _____

7. _____

Lesson 7

Some words have silent letters.
When a word begins with **wr**,
the **w** is silent, as in **wreath**.

Look for the silent **w** in the words below.
Circle the word that matches the picture.

1. white / write / which / wring	2. report / wrap / wrong / wreck
3. wrinkle / wrens / rinse / rent	4. weak / writing / repeat / wreck
5. ranch / wren / wrench / witch	6. warble / rescue / wrestle / wrinkles
7. worth / wreath / wealth / watch	8. reptile / wrist / resting / rustle
9. wrist / whistle / western / written	10. rung / wring / wiggle / wrong

Circle the letters, and write the word that matches the picture.

1.		Spell.			Write.
		w wr	e i	nt st	_____
2.		wr mr	o u	nb ng	_____
3.		wr br	a i	te t	_____
4.		sr wr	ea ai	sh th	_____
5.		wr w	oi i	ng mp	_____
6.		wr cr	a u	p b	_____
7.		w wr	ee en	ch th	_____

50

Join the syllables to make a word that fits each meaning. Use your dictionary to help you.

1.	age wreck voy	A long trip by sea or air _____ The remains of a crash _____
2.	wrap whis per	To speak softly _____ A covering for gum _____
3.	twin kle wrin	A crease or fold in a person's skin _____ To shine like a star _____
4.	wrist dog watch	A small clock worn on the arm _____ A dog used to protect a home _____
5.	ship ment wreck	The wreckage of a large boat _____ Goods that are shipped _____
6.	writing kerchief hand	Writing done by hand _____ A soft cloth used to wipe the nose or face _____
7.	ten writ nis	A game played with a racket, ball, and net _____ Put into writing _____

Yes or no?

	Yes	No
1. Can a metal wrench wriggle like a rattlesnake?	☐	☐
2. Would you like to be a successful writer someday?	☐	☐
3. Does a wristwatch sometimes tell the wrong time?	☐	☐
4. Can a little wren write its nickname in script?	☐	☐
5. Would you wrap crisp lettuce in birthday paper?	☐	☐
6. Can you hold a gum wrapper in your hand?	☐	☐
7. If you wreck your bicycle, will you be upset?	☐	☐

Pick the best word to finish each sentence.

shipwrecked	handwriting	wrinkled
wristband	wrongdoing	wrestle
written	wrapped	wrathful

1. The teacher says that Pat has very nice _____.

2. After sitting up all night on the train, the passenger's pants were very _____.

3. Have you _____ a thank-you note to your grandmother?

4. The judge scolded the hoodlums for their pranks and _____.

5. During the storm, the ship was cast up on the rocks and was _____.

6. The shopkeeper _____ the present in bright ribbons and colorful paper.

7. On his right arm he always wore a braided _____ made of rope.

Put an X after the sentence that matches the picture.

1. There was a shipwreck during last night's storm. ☐

   The goofy knight will wreck his armor in the bathtub. ☐

2. The plumber is using a giant wrench to repair the plumbing. ☐

   The wren is pecking at the gigantic plums on the tree. ☐

3. Paula is concerned because she got the wrong paper. ☐

   Paula played several wrong notes at the concert. ☐

4. Jacky is writing a letter to the newly-elected president. ☐

   Jacky is dragging away the smashed cars with the wrecker. ☐

5. The wreath is made of holly, ropes of ivy, and red ribbon. ☐

   Holly wrenched her knee while skipping jump rope. ☐

6. Sondra wrapped her spotted cat in an electric blanket. ☐

   Sondra skidded on ice and wrecked her car on the electric pole. ☐

7. The gold wristband was found in the plane wreckage. ☐

   The well-known writer was presented with a large gold wristwatch. ☐

54

The Bike Wreck

Norma spent all her money on a brand new ten-speed racing bike. She went down the street to show her pals. They were playing marbles when she rode up, and she had to flip a wheelie to get them to look up at her new bike. Unluckily, as the bike tipped back, the handlebars turned the wrong way, and Norma ran right into a brick wall. She was thrown off and landed on her wrist and broke it. Her new bike was a tangled wreck. Norma's wrist was put in a cast and wrapped in a sling for seven weeks. During this time she could not write or do her homework. Poor Norma! When she recovered, she tried to repair the bent bike frame with a hammer and wrench, but it still had a wrinkled fender and now it looked like an old, beat-up bike.

Answer the following questions. You may look back at the story.

1. What did Norma purchase with her money? _____
    _____

2. What did she do to get her pals to look up? _____
    _____

3. What was broken? _____
    _____

4. What was Norma unable to do for seven weeks? _____
    _____

5. What tools did Norma use to fix the bent frame? _____
    _____

6. How did the fender look when she finished? _____

Using the silent w, write the word that matches the picture. You may look back.

1. _____

2. _____

3. _____

4. _____

5. _____

6. _____

7. _____

Lesson 8

Sometimes the letter **t** is silent when it comes in the middle of a word, as in **whistle**.

Look for the silent **t** in the words below.
Circle the word that matches the picture.

1. cast, cattle, castle, circus	**2.** feast, forest, faster, fasten
3. whistle, whirlpool, wishful, whisker	**4.** luster, liver, listen, litter
5. wheelbarrow, wrestle, wretched, wreckage	**6.** glimpse, glisten, gristle, ginger
7. gristle, grizzly, gritty, grassy	**8.** thistle, thicken, thirst, thither
9. soften, shorten, sorting, Scottish	**10.** bridge, brittle, British, bristle

Circle the letters, and write the word that matches the picture.

		Spell.						Write.
1.		wh	sh	as	is	te	tle	_____
2.		f	l	is	es	ten	net	_____
3.		c	ch	as	a	tle	ten	_____
4.		c	s	of	if	ten	fed	_____
5.		wr	gr	es	e	tle	ser	_____
6.		f	p	as	o	ten	ter	_____
7.		g	gl	is	i	ten	ned	_____

58

Join the syllables to make a word that fits each meaning. Use your dictionary to help you.

1.

| tler
whis
wres | A person who fights in a match _____

A person who makes a shrill sound with the lips

_____ |

2.

| has
lis
ten | To try to hear _____

To hurry; to go fast _____ |

3.

| of
fas
ten | Many times; frequently _____

To attach together _____ |

4.

| tle
bris
gris | Short, stiff hair, as on a brush _____

A piece of fiber that makes meat hard to chew

_____ |

5.

| ten
sof
glis | To make soft _____

To shine; to sparkle _____ |

6.

| castle
wich
sand | Towers and walls made of sand _____

Two slices of bread with filling between them

_____ |

7.

| this
whis
tle | A high, shrill sound _____

A prickly plant _____ |

Yes or no?

	Yes	No
1. Do you like gristle in your sirloin steak?	☐	☐
2. Do you think a knight might have lived in a splendid castle?	☐	☐
3. Is it pleasant to listen to your father scolding you?	☐	☐
4. Can a gold necklace have a clasp to fasten it together?	☐	☐
5. Can a broiled lamb chop whistle "Yankee Doodle"?	☐	☐
6. Will charcoal soften your skin and brighten your teeth?	☐	☐
7. Do you chew the stiff bristles of your toothbrush?	☐	☐

Pick the best word to finish each sentence.

listen	rustle	wrestling
hastens	whistling	gristle
fastener	often	bristles

1. The hairbrush has stiff _____.

2. Lionel _____ to class when he hears the bell ring.

3. If you do something frequently, you do it _____.

4. Wen Li likes to _____ to her record player.

5. The song of some birds sounds like _____.

6. Suddenly there was a _____ in the leaves as the rabbit scooted into the woods.

7. During the _____ match, the teammates tumbled and rolled on the mats as they struggled to win.

Put an X after the sentence that matches the picture.

1.
Ivan listened to the brass trumpet quartet in the concert hall. ☐

Roger connected the electric wire to the outside lantern. ☐

2.
Ellie May has a golden retriever that can whistle tunes. ☐

Ellie May whistled for her golden retriever, Max. ☐

3.
The king of Sweden chooses a new throne for his castle. ☐

The doorknob on the castle glistens in the sunlight. ☐

4.
The wrestlers are resting and swinging in the hammocks. ☐

Wrestlers are often very strong and muscular. ☐

5.
Melissa is going to use a bristly brush to paint the fence. ☐

Matthew softens his bristly beard with shaving cream. ☐

6.
Mary Jo fastens the ropes on the giant clipper ship. ☐

Rosemary needs a giant paper clip as a fastener. ☐

7.
By mistake, Kevin puts hand softener on his waffles. ☐

Foolish Kevin hangs his large rubber boots by the fire to warm them. ☐

Beware of Old Gold Lamps!

"What a pretty gold lamp," Mava said as she rubbed her hand across it. Pow! Flash! Suddenly she was plunged back one thousand years. She was a prisoner in the haunted castle of the Evil Knight. The castle was surrounded by a deep moat filled with crocodiles. How was she to escape? A shrill whistle pierced the air. As Mava listened, she heard the Evil Knight clanking down the hallway. When he got closer, she jumped from her hiding place, and wrestled him for the giant key to the drawbridge. At last overpowering him, Mava unfastened the drawbridge and raced across it. In the darkness ahead she could see a large, fierce guard dog with its neck hair bristling and teeth glistening. What should Mava do? Where was that gold lamp? She had to escape—fast!

Answer the following questions. You may look back at the story.

1. What kind of castle was it? _____

    _____

2. What sound did Mava hear first? _____

3. Who was approaching? _____

4. What were they fighting over? _____

    _____

5. What could Mava see in the darkness ahead? _____

    _____

6. What *one* thing was needed to make an escape? _____

    _____

Using the silent **t**, write the word that matches the picture. You may look back.

1. _____

2. _____

3. _____

4. _____

5. _____

6. _____

7. _____

Lesson 9

In some words, the letter **h** is silent, as in **ghost**.

Look for the silent **h** in the words below.
Circle the word that matches the picture.

1.
how
hour
hair
hoe

2.
regular
rhubarb pie
pineapple
runaway

3.
hoofbeat
honey
honest
hornet

4.
ripple
rhinoceros
rhinestone
rickshaw

5.
jog
joke
join
John

6.
ghetto
goat
ghost
gloom

7.
her
herb
herd
hurt

8.
shepherd
shipped
seldom
sherbet

9.
Rhonda
rhubarb
rhino
rollerskate

10.
household
horsehair
hourglass
homeless

Circle the letters, and write the word that matches the picture.

1.		Spell.			Write.
		shep sheep	herd harb		_____
2.		ma mo	tel let		_____
3.		gho hu	sp st		_____
4.		hon hen	less est		_____
5.		hon hour	lisp glass		_____
6.		tea sea	cup cub		_____
7.		ri rhi	toe no		_____

66

Join the syllables to make a word that fits each meaning. Use your dictionary to help you.

1.

barb	A person who cuts hair _____
rhu	A garden plant whose stalks are used in pies and sauce
er	_____

2.

ly	Scary; spooky _____
hour	Happening every hour _____
ghost	

3.

glass	The total amount held in a glass _____
hour	A device for measuring time _____
ful	

4.

hibit	To tire out _____
ex	To show publicly _____
haust	

5.

or	A person who acts on a stage _____
hon	Praise; respect _____
act	

6.

grit	Full of sand _____
hones	Telling the truth _____
ty	

7.

al	Made of herbs _____
herb	A high-ranking officer in the army _____
gener	

Yes or no?

	Yes	No
1. Does a rhinoceros have birthday parties?	☐	☐
2. Do you live in an apartment in Rhode Island?	☐	☐
3. Can you tell time with an hourglass?	☐	☐
4. Do you like peppermint herbal tea?	☐	☐
5. Would you be exhausted if you jogged five miles?	☐	☐
6. Are you on your honor always to tell the truth?	☐	☐
7. Would it be ghastly to shake hands with a ghost?	☐	☐

Pick the best word to finish each sentence.

honor	honesty	hour
herbs	shepherds	exhausted
exhibit	ghost	rhubarb

1. At Halloween Gina put on a white sheet and pretended to be a scary

_____.

2. After running all the way to the post office and back again, Teeshan is

_____.

3. Grandmother enjoys picking chives, dill, and other

_____ to put in her fresh garden salad.

4. It is an _____ to have the president sit at the head of our table.

5. The _____ searched for the lost lambs because a savage wolf was nearby.

6. Do not tell lies; _____ is the best policy.

7. The little bird comes out of the cuckoo clock every

_____.

Put an X after the sentence that matches the picture.

1. They timed the race with a small hourglass. ☐

   They made a toast by raising their glasses in salute. ☐

2. Thomas has a ghastly new polka-dotted necktie. ☐

   The ghost grabs Thomas around the neck. ☐

3. Ginger helps the author rewrite the book. ☐

   George was honest about chopping down the cherry tree. ☐

4. The shepherd lost his flock of sheep during the night. ☐

   The flock of gulls attacked the shellfish on the beach. ☐

5. Francie grows rhubarb and parsley in her herb garden. ☐

   Francie sets a hot rhubarb pie on the window sill. ☐

6. Loren is aghast when she sees the hour is midnight. ☐

   A ghost sees Loren beside the hourglass. ☐

7. The rodent is exhausted from rolling in the dirt. ☐

   The rhino is extremely well hidden in the slimy pool. ☐

Gus, the Unusual Ghost

Gus, a shy, kind, and honorable ghost, didn't like to scare people. To be honest, he could not scare others; in fact, he always felt scared himself. He wanted to visit his friend, Oscar the rhino, but he was afraid he might get lost. He wanted to see Rhode Island, but he was afraid to travel. Gus wanted to be brave, but he was just too scared.

The other ghosts would not play with Gus, for they did not like anyone who was different. Downcast and discouraged, Gus had nothing to do but work in his garden. He worked so many hours he was exhausted, but he soon had a splendid crop of rhubarb and all kinds of herbs. When Oscar came to visit he told everyone how Gus was drying and serving tasty herbal teas. His rhubarb pie became famous. Even the other ghosts wanted to try some! Gus was polite and forgiving. "I am honored that you like my herbal tea," he told them kindly. What an unusual ghost! Gus knows he is different and is happy just to be himself.

Answer the following questions. You may look back at the story.

1. What kind of ghost was Gus? _____

2. Whom did he want to visit? _____

3. What state did he want to see? _____

4. What foolish idea did the other ghosts have? _____

    _____

5. What did Gus grow in his garden? _____

6. What did Gus learn about himself? _____

Using the silent **h**, write the word that matches the picture. You may look back.

1. _____

2. _____

3. _____

4. _____

5. _____

6. _____

7. _____

Lesson 10

Review Lesson

Remember, some words have silent letters.

Circle the word that matches the picture.

1.
hollyhock
honeysuckle
honeymoon
honeycomb

2.
houseboat
horsefly
ransack
racehorse

3.
hoodlum
honor roll
hookworm
homeland

4.
knickknack
knee socks
knighthood
kneading

5.
casserole
chasing
castle
circle

6.
warehouse
wren house
White House
worship

7.
lumber
clobber
clearing
climber

8.
whittling
whistling
wrestling
whirlpool

9.
waistband
wristwatch
weekend
wreckage

10.
knothole
kickoff
knocker
know-how

Circle the letters, and write the word that matches the picture.

		Spell.			Write.
1.		gh ph	o e	st sp	_____
2.		k kn	ee ew		_____
3.		w wr	a o	nt te	_____
4.		wr w	e i	rk ck	_____
5.		c g	as os	tle ty	_____
6.		kn k	a o	ck ch	_____
7.		c cl	i u	b mb	_____

74

Join the syllables to make a word that fits each meaning. Use your dictionary to help you.

1.

| knock cast out | Homeless; friendless _____ |
| | To make helpless by a hard hit _____ |

2.

hole knot loop	A means of escape _____
	A hole in a board where a knot has fallen out
	_____

3.

comb moon honey	A wax form made by bees _____
	A holiday trip taken by a bride and groom
	_____

4.

cap size knee	The bone which protects the front of the knee
	_____
	To upset; to overturn _____

5.

| ted knit spot | Made of yarn by means of long needles _____ |
| | Stained with dots or specks _____ |

6.

| knob bell door | A door buzzer or chime to be rung _____ |
| | A handle used to open a door _____ |

7.

| hand coach stage | A horse-drawn covered wagon used to carry passengers and mail _____ |
| | A worker who handles lights, props, and sets in a play _____ |

Yes or no?

	Yes	No
1. Would you be able to knock down the champ?	☐	☐
2. Could a pigeon fly through a knothole?	☐	☐
3. Would a ghost need knee socks to keep warm in bed?	☐	☐
4. Are mountain climbers exhausted when they reach the peak?	☐	☐
5. Could you tell the time if you had a new wristwatch?	☐	☐
6. Would you need a hat with netting to get near the honeycomb in a beehive?	☐	☐
7. Does your house look like a knight's castle?	☐	☐

Pick the best word or phrase to finish each sentence.

knives	knothole	castle
honeycomb	wallet	knee socks
wreckage	climbing	ghostlike

1. With her shovel and pail, Ginny is constructing a huge sand
_____ on the beach.

2. The rescue squad climbed over the _____, looking
for survivors of the airplane crash.

3. While you are _____ a mountain, you may get very
thirsty and tired.

4. A _____ figure appeared in the doorway of the old
haunted house.

5. When you set the table for dinner, you put on forks,
_____, and spoons.

6. I wrote my name and address in my _____, so if it is
lost, someone will be able to return my money.

7. Averill always puts on _____ with her sneakers.

Put an X after the sentence that matches the picture.

1. Hans coasted on the snowy slope until his feet were numb. ☐

   The sports car went so smoothly that Chan coasted up the next hill. ☐

2. The best honey comes right in its own honeycomb. ☐

   Jasmine is combing her long honey-colored hair. ☐

3. The cook sliced and tossed the chicken with two sharp knives. ☐

   The knight in shining armor was cut on the arm in the fierce duel. ☐

4. Hilary is whistling for her colt to come over to the wall. ☐

   Hilary's colt leaps over the wall and gallops off at a fast pace. ☐

5. Herbie got an honor award for his honesty and good citizenship. ☐

   Herbie was a dishonest citizen because he stole a wallet. ☐

6. The tiny wren rattles around in the house after the nestlings have flown away. ☐

   The rattlesnake is trying to climb into the tiny wren house. ☐

7. Thomas tries to see the game by peeking through the knothole. ☐

   Thomas knows it is wise to store the hay in the hayloft of the old barn. ☐

78

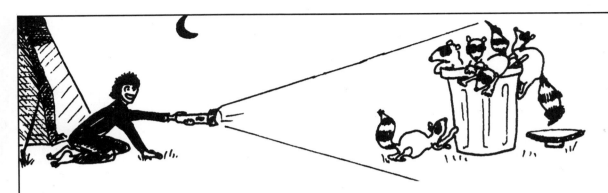

The Conway family had pitched a tent in a woodsy campground in Vermont. They roasted hamburgers and corn-on-the-cob for supper. Afterward, everyone pitched in with the clean-up so they could go to bed early. Wrapped in their sleeping bags, they had just fallen asleep when they were awakened by a crash. The garbage can had been knocked over. They must have forgotten to fasten the lid!

Marie looked at her wristwatch. The hour was late. It was half-past eleven. She grabbed her flashlight and ran to see who the raider was. Was it a ghost? Marie knelt down and peeked around the tent. Five fat raccoons stuck their heads out of the trash can. They had been wrestling inside the can for scraps, and their faces were covered with crumbs. Quickly they climbed out of the barrel and scampered up a nearby tree, peering down as if to ask, "Is it wrong to like corn-on-the-cob?"

Find the word in the story that matches each of the following meanings.

1. Covered-up by winding or folding something around _____

2. To hold together; to make secure _____

3. The time of day or night _____

4. Struggling or fighting to get control _____

5. Bits of food _____

6. Went up by using both hands and feet _____

In the crossword puzzle below, read each clue and write the word in the boxes. Remember that some words go across, and some words go down.

ACROSS

1. A brave man who in ancient times wore a metal suit and fought dragons
4. Truthful
6. The liquid of a fruit
7. A platform where plays are held
8. The referee blows this to stop a game
12. The name of a color and a fruit
13. Hidden or secret power
14. A large, important town
16. A circular shape made of flowers or leaves
18. A hole in a board where a knot has come out
20. A baby sheep
21. To destroy
22. A sheriff wears one of these on a uniform

DOWN

2. Frozen water
3. A prickly plant, the name of which sounds like *whistle*
5. A bird lays this
9. A wax form made by bees to hold honey
10. A small clock worn on the arm
11. A person who races
15. A liquid used in a pen
16. A tool used to turn nuts and bolts
17. Sixty minutes make one _____
19. To go up or down by using both hands and feet, as on a ladder

Lesson 11

Sometimes **ear** says /air/, as in **bear**.

Circle the word that matches the picture.

1. peacock pantry pear tree partridge	2. vegetable valley volleyball video
3. underworld underwater underneath underwear	4. tear tar term tire
5. snickers speakers sneakers sweater	6. smokestack smoking Smokey the Bear smoothest
7. sweet swarm swear smear	8. perfume pear-shaped perhaps polar bear
9. football footwear footstool footprint	10. wearing warring weekday weather

Circle the letters, and write the word that matches the picture.

		Spell.			Write.
1.		p b	i ea	n r	_____
2.		sl cl	e a	m p	_____
3.		sw s	eat ear	belt dell	_____
4.		d b	ee ea	p r	_____
5.		l tr	a ea	d p	_____
6.		w h	ea a	ck r	_____
7.		tr t	ea a	r m	_____

Join the syllables to make a word that fits each meaning. Use your dictionary to help you.

1.

wear neath under	Below; under _____
	Clothing worn under one's outer clothing
	_____

2.

shaped mis pear-	Badly shaped _____
	In the form of a pear _____
	(hyphenated word)

3.

able suit bear	Fitting; right for the time _____
	Not too much discomfort or pain for a person to stand
	_____

4.

| wreck swear ing | Cursing or bad language _____ |
| | Destroying _____ |

5.

| stool wear foot | That which is worn on the feet _____ |
| | A place to rest the feet _____ |

6.

| ing squirt tear | Spraying a liquid, like water _____ |
| | Pulling apart; ripping _____ |

7.

fold bill board	A folding pocketbook for money and bills
	_____
	A large roadside advertisement _____

Yes or no?

		Yes	No
1.	Would you be afraid of falling if you skated by a grumpy bear?	☐	☐
2.	Do you wear a helmet when you ride your bike?	☐	☐
3.	Can wild pears grow on a knotted apple tree?	☐	☐
4.	Is there a day each season when grizzly bears talk to each other?	☐	☐
5.	Will we hang all the clean wash-and-wear clothing out to dry?	☐	☐
6.	Does a robin wear large earrings to go to a wedding?	☐	☐
7.	Can you talk to a pear-shaped goblin sitting in a bathtub?	☐	☐

Pick the best word or phrase to finish each sentence.

seat belt	pear-shaped	underwear
wash-and-wear	Smokey the Bear	cream puff
swearing	leaking	tearing

1. The basement is filling up with water because the pipes are

_____.

2. Clothes that are made of _____ fabric dry quickly.

3. _____ tells us to be careful with matches and to help prevent forest fires.

4. A _____ is big and yummy to eat.

5. When you go skating, you must be sure to wear your long, red

_____.

6. When you are riding in a car, it is safest to wear a

_____.

7. John is upset because the teacher wrote "poor" on his messy paper; now

he is _____ it up.

Put an X after the sentence that matches the picture.

1. The hungry teenager tears the grilled steak apart. ☐

   The teenager swears he will get on the honor roll next term. ☐

2. It will take teamwork to get all the pears picked before it snows. ☐

   Our teammate is stepping over the small pear tree. ☐

3. Rock climbing is wearing out the knees of Mark's blue jeans. ☐

   Marcus tears his knee socks while climbing into the rocket ship. ☐

4. The old scarecrow is wearing a seat belt and a crash helmet. ☐

   The crazy old crow swears at the bell hanging in the steeple. ☐

5. Ruby cannot bear wearing silk stockings. ☐

   The bear is wearing ruby beads and gold earrings. ☐

6. Kendra sprained her wrist on New Year's Eve. ☐

   Kendra has a broken leg on New Year's Day. ☐

7. Jocko is feasting on pumpkin pie with whipped cream. ☐

   The jack-o'-lantern is having a whipped-cream shampoo. ☐

86

The Bare Bear

Once there was a chubby bear named Benjamin who had always wanted to join the navy and see the world. One day he happened to get the wrong package of laundry. In it was a neatly-starched, white sailor suit. "Hot dig," yelled Benjy, as he quickly began to try on the uniform. "I'll be a sailor after all."

Now Benjy was a rather pear-shaped bear. He did so love honey: honey-cakes, honey butter, honey grahams, honeycomb cereal. He loved anything made of honey! But, as you know, sailor's uniforms are very slim and tight. Benjy squeezed and squirmed until he finally wriggled into the suit. But when Benjamin tried to raise his arm to salute, three buttons popped off it. "I think maybe it's a choice between honey and the navy," said Benjy.

Answer the following questions. You may look back at the story.

1. What did Benjy want to do? _____

2. What did he get in the package? _____

_____

3. What shape was Benjy? _____

4. What did Benjy do that made the buttons pop off? _____

_____

5. What did Benjy realize he would have to do to join the navy? _____

_____

6. What do you think Benjy will decide? _____

Using **ear**, write the word that matches the picture. You may look back.

1.		_____
2.		_____
3.		_____
4.		_____
5.		_____
6.		_____
7.		_____

Lesson 12

Sometimes **ear** says /er/, as in **earth**.

Circle the word that matches the picture.

1.		2.	
	sear seethe serve search		elderly early easily eerie

3.		4.	
	pear peal peer pearl		earthquake earthworm earmark earthenware

5.		6.	
	seasickness second-class searchlight secretary		yearn yarn year yawn

7.		8.	
	health earl earth equal		learner leaner lantern leave

9.		10.	
	hardly heard hurt heart		egg eat ear earn

Circle the letters, and write the word that matches the picture.

1.		Spell.						Write.
		h	g	ear	ea	d	b	_____
2.		ear	ai	th	ch			_____
3.		s	z	ee	ear	gh	ch	_____
4.		p	b	ea	oa	m	r	_____
5.		y	l	ear	or	m	n	_____
6.		p	b	ear	ar	l	t	_____
7.		or	ear	m	n	ing	th	_____

Join the syllables to make a word that fits each meaning. Use your dictionary to help you.

1.

| worm
quake
earth | A shaking or trembling of the ground _____

A worm that helps loosen the soil _____ |

2.

| light
twi
search | A device that can throw a powerful beam of light

_____

The time of day between sunset and darkness

_____ |

3.

| earn
ings
feel | Money earned; wages _____

What gets hurt when someone is unkind _____

_____ |

4.

| heard
un
earth | To dig up from the ground_____

Not heard _____ |

5.

| ing
search
learn | Gaining knowledge or skill in something

_____

Trying to find something by looking _____ |

6.

| ware
hard
earthen | Objects made of baked clay; pottery _____

Tools made of metal _____ |

7.

| hearse
peat
re | To practice for a show or play on stage _____

To say or do again _____ |

Yes or no?

	Yes	No
1. Could an earthquake ruin a house?	☐	☐
2. Do you like to go to bed earlier than midnight?	☐	☐
3. Would you search for a pearl in an oyster shell?	☐	☐
4. Can you earn money shoveling snow off sidewalks?	☐	☐
5. Would you search for an earthworm in your gravy?	☐	☐
6. Have you ever heard a nightingale sing "The Star Spangled Banner"?	☐	☐
7. Would you look for your lost slipper with a searchlight?	☐	☐

Pick the best word to finish each sentence.

earliest	rehearsal	earthworms
yearning	earning	learn
searchlight	earthquake	earnestness

1. Before putting on the play, they had one last _____.

2. At night we dig in the garden for _____ to use as bait for fishing.

3. In the fog we could see the airport's _____ showing us where to land.

4. Serena got to the classroom as the sun was coming up; she was the student who arrived _____.

5. When the ground shook and the windows rattled, we knew there had been an _____.

6. Leroy is working at the supermarket where he is _____ three dollars an hour.

7. I am trying to teach Rover to sit, roll over, and fetch a ball, but he is slow to _____.

Put an X after the sentence that matches the picture.

1.
Kimberly always wears a pearl necklace when she gets dressed up. ☐

Kimberly has a pear-shaped diamond ring on her finger. ☐

2.
Donna learns to check the battery, to change the oil, and to pump gas. ☐

Donna earns lots of money mowing grass and weeding gardens. ☐

3.
The earthworm beckons to the nearsighted bird. ☐

The early bird nearly always catches the earthworm. ☐

4.
Earl produced a huge, handsome earthenware bowl. ☐

Earl formed a search party after the huge earthquake. ☐

5.
Earl planted a row of Idaho potatoes in the soft earth. ☐

Bruno, the basset hound, searched in the soft earth until he found his bone. ☐

6.
Priscilla got up early to reheat the coffee and make pancakes for breakfast. ☐

Priscilla got up early to rehearse her lines for the play. ☐

7.
Alexander points to JulieAnne, who is wearing a lovely pearl necklace. ☐

Alexander appoints JulieAnne to be the head of the Earth Day parade. ☐

94

The Earthquake Legend

Long, long ago there was a man named Wilburforce who was very, very strong and powerful. Wilburforce could do almost anything—pull up trees, juggle rocks, move mountains. But he had never been able to catch a fish. One day he decided to get some bait and try again. Now Wilburforce had heard that "the early bird catches the worm," so he set out to find himself an early bird. First he looked in all the nests; then he checked the bushes and fields. Next he took out his searchlight, for he had learned never to work without good light. Wilburforce searched everywhere for an early bird, but all his hard work failed. He could not find an early bird or a worm. Wilburforce finally became so angry that he had a temper tantrum and pounded the earth with his fists until it shook. It is said that this is how earthquakes came to be.

Answer the following questions. You may look back at the story.

1. What was Wilburforce like? _____

   _____

2. What had Wilburforce never been able to do? _____

   _____

3. What did he use to see better? _____

4. What kind of bird did he look for? _____

5. What did Wilburforce pound? _____

6. What did Wilburforce cause to happen? _____

Using **ear**, write the word that matches the picture. You may look back.

1. _____

2. _____

3. _____

4. _____

5. _____

6. _____

7. _____

Lesson 13

The letters **ph** say /f/, as in **phone**.

Circle the word that matches the picture.

1. eleventh
   elevator
   electric
   elephant

2. rally
   Ralph
   rapid
   ramp

3. potato
   phonics
   photo
   phone

4. trombone
   trophy
   trolley
   tropic

5. dodging
   dolphin
   dollar
   pamphlet

6. televise
   telescope
   telephone
   telegram

7. gooseberry
   gopher
   goldfish
   goldfinch

8. grabby
   graph
   great
   grape

9. photograph
   paragraph
   phonograph
   autograph

10. a b c d e f g
    h i j k l m n
    o p q r s t
    u v w x y z

   alcohol
   elephant
   alphabet
   almanac

Circle the letters, and write the word that matches the picture.

#	Picture	Spell.				Write.
1.		gh ph	u o	ne x		_____
2.		ph th	o e	ty to		_____
3.		d b	ol u	phin fo		_____
4.		tr th	o a	phy gy		_____
5.	a b c d e f g h i j k l m n o p q r s t u v w x y z	a al	few pha	bug bet		_____
6.		R ph	ai al	og ph		_____
7.		cr gr	u a	ph ss		_____

98

Join the syllables to make a word that fits each meaning. Use your dictionary to help you.

1.

| graph
photo
phono | A record player _____

A picture made by a camera _____ |

2.

| scope
tele
phone | An instrument used to talk with someone

_____

An instrument used to make distant objects seem nearer

_____ |

3.

| dol
lar
phin | A playful sea animal _____

One hundred pennies _____ |

4.

| graph
auto
para | A group of written sentences that belong together

_____

One's name written in one's own handwriting

_____ |

5.

| or
phan
chard | A child with no living parents _____

A place where fruit trees grow _____ |

6.

| tom
phan
ahawk | A ghost _____

A small ax _____ |

7.

| bet
ter
alpha | Improved in health _____

A set of letters used in writing _____ |

Yes or no?

		Yes	No
1.	Can an elephant talk on a telephone?	☐	☐
2.	Does a dolphin wear pearls underwater?	☐	☐
3.	Can you sing along with the phonograph?	☐	☐
4.	When you were two years old, could you read the alphabet?	☐	☐
5.	Would you be afraid if you were visited by a phantom?	☐	☐
6.	Is a photograph smaller than a dump truck?	☐	☐
7.	If you win a trophy, will you be thrilled?	☐	☐

Pick the best word to finish each sentence.

phonics	graph	phone
photograph	trophy	phantom
alphabet	dolphin	elephant

1. A _____ is an intelligent and playful sea animal about five to eight feet long.

2. You use the twenty-six letters of the _____ to write words.

3. When the _____ rings, you pick it up and say, "Hello."

4. The circus _____ raised the tent with its strong trunk.

5. If you are the fastest swimmer in a race, you may win a

   _____ .

6. We took a _____ of the waterfall, so we could remember what it looked like.

7. On the dark rainy night, a _____ appeared in the graveyard and frightened us all.

Put an X after the sentence that matches the picture.

1.
The silver dolphin won a trophy in the fishing contest. ☐

The boating party is hoping to see dolphins and a tuna. ☐

2.
Philip went to sea on a phantom pirate ship. ☐

The phantom watches Philip entering the seafood shop. ☐

3.
Cristophene snaps a photo of the cute stuffed elephant. ☐

The elephant swings a fan over Molly while she rests. ☐

4.
The class shows its paragraphs to the substitute teacher. ☐

The teacher shows the class a graph of its progress. ☐

5.
Philip is talking about Ralph's present on the telephone. ☐

Santa is taking a telescope out of the box for Tina. ☐

6.
Joseph twists the photograph into a funnel shape. ☐

Joseph does the twist while he plays the phonograph. ☐

7.
The wallpaper has gophers and elephants painted on it. ☐

The gopher is carefully printing the alphabet on the chalkboard. ☐

A Dream

Sophie had always dreamed of being a star. Maybe this was her chance! She read that there was going to be a disco-dance contest. If she could find the right dance partner, they might be able to win the trophy. If they won, they would have their photograph taken, and everyone would want their autographs. Then Sophie would be a star.

Sophie got on the telephone and called all the dancers she knew. Her list included a slinky cobra who would dance whenever he heard an Indian flute, a dolphin named Phanny who could do the twist in the air, and Josie the rabbit who was good at the bunny-hop. They all turned Sophie down. She finally phoned her pal Go-Go, a gopher who knew how to tango. "Don't be foolish, Sophie," he said, refusing her. "A small animal can't dance with an elephant. What if you step on my toes?"

Answer the following questions. You may look back at the story.

1. What did Sophie want to be? _____

2. What did she hope to get if they won the contest? _____

_____

3. Who could do the twist? _____

4. Who knew how to tango? _____

5. How did Sophie get in touch with the dancers? _____

6. Why didn't anyone want to dance with Sophie? _____

_____

Using **ph**, write the word that matches the picture. You may look back.

1.		_____
2.		_____
3.		_____
4.	a b c d e f g h i j k l m n o p q r s t u v w x y z	_____
5.		_____
6.		_____
7.		_____

The letters **ei** and **eigh** say /ā/, as in **eight**.

8

Circle the word that matches the picture.

1.	sigh slight sleigh share	2.	nighthawk newborn neighbor nightmare
3.	eighty eighteen arrow elegant	4.	rainfall reindeer reins ranger
5.	freight train freezer fainting frightening	6.	weightless makeshift waitress weight lifting
7.	vein veal veil vile	8.	wrap reins rates roof
9.	write rainy weigh await	10.	eighty-eight eighteen weighty eighty

Circle the letters, and write the word that matches the picture.

#		Spell.				Write.
1.		w m	eigh ee	t p		_____
2.		eigh ea	t ck			_____
3.		sl sp	ow eigh			_____
4.		eigh ee	ry ty			_____
5.		w v	ei o	l t		_____
6.		br fr	igh eigh	d t		_____
7.		at eigh	ten teen			_____

Join the syllables to make a word that fits each meaning. Use your dictionary to help you.

1.	deer skin rein	An animal with antlers _____ A soft leather made from an animal skin _____
2.	eigh ty teen	Ten times eight equals _____ Nine plus nine equals _____
3.	hood neighbor child	A place where people live _____ The time when one is a child _____
4.	bells cow sleigh	Bells tied around a cow's neck so you can find it _____ Bells on the harness of a horse drawing a sleigh _____
5.	un veil fair	To take off a veil or reveal _____ Not just; not fair _____
6.	alls weight over	Having too much weight _____ Loose trousers with suspenders _____
7.	weight under ground	Weighing too little _____ Beneath the surface of the earth _____

Yes or no?

		Yes	No
1.	Does a reindeer take a trolley car to work each day?	☐	☐
2.	Do you weigh as much as a freight train?	☐	☐
3.	Do a person's veins help the blood circulate?	☐	☐
4.	Do you want to join the army when you are eighteen years old?	☐	☐
5.	If you were a strong weight lifter, would you be able to lift a skyscraper?	☐	☐
6.	If your horse starts to run too fast, should you pull back on the reins?	☐	☐
7.	Would you ask your neighbor to prepare supper for you every night?	☐	☐

Pick the best word or phrase to finish each sentence.

eighty-eight	neighborhood	reindeer
freight train	overweight	sleighbells
unveil	weightlessness	eighteen

1. The _____ jingle as we glide over the snow-covered fields in our horse-drawn sleigh.

2. On Saturday afternoon, all the children in the _____ gather outside and play together.

3. Irving's grandfather is very old; he is _____ years old today.

4. Astronauts in outer space have a feeling of _____.

5. My package was _____ so I had to pay extra money to mail it.

6. Santa's sleigh was pulled by eight tiny _____.

7. You will be able to vote when you are _____ years old.

Put an X after the sentence that matches the picture.

1.
Charlie is not allowed to take photographs of the old masters. ☐

Charlie weighs a great deal more than his master. ☐

2.
Neema is celebrating her eighteenth birthday reading cards. ☐

Eighty miles per hour is too fast, even for Neema's racing car. ☐

3.
The large sleigh is packed full of ice-cream cones and other goodies. ☐

Since John stopped eating ice cream, he lost weight and can run in the race. ☐

4.
Veronica pulls the long white veil off the new statue of the president. ☐

Veronica was wearing a lovely veil when she plunged off the diving board. ☐

5.
Eartha cut the garbage up for coleslaw and put it in an earthenware bowl. ☐

Where on earth did the boy get that crazy, giant cabbage? ☐

6.
The freight train is carrying eighty elephants to the circus. ☐

The elephants are training the reindeer to jump on the circus train. ☐

7.
Phyllis pulled hard on the horse's reins but nothing happened! ☐

The horse's reins knotted around Phil and pulled him downhill. ☐

110

Rhoda's Goal

Rhoda, a waitress at the local deli, had always wanted to be an athlete. She already knew how to work hard. Every day she lifted heavy trays of food, carried supplies from the freight elevator, and walked several miles waiting on tables.

When she was twenty-eight, she decided to try out for the Olympic team and began to train at once. Not only did Rhoda get up early and run eighteen miles every other day, but she also began an exercise program at a neighborhood gym to strengthen her entire body. This training included sit-ups, push-ups, trampoline work, cycling, and weight lifting with eighty-pound weights. Rhoda had always been slightly underweight, but she soon became extremely strong and healthy. All the neighbors ate at the deli and left big tips to help Rhoda earn money for the Olympics.

When she tried out for the Olympic team, she felt honored to compete with wonderful athletes who also knew about training and hard work. And so, a star was born. When the Olympic games were over, everyone in the neighborhood came to the deli to get an autograph from the fine waitress who became a fine weight lifter.

Answer the following questions. You may look back at the story.

1. What did Rhoda want to be? _____

2. How old was Rhoda when she began her training? _____

3. Where did she train? _____

4. How many pounds did Rhoda practice lifting? _____

5. Who helped Rhoda earn money for the Olympics? _____

6. How was a star born? _____

Using **ei** or **eigh**, write the word that matches the picture. You may look back.

1. _____

2. _____

3. _____

4. _____

5. _____

6. _____

7. _____

Review Lesson

Circle the word that matches the picture.

1.
wrapper
wrecker
writing
wringer

2.
kneeling
knee socks
knee cap
knocking

3.
overthrow
overhead
overwork
overweight

4.
chancing
charging
changing
chatting

5.
bullet
billboard
billfold
building

6.
connect
concert
concrete
cornmeal

7.
notebook
knothole
nostril
knuckle

8.
faulty
faucet
fasten
father

9.
thumbnail
thumper
thunderbolt
thousand

10.
bombard
bandaged
banner
bankrupt

113

Circle the letters, and write the word that matches the picture.

1.		Spell.			Write.
		wri wro	tish ting		_____
2.		sneigh sneak	ress ers		_____
3.		knit knot	hole hold		_____
4.		bill bell	fold full		_____
5.		fay fau	scat cet		_____
6.		ever over	weight white		_____
7.		seat seed	bolt belt		_____

114

Join the syllables to make a word that fits each meaning. Use your dictionary to help you.

1.

| ter
tipede
cen | The middle point _____

A small wormlike animal with many legs

_____ |

2.

| ear
ring
phone | Part of a headset _____

A small ornament worn on the ear _____ |

3.

| tic
gigan
at | A space or room just below the roof in a house

_____

Huge; like a giant _____ |

4.

| sau
pas
sage | A spicy ground meat _____

A path or tunnel _____ |

5.

| ment
ce
equip | Furnishings; supplies _____

Substance used to hold bricks together _____ |

6.

| bage
cab
gar | A vegetable with thick leaves that form a head

_____

Scraps of food to be thrown away _____ |

7.

| space
friend
ship | A craft used to travel to outer space _____

Being good pals _____ |

Yes or no?

		Yes	No
1.	Would a squirrel wear fancy ruby earrings?	☐	☐
2.	Would you keep your racehorse in a damp cellar?	☐	☐
3.	Can you squirt a seagull with the outside faucet?	☐	☐
4.	Can you write to your senator about a problem?	☐	☐
5.	Do you put the milk for your cereal into a saucer?	☐	☐
6.	If your luggage is overweight, will the pilot throw it off the airplane?	☐	☐
7.	Do you carry your billfold in your sneakers?	☐	☐

Pick the best word to finish each sentence.

writing	overweight	faucet
neighborhood	billfold	squirrel
overheard	fierce	knives

1. I lost my _____ while I was shopping at the grocery store.

2. Spongecake, the elephant, is _____ and must go on a diet.

3. Rodwick Rodgers is _____ a new book about an eighteenth-century shipwreck.

4. If you hear "drip-drip-drip" in the kitchen, you probably have a leaky _____.

5. That police guard dog looks very wild and _____.

6. Yesterday I _____ my teacher say that we were going to have a surprise quiz today.

7. Before boarding an airplane, everyone is searched to prevent _____ and other weapons from being taken on the plane.

Put an X after the sentence that matches the picture.

1. Eight tiny reindeer are pulling a sleigh full of toys, books, and new bikes. ☐

   John Johnson came in eighth in a ten-speed bike race. ☐

2. The dogs and cats in our neighborhood do not seem to bother the catbirds. ☐

   We have eighteen dogs and eight cats in our neighborhood. ☐

3. The lovely bride wears a lacy gown and an eighteen-foot veil. ☐

   Bridget's lovely bonnet has bird feathers and a silk veil. ☐

4. Alvin was so worried that he bit his thumbnails way down. ☐

   The hammer hit Alvin's thumb instead of the nail. ☐

5. The frying pan weighed much more than the saucepan. ☐

   The overweight sausage danced around the frying pan. ☐

6. The foxy hound has the know-how to escape its kennel. ☐

   The twin sisters are taking charge of the fierce fox. ☐

7. We watch the game through a gigantic knothole in the fence. ☐

   Reevon peeks through the keyhole of the trunk full of jewels. ☐

Skip, the Chairman

   Do you know a red-headed boy with freckles whose name is Skip?
Skip used to be very good at falling. One day when he was eight years
old, he was scratching his back, and he fell downstairs. In the classroom
he was always falling off his chair or dropping his pencil. Skip honestly
began to wonder why this happened so often. Was it because he liked
to reach for falling stars? or because he often listened to waterfalls? or
was it that he ate too many gumdrops?

   Finally Skip decided to solve his problem. He took a piece of
bubblegum the size of his thumbnail and fastened himself to a wooden
chair. "Now I will never need a seat belt," said Skip. "I am attached to
this chair forever." Indeed Skip and his wooden chair were now one with
six legs and two backs! Skip had just become Chairman of the Board.

Find the word in the story that matches each of the following meanings.

1. Small brownish spots on the face _____

2. Rubbing or scraping _____

3. Something to mark or write with _____

4. Tried to hear _____

5. Made up his mind _____

6. The fingernail on your thumb _____

In the crossword puzzle below, read each clue and write the word in the boxes. Remember that some words go across, and some words go down.

ACROSS

2. What happens when two things (like cars) collide
4. Goods and cargo carried by train, ship, or airplane
6. Recommendation or information given about what should be done
8. To do something over and over to learn it; to drill
10. To write one's name on a book or photo
11. A polite, well-mannered man
12. The joint between your hand and your arm
13. A contest of speed (as in running or sailing)
15. Not dry
16. Tied in knots
17. The plural of mouse

DOWN

1. The highest officer in the United States Army
3. A person who commands others in an army or navy
5. Sixty minutes make one ____
7. Truthful
8. An instrument used to call and talk to people
9. To have a party on some special occasion
11. Kind, tender, soft
14. The opposite of *begin*

Book 7—Posttest

Circle the word that matches the meaning.

1. A bit of bread or toast crab comb crumb crump	2. One who tends sheep shipper shilling sheriff shepherd
3. The joint between the hand and arm wrestle wrist rest worst	4. Trustworthy hornet hottest honey honest
5. The home of a king or queen place policy pace palace	6. A baby sheep lame last lamp lamb
7. Something odd or peculiar strangle strange stage struggle	8. To salute to a flag plug pledge plead plunge
9. A pull or handle on a chest knob knot knock knack	10. What people do when music is played lessen listed listen litter

Book 7—Posttest

In each group of syllables below, circle the *three* that will join to make a word. Write the word on the line. If no word can be found, write "no word."

1. (mem) (re) act (ber) _remember_	2. pres ly ing or _no word_
3. ber cem De web _____	4. to ast graph pho _____
5. brate cel tine e _____	6. neigh est hood bor _____
7. ber cum cu ang _____	8. wres no gate ten _____
9. gym rand nas tic _____	10. gan gi tic ben _____
11. ger knit ho pen _____	12. ty mes ger sen _____

Book 7—Posttest

Use the picture clues to fill the blanks.

Phil had a new black Labrador puppy named Duke who came running

whenever Phil _____. But Phil also had a problem.

Duke was beginning to teethe, and his baby teeth were like steel.

Duke began by nibbling Phil's _____. Then he

chewed up a nice _____ and brush set as

well as the cord of the _____. Next, he

gnawed on Phil's best sneakers, the edge of the living room carpet, and

even the backyard _____. Phil worked hard

to _____ a present for a neighbor. It seemed like

the last straw when Duke _____ on the table

and chewed it up.

One day Phil came home from school and _____

on the door. He heard nothing! His sister was nowhere to be found. "Do

you suppose Sis is Duke's latest tidbit?" Phil wondered.

Book 7—Posttest

Read the story and answer the questions

The Hero

Poor John had run for senator twice and been defeated. "I guess I should run for something else," he said. "I'll run in a marathon race instead."

Now John was in good shape. He was not overweight, and he jogged ten miles every day. But John was no teenager; he was seventy-eight years old!

The morning of the race all the runners were at the starting gate stretching, registering with the judges, and selecting numbered tee shirts. John was number eighty-eight. Finally the whistle blew, and the runners set off.

In a long-distance race, it is important not to run too fast, but to pace yourself. You should always breathe through your mouth and never look down at the ground.

The distance of this race was twenty-six miles. Slowly the younger runners pulled ahead of John. He was tired but he kept plodding along. When he became too warm, he threw off his sweatshirt. Once, a person ran along beside him and offered him some water from a canteen. On John went, but no one else was any longer in sight!

At last, knees knocking and heart pounding, he saw the finish line. The others had crossed it long ago. But as John fell panting over the finish line, photos snapped and excited people cheered. The judges wrote down his time. John had finished last, but he got more cheers than the winner. Keep on trucking, John!

1. Why was John a hero? _____

2. How did John keep in shape? _____

3. What is one rule to remember in long-distance racing?

   _____

4. What was John's reward? _____

   _____

Printed in France by Amazon
Brétigny-sur-Orge, FR